社会への投資

〈個人〉を支える
〈つながり〉を築く

三浦まり 編
Miura Mari

濵田江里子
Hamada Eriko

金成垣
Kim Sung-won

水島治郎
Mizushima Jiro

千田航
Chida Wataru

大沢真理
Osawa Mari

駒村康平
Komamura Kohei

井手英策
Ide Eisaku

宮本太郎
Miyamoto Taro

社会への投資

〈個人〉を支える
〈つながり〉を築く

岩波書店

はじめに

三浦まり

いま、日本に暮らす私たちの日々のなかでゆとりや安定を感じることができるだろうか。子どもたちの未来に明るい希望を見出すことが難しくなってきている。賃金はなかなか上昇せず、次の産業社会の見通しは不透明で、そして人口減少という制約が重くのしかかる。人びとの間の信頼関係やお互い様といって相互に助け合う関係性も希薄になってきた。政治は社会のなかの分断と相互不信を煽りこそするが、すべての人が安心できる社会の基盤を本気で作ろうとしているようには見えない。

こうした時代状況を転換し、社会や政治をもっと信頼できるようになり、未来への安心感を得るためには、どうしたらいいのだろうか。

本書の答えは、「社会への投資」を強め、〈個人〉の尊厳を守ることで〈個人〉が潜在能力を存分に発揮できるようにしながら、同時に〈つながり〉を支えることで安心と信頼を構築するというビジョンである。〈個人〉がそれぞれ幸福を追求する自由を保障するためには、人びとの〈つながり〉が築かれ、〈つながり〉によって〈個人〉が助けられる必要がある。つまり、個人が互いに信頼しあえる社会の基盤を強化しなくてはならない。そのための関連政策を「社会への投資」としてまとめ上げることを提起したい。

社会的投資国家への静かな変容

社会保障というのは、人生において直面するかもしれないさまざまなリスクに社会全体として備え、失業や病気などに見舞われようとも、誰もがそれを乗り越え人生を切り拓いていくことを可能にする支え合いのシステムだ。日本を含む先進諸国は「福祉国家」という形で社会保障を発達させ、国による差はあっても、国家予算の相当部分をいざという時の支え合いのために費やしている。主に第二次世界大戦後に発達してきた福祉国家は、大量生産・大量消費の工業化に即して組み立てられ、男性の安定雇用を前提としてきた。

この従来の福祉国家には次第に時代と合わない部分が出てきた。端的にいえば、リスクが多様化しているからだ。脱工業化が進み、サービス経済が進展するとともに、男性の安定雇用は失われる一方である。雇用が不安定化していくにしたがい、技能を十分に形成できず低賃金に喘ぐ労働者も増えるようになった。他方、女性の就労は増え、共働き世帯が標準となってきているが、待機児童問題に象徴されるように、社会サービスは十分に供給されているとはいい難い。

福祉国家の重要な機能は貧困の解消である。しかしながら、日本では六人に一人が相対的に貧困の状態にある(「国民生活基礎調査」二〇一三年)。貧困状態では自己投資は難しく、教育機会が十分に保障されていないために、貧困の世代間連鎖という社会的リスクが生じている。

こうしたさまざまなリスクに対応し、安心して暮らせる社会を構築するには、福祉国家の再編が喫緊の課題となる。リスクの多様化を引き起こした主な要因は資本主義経済の変容にあることから、多くの国が日本と同様の問題に直面し、福祉国家を「社会的投資国家」へと変容させてきた。それらの取り組みに学びながら、日本の実情に即した構想が求められている。

社会的投資とは、福祉を「投資」と捉え、①一人ひとりが潜在能力を発揮できる条件を整え、個人がリスク回避する可能性を高め、②社会(とりわけ就労)への参加を促すことで、社会的排除や貧困の解消をめざす。具体的な政策としては、さまざまな困難やケア責任を抱えた人びとが就労できるような社会サービス(保育、介護、生活者困窮支援など)の提供、教育・訓練を通じた技能形成と適切な評価、すべての人の参加を可能にする多様な就労形態や場の形成、最低所得保障が柱となる。

社会的投資戦略は新自由主義による福祉改革・削減への対抗戦略として構想された。新自由主義は社会保障を経済成長の足かせとして捉え、福祉削減を断行することで経済成長を達成し、そのあとに成長の恩恵がトリクルダウン(均霑)して各階層に行き渡るとした。しかしながら、徹底的なリスクの個人化、自己責任論の蔓延は格差を広げ、社会の分断を生むだけであった。

この状況を打開するには、緊縮財政の呪縛から脱し、社会保障の予算を拡大しなくてはならない。すでに社会保障費がかさむなか、さらなる支出を行う余裕はないという批判が出てくるかもしれない。そこで、福祉は「投資」であり、それは「見返り(収益、リターン)」を生むと捉える発想の転換が生まれた。人的資本の強化によって個人の潜在能力が発揮されれば、それは高付加価値を生むことにつながり、活力ある経済をもたらす。こうした経済的な見返りが期待できるのであれば、社会的投資に向けた予算拡大は「浪費」ではないことになる。

福祉を「投資」と捉え、「見返り」を明示化する理由は、このように政治的なものであった。あえて「投資」として捉えることで、権利保障や再分配に拒否反応を示す経済界や中間層の政治的支持を引き出すことを狙っているのだ。

社会的投資に対しては、さまざまな批判があり得る。投資を過度に強調することは見返りへの期待を肥大化させてしまい、見返りを計測しにくい政策の削減を逆に正当化しかねない。あるいは、人的投資の見返りが余さず個人に帰着し、より高い教育を受けた人がより水準の高い経済的報酬を得ているだけであれば、そうした教育費用を政府が負担することは格差を再生産するだけになってしまう。また、就労をいくら促進しても、不安定な雇用しかないのであれば、結局そのリスクを負うのは個人になってしまう。

「社会」の重要性

社会的投資の効果や是非に関しては、これまで研究蓄積や議論が重ねられてきた。本書では他国での経験や教訓を踏まえ、個人の人的資本への投資だけではなく、社会関係資本〈人びとの間の信頼・協調関係〉への投資を噛み合わせる必要があるとの認識に立ち、「社会への投資」を提言したい。

社会的投資が福祉戦略として効果を発揮するには、「社会」が肝となってくる。見返りは個人だけではなく、広く「社会」に還元されるものでなくてはならない。「社会的な見返り」こそが「社会への投資」が追い求めるものであり、具体的には、貧困削減、社会的経済成長、安心社会である。

経済的状況としての貧困、あるいは社会関係を含む社会的排除は、それ自体が〈個人〉の尊厳を奪うものであり、撲滅すべきことである。最低所得保障をはじめとした再分配の強化により貧困を解消することは、「社会への投資」においても追求される重要な政策目標である。高度人材への「投資」を強めるのと引きかえに生活保護などの「補償」を削減するのであれば、それは「社会への投資」がめざすものではない。

経済成長もまた、広く「社会」に享受されうるものとして捉え直す必要がある。経済成長が一部の階層にしか利益をもたらさないのであれば、社会への還元とはならない。めざすべきは、すべての階層に果実をもたらすような経済成長である。「社会への投資」は経済成長第一主義でもなければ脱成長路線でもない。そこで、再分配を後回しにし、第一に成長を追求すべきだとは考えない。他方で、成長を度外視して（脱成長）、負担の分かち合いに傾注するものでもない。公正な社会の構築こそが活力ある経済を生み出すと考え、すべての人を「人財」と捉えるのが「社会への投資」なのである（終章参照）。そのためには適切な再分配は不可欠であり、再分配強化の結果として経済成長も実現しうる。個人がすべてのリスクを自己責任の名の下で背負わされるのであれば、過剰貯蓄が発生し、消費の低迷が経済の縮小をもたらすからだ。

さらにいえば、安心社会の構築はそのこと自体がめざすべき価値である。〈個人〉は決して一人で生きていけるものではなく、社会の〈つながり〉のなかでその存在が認められることで尊厳が守られる。そうした社会の状態が安心社会であり、それを構築するためには社会関係資本を強化することが必要である。〈個人〉を再び〈社会〉に埋め込むこと、そうした社会の基盤を作ることが「社会への投資」なのだ。

社会基盤の構築や社会関係資本の強化とは、決して助け合いを地域共同体に丸投げするものではない。助け合いができるような仕組みを政府が担保することを求めるものであり、個人の自己投資が広く「社会への投資」となることを図るべき主体は、あくまで政府だ。政府が人的資本と社会関係資本の双方に投資し強化することで、リスクや災害に強い強靭な社会を形成し、〈個人〉の尊厳を守ることをめざすものなのである。

本書のメッセージ

本書が構想する「社会への投資」は、ヨーロッパを発信源とする社会的投資の考え方を下敷きにしながら、そこでは必ずしも強調されていない社会関係資本をより重視するものだ。なぜ私たちがこのような見解に至ったのかは、これまでの社会的投資戦略の実践から教訓を引き出し、日本独自の政策課題を踏まえるからである。

社会的投資は、ヨーロッパの文脈では就労促進を意味したが、就労機会の増大が貧困削減につながるには良質な雇用が存在しなければならない。しかしながら、韓国や日本では非正規雇用が拡大し、正規雇用においても労働条件の悪化が見られる。労働者の基本的権利すら守られないような労働環境は社会的投資以前の問題である。このような状況下で就労促進が先行すると、劣悪な雇用を公認しないまでも黙認し延命させることにしかならないであろう。就労促進は良好な雇用につながることで初めて、貧困からの脱却や技能形成を可能にする。また、就労促進策が何かと引き換えに導入されることにも警戒が必要だ。イギリスのように就労を促進する一方で給付を打ち切ってしまえば、生活状況はむしろ悪化するかもしれない。貧困削減を後回しにするような社会的投資は、単に中高所得者のさらなる機会拡大を偏重することになりがちなことを肝に銘ずる必要がある。

社会的投資は保育・介護などのケア・サービスを政府が提供することを促進するが、すべてのケアが行政によって担われるわけではない。行政は機械的な公平性を等閑視しにくいため、個別具体的なニーズの充足は地域社会や家庭内で担われ続けていく。ケアは人間が生きていく上での基本的なニーズであり、それが地域社会や家庭内で無理なく充足されるような社会を構築していくこともまた、「社会への投資」なのだ。一般的に、残業をしなくても生計を維持できる賃金水準の保障（労働市場規制）を前提として、より具体的には保育士や介護士の処遇改善や「ケアする権利」の保障を通じて、ケアの価値化をめざす必要がある。ケアの価値化を通じて、男女のケア分担もまた平等に近づいていくだろう。

コミュニティの再生もまた、「社会への投資」の射程に入ってくる。現代の日本社会のように地域社会のつながりが薄れるなかで個人の人的資本だけを強化しても、安心社会も個人の尊厳も守れないからである。帰属できるコミュニティがあり、そのなかで自分の存在が承認されることが個人の尊厳の確保には必要だと私たちは考える。

このように生産の場（職場）、再生産の場（家族／親密圏）、協働の場（地域）の三つの場のそれぞれに目配りをしつつ、政府の果たす役割を問い直す必要がある。

そこで本書の独自性を理解するためにも、まずは第Ⅰ部においてこれまでの社会的投資の理論と実践を整理する。

第1章（濵田江里子・金成垣）では、ヨーロッパと韓国の経験を振り返り、どのような文脈から社会的投資戦略が生み出されたのかを見ていく。社会的投資の論理とその発展的展開を整理し、社会的投資戦略がいかなる意味で新自由主義への対抗構想となっているのかを示す。

第2章（水島治郎）では、社会的投資の先進国といわれるオランダを取り上げ、保守的な福祉国家であったオランダが変貌を遂げた経緯を見ていく。オランダは男女ともにワーク・ライフ・バランスが保たれ、オランダモデルといわれる活力と持続性のある社会の構築に成功した。さらには、ケアをめぐるソーシャル・イノベーションも巻き起こしている。個人の尊厳を大切にしつつ、コミュニティへの参加を促すケアの実践は日本への示唆に富むものである。

フランスは家族政策と最低所得保障の二つの点で革新的な社会的投資を実践している。第3章（千田航）ではフランスの軌跡を追い、日本よりも遥かに手厚い現金給付がなぜ実現したのか、近年のサービス拡大の要因は何なのかを見ていく。そして、労働市場の二極化が社会的投資国家への変容とその効果を限定的にとどめていることを確認する。

第4章（濵田江里子）ではイギリスを取り上げる。イギリスはかつては「第三の道」として福祉改革を先導し、子どもの貧困の大幅な削減に成功するなど社会的投資の先駆け的存在であった。ところが、保守連立内閣以降は福祉削減が進み、格差も拡大し、社会的投資の試みも弱い。社会的投資国家への移行に必要な政治的な力学が示唆される。

第5章（金成垣）は韓国における社会的投資の言説と実践を見ていく。韓国は社会的投資という言葉を用いて福祉国家の形成と転換を同時に進めた。しかしながら、労働市場の悪化はその有効性を限定的なものとしてしまった。韓国の事例は、「社会への投資」に必要な初期条件を明らかにする。

第6章（三浦まり・濵田江里子）は、日本においても社会的投資の発想が「未来への投資」や「人への投資」という言葉で導入されてきたことを見ていく。もっとも、もっぱら自公政権下で推進された社会的投資は、個人に見返りが帰着するような人的資本形成に傾注し、貧困削減や社会関係資本の強化は軽視されてきたことを示す。

　これらの国際比較を通じて引き出された教訓を下敷きに、第Ⅱ部では日本に必要とされる「社会への投資」を構想する。

　第7章（大沢真理）は貧困削減に着目し、社会的投資の看板のもとに貧困が放置されるのではないかという懸念を踏まえ、欧州連合（EU）の社会的投資戦略では貧困削減が主要目標の一つであることを確認する。日本、アメリカ、韓国を含むOECD諸国について政策成果を検討し、貧困削減をめざす再分配機能の強化そのものが「社会への投資」であることを示す。

　社会的投資は人口減少社会において働き手を増やし、そのことにより社会保障の持続性を高めることを意図する。日本のような超高齢化・長寿社会においては、なおさらその要請は逼迫している。第8章（駒村康平）は人生一〇〇年時代において必要とされる技能を見通し、ライフコースの各局面においてどのような人的投資が「社会への投資」として必要なのかを描く。

　社会的投資国家においてジェンダー平等は進展すると考えられているが、実は社会的投資戦略ではジェンダー平等は目的であるよりも手段とされている。第9章（三浦まり）は、むしろ「社会への投資」においてジェンダー平等の追求を中核に据えるべきであることを説き、日本の文脈では男性の「ケアする権利」と女性の「キャリア権」を保障することで「社会への投資」が実を結ぶことを論じる。

　本書が示す「社会への投資」を実現するには、現状よりも大きな財源が必要となる。どのような税制のミックスによって必要な予算を確保できるのかを第10章（井手英策）で論じる。消費税やその他の税をどのように組み合わせるべきなのか、現実的な選択肢を提示することで租税抵抗を乗り越える道筋を示す。

終章（三浦まり・宮本太郎・大沢真理）はこれまでの議論を振り返り、各国の経験から教訓を引き出し、「社会への投資」を再度理論的に整理する。その上で、実現するための政治戦略を示す。

目次

第Ⅰ部

社会への投資、その世界潮流

1　社会的投資戦略の総合評価

濵田江里子
金　成垣

はじめに

社会的投資戦略は、いち早く脱工業化を経験したヨーロッパ諸国を主要な舞台として一九九〇年代に誕生し、近年はラテン・アメリカや東アジア諸国においても展開している。日本も例外ではなく、二〇〇〇年代中頃より「未来への投資」や「人への投資」というスローガンは政府文書や政党のマニフェストに繰り返し登場しており、社会的投資戦略の発想は着々と広まっている。

社会的投資戦略が登場した背景には、グローバルな経済競争が拡大し、福祉国家の前提となっていた経済社会の要件が成り立たなくなったことがある。ケインズ主義的な経済政策と社会保険制度を軸とした福祉国家が十分に機能しなくなるなか、社会的投資戦略は雇用と社会保障をつなぎ直す新しい政策パラダイムとして登場した。

社会的投資戦略の特徴は、失業や老齢、貧困といったリスクに見舞われてから、主に現金給付を通じて事後的に救済するのではなく、リスクに直面する前の段階において様々な支援サービスを通じた予防的な措置に力を入れる点にある。予防的な措置には就学前教育や職業訓練だけでなく、育児や介護といったケア関連のサービスや女性やひとり親への就労支援も含む。社会的投資戦略では、子どもや若者といった人生の早い時期の教育や訓練を「投資」と位置づけて力を注ぐことで、将来的な税収の増加や成長という経済的な見返りと、全ての人にとっての良質な生活や公正な社会の実現という社会的な見返りという二つの目標の実現をめざす。

各国において社会的投資戦略が展開する詳しい様子は、本書の第2章から第6章で検討するため、本章では社会的投資戦略とは一体どのような考え方なのか、従来の福祉国家との違いを整理した上で、こうした考え方がヨーロッパと東アジアにおいて広まった経緯と、新しい政策パラダイムの理念と政策の中身について見ていく。成長と社会的な公正の実現という社会的投資戦略の目標はどの程度実現できたのだろうか。本章では社会的投資戦略が現在までに成し遂げてきたことの総合的な評価を試みる。

一　社会的投資戦略とは何か

社会的投資戦略とは、一九九〇年代よりヨーロッパを中心に福祉国家を立て直すために広がってきた考え方だ。社会的投資戦略が登場した背景には、経済社会が構造的に変化し、福祉国家が形成されたときに想定していた「古い社会的リスク」だけでなく、「新しい社会的リスク」が出現するようになったことがある。そもそも、福祉国家とは社会権を基礎として、一生の間に誰もが遭遇するかもしれない様々なリスクに対応するための制度である。このとき想定されていたリスクとは、失業や老齢、病気、怪我といった正規雇用を中心とした完全雇用と男性稼ぎ主モデルの家族を前提とした二〇世紀の工業化時代にあらわれる世帯主の所得の喪失というリスクであり、これが「古い社会的リスク」となる。

これに対して、「新しい社会的リスク」とは、非正規雇用を中心とした不完全雇用と共稼ぎモデルの家族を前提とした二一世紀の脱工業化時代にあらわれる個々人の所得の喪失とケアの危機というリスクである。経済のグローバル化、製造業からサービス業への産業構造の転換、労働市場と雇用形態の変化、少子高齢化、女性の社会参加に伴う家族形態の多様化は、福祉国家が想定していなかった「新しい社会的リスク」を生み出した。具体的には、学校卒業後に安定した仕事に就けないこと、不安定な非正規職を転々としキャリアを積めないこと、ひとり親であること、育児や介護といったケアを必要とする子どもや高齢の家族を抱えること、仕事と家庭生活を両立させることを指す。

国ごとに程度の差はあれ、男性稼ぎ主の安定した雇用とそのパートナーで家事や育児、介護を担う女性がいる家族の存在を前提とする福祉国家は、「新しい社会的リスク」への対応を迫られつつも、なかなか十分な措置を取れずにいた。特に日本や大陸ヨーロッパ諸国のように、男性稼ぎ主の雇用や家族によるケアを軸に福祉国家をつくってきた国では、「新しい社会的リスク」への柔軟な対応がしづらかった。追い討ちをかけるように、緊縮財政にある先進各国では、社会保障関連支出を拡大することは容易でなかった。こうした状況のなかで、新たに生まれつつある経済社会の構造と矛盾せず、人びとが安全に安心して暮らせる仕組みをつくり直すために登場したのが社会的投資戦略だ。

「補償」から「準備」へ

社会的投資戦略の核は、「補償(リペア)から準備(プリペア)へ」という発想にある。社会的投資戦略の理念と実践の様子を包括的にまとめた『社会的投資戦略に向けて――理念、政策、課題』では、社会的投資戦略は二一世紀に福祉国家を立て直すための新しい政策パラダイムだとする(Morel, Palier, and Palme 2012)。今までの福祉国家は年金や医療、失業手当、公的扶助(生活保護)といった現金給付が中心だったのに対し、社会的投資戦略は幼児教育や生涯にわたる教育や技能訓練といった人的資本への投資と、そうした「投資」を受けた人びとの就労に向けた支援サービスの提供に重点を置く。ここでいう支援サービスとは、教育や訓練だけでなく、「投資」を受けた人びとが労働市場に参加し続けるために必要な子育てや高齢者の介護といったケアに関するサービスや良質な雇用の保障も含む。生まれてから死ぬまでの生涯にわたり必要となる支援サービスの提供を通じ、一人ひとりの潜在能力を最大限に引き出し、全ての人が働けるようにし、より良質な生活の保障へとつなげるのである。より多くの人びとの労働市場への参加を手助けすることは、福祉国家の担い手となる納税者を増やすことにもつながるため、年金を始めとする社会保険や公的扶助の持続可能性も高まる。

ヨーロッパの社会的投資戦略を学問的にも実践的にもリードしてきたオランダの社会政策学者アントン・ヘメレイクは、社会的投資戦略の機能として次の三点を挙げる(Hemerijck 2015)。

一番目は「出入りの自由な労働市場」であり、全ての人が生涯にわたり自らの意思で労働市場に出入りできるようにすることだ。なかでも特に若い学卒者、失業者、子育て中の者(特に働く母親たち)、高齢者、障がい者が、労働市場に自律的に参加できることを重視する。労働市場への自律的な参加とは、労働規制の緩和や福祉の受給制限によって就労インセンティブを向上させることではない。重要なのは、就労と福祉の架け橋を築くことにあり、学校から仕事、失業から就労、育児・介護・スキルアップのための労働市場からの一時的な退出といった人生の各ステージに柔軟に対応できるように、雇用と社会保障が連携した仕組みをつくることにある。そうすることで、より多くの人が長い期間にわたり労働市場に参加し続け、充実した職業生活を送り、退職後の十分な年金の保障にもつなげていくという発想である。

社会的投資戦略の二番目の機能は、人的資本の質的な「蓄え」を向上させることだ。高い認知能力や専門的なスキルを有する人財は生産性の向上につながるため、就学前教育、初等・中等・高等教育、職業教育や訓練、生涯学習を通じて、高度なスキルを保有する労働者の育成が鍵となる(終章参照)。生涯にわたって人びとが身体的にも精神的にも健康で活動的であることは良質な生活に不可欠なため、適切な医療サービスにより健康寿命を延ばすことも人的資本の質的な向上につながる。

三番目の機能は景気循環の波からの「防波堤」の役目だ。つまり、普遍的なセーフティネットとしての最低所得保障である。人びとを活動的にする支援サービスが中心となる社会的投資戦略において、現金給付による最低所得保障を「投資」と捉えることができるのか疑問が生まれるかもしれない。しかし、最低所得保障は教育や訓練といった「投資」的な性格が強い政策が効果を発揮する上で不可欠な前提条件となる。なぜならば、最低所得保障はそもそも個人が貧困に陥る可能性を減らすものであり、そうした最低所得保障がきちんと機能してこそ、労働市場への参加に向けた支援である教育や訓練の効果が現れるからである。

そしてこれら三つの機能は、それぞれが独立しているのではなく、相互補完的な関係にある点が重要だ。例えば充実した就学前教育は、子ども自身の認知能力や社会的なスキルの発達を促すだけでなく、その親が働くことをも可能にする。親が働くことによりその世帯は安定した収入を得られる可能性が高まり、同時に子ども自身も教育を通じて身につけたスキルを用いて、将来、安定した職に就ける機会が拡大する。

ライフコースの発想

社会的投資戦略のもう一つの重要な特徴は、ライフコースという視点に基づき、人生の様々な段階において直面する課題に対して、雇用と福祉の両方向からの支援を展開する点にある。つまり今までの福祉国家が人生前半は雇用で、後半は福祉を中心に人びとの生活を保障する仕組みを築いてきたのに対し、社会的投資戦略は一人ひとりが生涯にわたり支援を受けながら社会に参加できるようになることをめざす。

社会的投資戦略をライフコースに沿って見てみると、まず出生前の充実した妊婦健診や十分な栄養は、生まれてくる子どもの身体や脳の発達を促す。労働経済学者のジェイムズ・ヘックマンは、子どもの認知能力と非認知能力を発達させるためには、生後間もない頃から就学前教育や良質なケアが重要だと指摘する(Heckman 2000)。認知能力とは論理的に考える力、非認知能力とは対人スキルをさす。そのため就学前教育や良質な保育施設、子育て中の親への育児休業や手当を充実させることで、子どもの認知能力や基本的な対人スキル、社会的なスキルの発達をめざす。在学中は教育と職業訓練、奨学金や訓練給

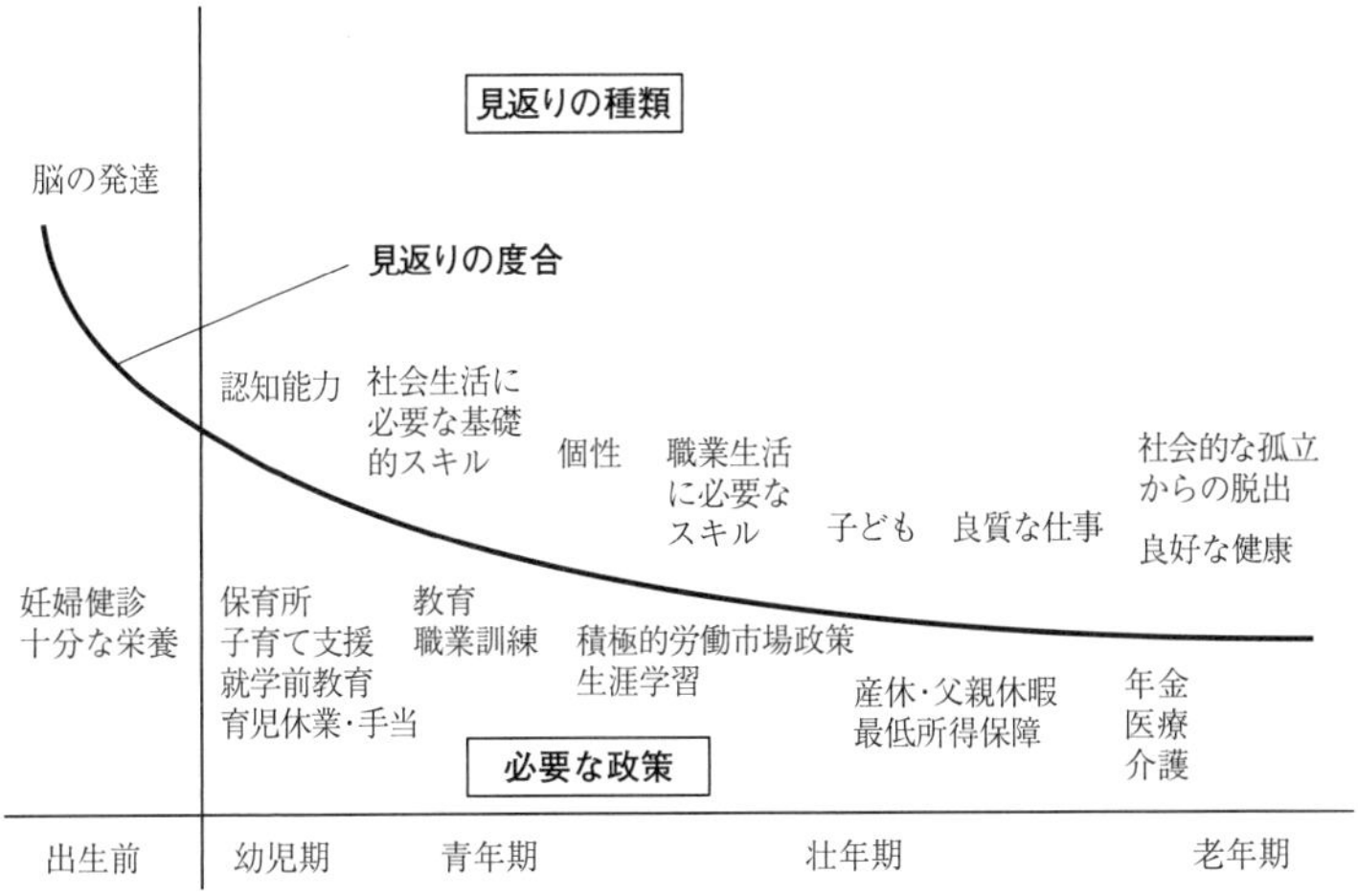

出典：Kvist（2014）を参考に筆者作成.

図１　ライフコースと社会的投資戦略

付金により、個人の資質や進路に応じた複合的なスキルの育成に力を入れる。学校を卒業してからは技能訓練や生涯学習を通じて職業生活のなかで必要なスキルの蓄積をめざし、同時に子育て支援や最低所得保障により次世代の育成と良質な生活の獲得をめざす。定年退職後の老齢期には、医療や介護を通じた健康な生活と年金により、金銭的に安定した生活と社会的な孤立を防ぐことをめざす（図１）。

社会的投資戦略では「投資」という単語が示すように、教育や福祉に社会保障的な役割だけでなく「投資」的な役割を併せ持たせ、そこには何らかの「見返り」が得られることが想定される。ここで想定される「見返り」には二種類あり、一つは経済成長や税収の増加といった経済的な見返りが、もう一つは全ての人――特に子どもや若者、女性――のより良質な生活と連帯意識の強い社会の構築という社会的な見返りである（パリエ二〇一四）。連帯意識の強い社会とは、一生の間に誰もが「支える側」と「支えられる側」の両方の立場を経験することを通じて、多様な生き方を認めながら、異なる立場の人たちがお互いを支え合い、共に生きることができる社会を意味する。「投資」の対象は子どもや若者が想定されがちだが、こうした発想に基づくと、図1が示すように、高齢者の社会的な孤立の防止も社会的な見返りに含まれ、社会的投資戦略の重要な一角を担う。

社会的投資戦略の「見返り」を考えるときに重要となるのが、経済的な見返りと社会的な見返りが同時に実現可能な目標として設定されている点だ。つまり社会的投資戦略では、経済成長と社会的公正は相反するものではなく、両立可能な目標となる。そもそも伝統的な福祉国家においても、生産性の向上と再分配は矛盾しないものだった。だが、その後登場した市場原理の徹底を目指す新自由主義は、充実した社会保障制度は経済成長の足かせになるため不要だとした。これに対して社会的投資戦略は、社会的公正が実現されない状態では経済成長も達成できないと考え、人的資本への投資で人びとの労働参加を支援することで、一人ひとりの良質な生活と経済成長という二つの目標の両立を試みる。

労働市場への参加を重視する点は、社会的投資戦略と新自由主義では共通しているが、社会的投資戦略は新自由主義的な「就労至上主義」とは一線を画す。就労至上主義とは、労働市場での就労を通じた経済的自立を第一に据え、どんな仕事でもよいのでとにかく労働市場で就労することが何よりも望ましいとする考え方を意味する。そのため低賃金や長時間労働といった劣悪で危険な職場環境の改善や、労働者のキャリア形成のための支援には関心を払わない。

これに対し社会的投資戦略は、より多くの人が就労できるようにサポートすることが、個人の良質な生活と新しい経済社会構造に適した形での福祉国家の立て直しを可能にすると考える。個人の生活の視点から考えると、受動的な現金給付ではなく、能動的な労働参加を可能とすることは社会との〈つながり〉を生み、自己を社会的に価値のある存在として認識できるようにする。そしてより多くの人が働くことにより納税者の裾野が広がり、持続可能な福祉国家の基盤が強化される。劣悪で不安定な雇用に人びとを導いたところで、それは就労と福祉を行き来する人を増やすだけであり、持続可能な福祉国家の基盤は強化されず、経済成長にもつながらない。教育や訓練、ケアに関連した支援サービスへの投資と支援を受けた〈個人〉が自らの能力を十分に活かすことができるように労働市場を整備しつつ、人びとの良質な生活を保障することが社会的投資戦略の肝なのだ。

二　世界における社会的投資戦略の展開

ヨーロッパでの新しい政策パラダイムの登場

それでは社会的投資戦略はどのように登場し、その考えを広めてきたのだろうか。まずはヨーロッパでの経験を見ていこう。

第二次大戦後に発展した福祉国家は、男性稼ぎ主の安定した雇用と家族を前提として、社会保障は男性稼ぎ主が失業した場合や老齢により働けなくなった場合の所得を保障し、貧困を予防することにあった。国家による完全雇用政策と社会保障政策の組み合わせを通じて成立するため「ケインズ型福祉国家」とも呼ばれ、国民の基礎的な生活が保障されることを市民の権利とみなし、市場の圧力から市民を保護することを目的とした。ケインズ型福祉国家では、社会保障政策と資本主義は対立するのではなく、両者はその維持にとって不可欠な両輪だと考えられてきた。

だが戦後の高度成長の時代が終わると、ケインズ型福祉国家に対してはその非効率性や「福祉依存者」を増やしているという批判が増し、市場原理の徹底を追求した改革の必要性を主張する勢力が強まった。自由市場の徹底を通じて、企業活動の自由とその能力とが制約なく発揮されることが人類の富と福利を最大化するという考えは、新自由主義と呼ばれる(ハーヴェイ二〇〇七)。福祉サービスの民営化や市場化の推進、福祉受給者への給付条件の厳格化や対象者の限定など選別性を強める政策手法を用いる。こうした新自由主義的な福祉改革を遂行した最も代表的な例が一九七九年に首相となったイギリスのマーガレット・サッチャーだ。

イギリスでの新自由主義的な福祉改革の展開に対し、大陸ヨーロッパでは当時の欧州共同体(EC、現・欧州連合(EU))を中心にこれまで築いてきた労働者の保護や手厚い福祉に代わり、なおかつ新自由主義に傾倒しない新しいヨーロッパ社会のモデルを模索する動きが一九八〇年代中頃より強まった。社会政策の役割に再び注目する新しいヨーロッパ社会のモデルは、ケインズ型福祉国家が重視した受動的な所得保障だけでなく、仕事の意義を捉え直し、社会政策が個人を能動的にする側面に着目した。ケインズ型福祉国家、新自由主義、社会的投資戦略の問題認識や中心的な考えをまとめたものが**表1**である。

福祉国家の新しい政策パラダイムとして社会的投資戦略に着目し、研究を進めてきたフランスの政治学者ブルーノ・パリエは、福祉国家が新しい政策パラダイムを必要とする理由として、福祉国家が前提としてきた経済社会の根本的な変容を指摘する。経済の構造的な変化とは、先進国の産業構造の転換だ。

表1　ケインズ型福祉国家，新自由主義，社会的投資戦略

	20世紀型福祉国家（ケインズ主義パラダイム）	新自由主義パラダイム	21世紀型福祉国家（社会的投資戦略）
問題の所在	低経済成長と失業は需要不足が原因	失業とインフレは硬直的な労働市場による供給側の問題	失業は労働市場への参加にあたって必要な資格の欠如による
社会政策と経済の関係	社会政策は経済に対しポジティブな影響を与える：経済成長と需要喚起のために社会保険の発展	社会保障は経済成長の足かせとなる：福祉国家は非効率的で財政負担を増大させる	社会政策は雇用創出と経済成長を達成するための前提条件として必須である：人的資本への投資を通じた個人の雇用可能性の向上，知識基盤型経済で活躍できるよう個人を備えさせる（prepare）
中心的価値観	・社会的平等（social equality） ・（男性労働者を対象とした）完全雇用 ・脱商品化	・自己責任 ・就労第一（any job） ・個人の能動化（activation）	・社会的包摂 ・良質な雇用 ・個人の潜在能力（capability）の向上 ・平等な機会の提供
中心的規範・国家の役割	・大きな政府 ・計画経済 ・福祉国家の拡充	・小さな政府 ・規制緩和 ・福祉国家の解体／縮減	・能力獲得国家（empowering state） ・社会的投資 ・福祉国家の再考
中心的政策	・需要喚起政策 ・社会保険を通じた所得保障 ・公的セクターによる雇用確保 ・失業給付等の補償型給付	・マネタリズム ・労働市場の規制緩和 ・公共サービスの民営化 ・就労の義務化	・人的資本への投資 ・労働市場への参加を手助けするサービスの提供 ・労働市場の柔軟性と社会保障の組み合わせ（flexicurity）

出典：Morel et al.（2012: 12–13）.

欧米先進国や日本は製造業を中心に経済発展を成し遂げてきたが、いずれの国も一九八〇年代頃より徐々にサービス業の比重が高まった。同時期に進んだ経済のグローバル化は、金融規制の緩和と資本の国際移動をたやすくし、先進国の企業はより低いコストで高品質な製品を製造できる新興国へ製造拠点を移した。新興国では低い労働力コストを武器に国際的な競争力を高め、低コストで品質の高い

製品を生み出せるようになった。さらにＩＴ化の進行は製造業に就く労働者の安定した雇用を減らし、労働者は少数精鋭の専門的な管理業務を担う者とその他大勢のマニュアル化された単純労働に就く者へと二極化が進んだ。その結果、先進国において製造業は、成長産業としても、安定した雇用の供給源としてもその地位を失った。先進国は新たな富と経済成長を生み出し、人びとが生活の質を落とさずに暮らし続けていくために「知識基盤型経済」へとシフトする必要性が高まったのである。

「知識基盤型経済」では「知識」が生産性の向上と経済成長を推進する力となる。つまりモノそのものを生み出す技術力よりも、絶えず変化する経済社会のニーズを敏感に汲み取る柔軟性や適応力、新しいアイディアを生み出す創造力といった非技術的な能力が新しい富や成長を生み出す鍵となる。

ただしパリエは一連の変化を製造業vsサービス業、工業化社会vsポスト工業化社会という二項対立で捉えるのは適切ではないと述べる。なぜならば、二一世紀ではどのような産業分野においても知識や非技術的な能力が重要となってくるからだ。パリエは自動車産業を例に挙げ、近年の自動車メーカーにとっては自動車本体をつくることよりも、自動車に付いて回るイメージを売ることの重要性が増していると言う。自動車メーカーは大衆車をつくることではなく、富裕層や子育て世代、高齢者など特定の顧客層に対し「自動車」から彼らが思い描くライフスタイルのイメージに見合ったサービスを提供し、顧客が自動車本体とともに、それを購入するにあたり受けたサービスに満足してくれることに価値を見出す。自動車というモノではなく、それに付随するサービスを売っているという意味で高付加価値なサービスを提供する経済体制へとシフトしているのだと言う（パリエ二〇一四）。

ここまでの議論をまとめると、知識基盤型経済とは単純にサービス産業が拡大した経済体制を意味するのではなく、モノに高付加価値を付け加えるサービスを生み出せる社会を意味する。そうした経済社会ではモノそのものだけでなく、人びとの欲望をいち早く汲み取り、それをモノならびにサービスとして具体化できる人材が決定的に重要性を増す。物理的な資本量よりも良質な人的資本が重要であり、絶えず変化する経済環境に対応し続け、場合によっては自らの独創性と潜在能力を活用し変化そのものを生み出すことができる複合的なスキルを有した人材が欠かせない存在となる。知識基盤型経済では、失業はそこで必要とされるスキルや教育の欠如として捉えられ、同時にスキルや教育が欠如した人びとは将来的な経済成長を阻害する存在とみなされる。そのため高度なスキルを備えた人材を育成するための教育訓練ならびに教育訓練を受けた人材が労働市場にとどまり、自らの能力を生かし続けられる環境を整える必要が生じるのだ。

EU社会政策のパラダイム転換

ヨーロッパにおいて社会的投資戦略を福祉国家の新しい政策パラダイムとし、各国の社会政策の大まかな方向性を定める上で大きな役割を果たしたのがEUである。福祉国家の立て直しに関する議論は、二〇〇〇年三月にリスボンで開催された欧州理事会が新たなヨーロッパ社会モデルの構築に向けた雇用戦略を打ち出したことを受けて活発化した。リスボン戦略と呼ばれる二〇〇〇年の雇用戦略では、EUの新たな戦略目標を、EUをより多くの良質な雇用があり、仕事を通じた社会的な統合が進み、持続可能な経済成長を生み出せる、世界で最も競争的かつダイナミックな知識基盤型経済とすることに据えた(European Commission 2000)。この目標を達成するためには、知識基盤型経済への移行と情報化社会の到来に向けたＩＴ関連の整備、人的資本への投資、社会的排除との闘いが新たなヨーロッパ社会モデルを構築する上で不可欠だとした。さらに横断的な政策目標として完全就業を設定し、失業率の引き下げではなく、就業率の引き上げを重視し、現時点での失業者対策だけでなく、様々な要因で働いていない非就業者を労働市場に参入させることが重要だとした。

リスボン戦略が完全就業を政策目標として定めた背景には、ＥＵ諸国が築いてきたケインズ型福祉国家の持続可能性への不安があった。就業率を引き上げることで非就業者を納税者へと転換させ、福祉国家の課税ベースを広げ、その持続可能性を高めたいという政策形成者たちの思惑が存在した。こうした思惑に対しては、社会の持続可能性を維持するために労働力を総動員するものだという批判もあるが、社会参加の権利として雇用を位置づけ、仕事を通じて全ての人に社会のなかに居場所を作るという社会哲学の実践の意味合いも含まれた(濱口二〇一二)。

二〇〇〇年から一〇年間の雇用戦略として設定されたリスボン戦略の後を継ぎ、二〇一〇年三月に欧州委員会は、二〇一〇年からの一〇年間にわたるＥＵの経済社会政策の軸となる『欧州二〇二〇――知的で持続可能で包摂的な成長への欧州戦略』を発表した。『欧州二〇二〇』では①スマートな成長、②持続可能な成長、③包摂的な成長の三つの戦略目標が定められた。ここで示された包摂的な成長にはリスボン戦略を引き継ぎ、人的資本への投資によるＥＵの社会的な結束を強化するという政策思想が窺える。その後もＥＵは二〇一三年に『成長と結束のための社会的投資』を発表し、引き続き人的資本に投資する路線を打ち出している。

二つの政策志向

ヨーロッパ諸国が社会的投資戦略を導入していくにあたり、ＥＵが議論をリードしてきた点は間違いない。だがヨーロッパの社会的投資戦略には、二つの異なる社会ビジョンが混在する。ひとつは伝統的な社会民主主義に基づいて、社会的な保護と投資の両方の必要性を説く路線であり、もう一方は人的資本への投資による機会の平等の保証を重視する「第三の道」路線である（濵田二〇一四）。

前者はデンマークの社会政策学者イエスタ・エスピン＝アンデルセンが主導してきた。彼は、欧州理事会の依頼を受け、リスボン戦略に基づいた新しいヨーロッパ社会モデルを示した、比較福祉国家研究の第一人者である。エスピン＝アンデルセンは、知識基盤型経済では認知能力や専門的な資格の有無が良質な仕事を得られるかどうかに大きく関わるため、どうすれば一人ひとりがそうした能力や資格を身につけられるかという視点で福祉国家を立て直すべきだと主張した。彼の議論の重要な点は、知識基盤型経済においても社会的階層の影響は大きく、教育訓練や就労支援といった人びとを労働市場へと促す政策は、失業手当や福祉的な給付といった従来の福祉国家が行ってきた補償的な政策を置き換えるものではないとするところにある（エスピン＝アンデルセン二〇一一）。彼は、個人の能力を伸ばすことを重視する政策が、従来型の所得保障を代替できるとする発想は短絡的な楽観主義だと批判する。所得保障はそもそも個人が貧困に陥る可能性を減らすものであり、そうした補償的な政策が存在した上で、初めて教育訓練や就労支援政策が効果を発揮すると論じる。

他方、後者の議論を展開したのは、イギリスのトニー・ブレア労働党政権の政策ブレーンだった社会学者のアンソニー・ギデンズである。ギデンズは社会的投資戦略の目的は所得の再分配による平等の達成ではなく、一人ひとりに対し自らが持っている力を最大限に伸ばせる機会を平等に提供することにあると考えた。そのため全ての人へ平等に機会を提供した後に、その結果として不平等が生じるのは仕方がないとして、失業手当といった補償的な政策は非生産的な支出だとした(Giddens 2003)。

このようにヨーロッパでは、「社会的投資戦略」という一つの傘の下に、社会的な保護と投資の両方を重視する社会民主主義的な路線と機会の平等を重んじる第三の道路線という二つの異なる社会ビジョンを収めながら展開してきた。EUが社会的投資戦略を新しい政策パラダイムとして打ち出し、発展させることができた背景には、こうした理念的な多様性がある。福祉国家の立て直しには社会的投資の発想が重要だという認識は共有しつつも、その定義をあえて幅広く設定したままにすることで、受け入れる側にとっての間口を広げたのだ。

韓国における社会的投資の展開

冒頭で述べたように、社会的投資戦略は近年、ヨーロッパだけでなく、日本や韓国また台湾など東アジアの国々においても注目を集めている。ここでは、社会的投資戦略をめぐる議論が、比較的早い時期から盛んになった韓国に焦点を当てて、それが登場した背景を紹介する。そこには、上で見てきたヨーロッパの状況と共通する文脈もあれば、韓国特有の文脈もある。その詳細については、個別事例で取り上げることとし、ここでは全体的な概要を簡単に紹介することに止めたい。

韓国で社会的投資戦略の議論が始まったのは、盧武鉉《ノムヒョン》政権(二〇〇三―二〇〇七年)の中盤となる二〇〇〇年代半ばである。当時、なぜ韓国で社会的投資戦略が注目を集めたかについては、大きく政治的要因と政策的要因に分けて考えられる。

まず、政治的要因である。盧武鉉政権における社会的投資戦略への注目は、新自由主義的な考え方への抵抗という政治的な意図があった。

一九九〇年代末のアジア金融危機の際に、当時の金大中《キムデジュン》政権(一九九八―二〇〇二年)は、そこで発生した大量失業・貧困問題に対応するために、各種制度・政策を整備し福祉国家化に乗り出した。その具体的な過程や制度・政策内容は別稿を参照されたいが(金成垣二〇〇八)、全体的な特徴を簡単に説明すると、当時見られた社会保険の全国民適用と国民の生存権を保障する公的扶助の導入による「権利性」の確保、社会保険と公的扶助の連携による「体系性」の確保、そしてそれによる「普遍性」をもつ社会保障制度の整備を通じて、以前とは異なり、すべての国民の最低生活を保障する福祉国家が成立したという点だ。同時にそれは、「経済開発政策に埋め込まれた社会政策」を核心要素とする「生産主義福祉資本主義」(Holliday 2000; Holliday and Wilding 2003)や「開発主義福祉国家」(Kwon 2005; 鄭二〇〇六)として特徴づけられていた、韓国のそれまでの経済成長最優先の政策方針から脱皮したことを意味するものとしても大きな出来事であった(Kim 2008)。

いずれにせよ、以上のような金大中政権における福祉国家の成立あるいは福祉国家化が、当時の失業・貧困問題の解決にはもちろん、危機による社会経済的混乱の安定化に大きな成果をあげた。それを背景に、二〇〇二年末の大統領選挙で与党の盧武鉉候補が当選し、金大中政権に次ぐ進歩政権として成立した。盧武鉉政権は、金大中政権の政策的方向性を引き継ぎ、そこで始まった福祉国家化をさらに積極的に推進することを試みた。

しかしながら、韓国が福祉国家化に乗り出した一九九〇年代末あるいは二〇〇〇年代初頭以降は、世界的に見ると、福祉国家を拡大する時代が終わり、むしろその抑制あるいは縮小をもたらす新自由主義的な政策改革が蔓延するグローバル資本主義の時代になっていた。国内的にも、高度経済成長の終焉と低成長時代への突入、そしてそれによる安定的な財政確保の困難と財政支出の制約が指摘され、自由市場の徹底やそれにもとづく福祉の民営化や市場化、福祉受給の厳格化やワークフェアを主張する新自由主義的な考え方が強くなっていた。それが、金大中政権を引き継ぎ、福祉国家化のさらなる進展を試みる盧武鉉政権にとって大きな壁となった。

その壁を乗り越えるために、盧武鉉政権においては当初、「福祉と経済の好循環」、「成長と分配の均衡」、「経済と福祉の同伴成長」といったかたちで、福祉国家と経済成長が相反するものではなく両立可能であるという考え方を打ち出し、関連研究者や政策担当者および実務家などを集め政策研究を進めた。そのなかで、当時、ヨーロッパの学界で、新自由主義に傾倒しない新しい社会モデルとして注目を集めていた社会的投資戦略論が紹介され、それが盧武鉉政権の政策的目標と合致するとされ、活発な議論が展開された。盧武鉉政権の後半には、社会的投資戦略を中心に据えた政権の公式な政策報告書が出された。そのような過程を経て社会的投資戦略は、新自由主義に対抗し、金大中政権で始まった福祉国家化のさらなる充実を図る盧武鉉政権の核心的な政策理念として位置づけられた。

ところで、盧武鉉政権における社会的投資戦略の受け入れは、新自由主義的な考え方に抵抗するという政治的な要因だけではなかった。それとともに、社会的投資戦略の具体的な政策内容との関連で、当時の社会問題、なかでも急速に進みつつあった少子高齢化への実質的な政策対応として、社会的投資戦略が注目されたという政策的な要因があった。

二〇〇〇年に入り韓国は、高齢化率七％を超え、高齢化社会に進入した。二〇〇〇年当初にはそれ自体が大きな社会問題にはならなかった。しかし翌年の将来人口推計で、韓国の高齢化スピードが日本より速いと発表され、それが人びとの関心を集めた。高齢化社会（高齢化率七％）から高齢社会（一四％）に進入するまで日本が世界で最も速く二四年（一九七〇―一九九四年）であり、高齢社会から超高齢社会（二一％）までは一三年（一九九四―二〇〇七年）かかると予想されたのに対して、韓国はそれぞれ一八年と八年という予測だった。このように超高速で進行する高齢化に対する関心をより増大させたのが、急速に進んでいる出生率の低下だった。すなわち、二〇〇〇年の合計特殊出生率が一・五を切って、二〇〇二年には一・一七へと陥り世界最低を記録した。二〇〇三年にはやや回復して一・一九となったが、二〇〇四年には再び一・一六へと落ち、二〇〇五年には一・〇八まで落ち込んだ。この低い出生率が超高速の高齢化と絡み合い、大きな社会問題となった。

この少子高齢化は、一般的に「新しい社会的リスク」といわれ、主に失業・貧困問題を中心とした古い社会的リスクに対応するために生まれたケインズ型福祉国家では対応しきれないとされる。先に指摘したように、従来のケインズ型福祉国家が、男性稼ぎ主モデルを前提として所得保障制度を中心に世帯主の失業・貧困問題に対応してきたとすれば、少子高齢化に対しては、その所得保障制度とは異なり、子育てや介護など社会サービス分野での制度整備が求められるからだ。韓国の現状として重要なのは、金大中政権における福祉国家化が、基本的にケインズ型福祉国家の考え方にもとづいた所得保障制度の整備が中心だったことにある。盧武鉉政権に入って、以上のように少子高齢化が深刻な社会問題として顕在化すると、金大中政権で整備した所得保障制度だけではそれに対応できないとされ、社会サービスを積極的に推進するための新しい政策構想が必要となった。それが、ケインズ型福祉国家の立て直しとして、共働きモデルを前提に、それへの支援として子育てや高齢者介護などケア関連の社会サービスの充実化を重要な軸とする社会的投資戦略であったに違いない。特に当時、少子化をもたらしている主な要因として、伝統的な性別役割分業が注目され、女性の就労促進および支援の必要性が提起されるなか、それとかかわる社会的投資戦略が積極的に展開された。

以上のように、韓国では二一世紀に入り、一方では、新自由主義的な考え方に対抗するための政治的戦略として、他方では、少子高齢化という新しい社会問題とその背後にある性別役割分業の問題に対する政策的対応として、社会的投資戦略が浮上した。その後の展開に関しては、第5章を参照されたい。

三　社会的投資戦略の到達点

社会的投資戦略はその登場から二〇年近くが経ち、世界的な政策潮流となっていることをここまで確認してきたが、それでは実際にどの程度その目標を達成できているのだろうか。

ヨーロッパでの進展状況

二〇一五年に欧州委員会と欧州社会政策ネットワーク（ＥＳＰＮ）が連名で発表した報告書『欧州における社会的投資――各国政策の研究　二〇一五年』では、ＥＵ加盟国における社会的投資戦略の進展度合いを三段階に分けて評価した(Bouget et al. 2015)。この報告書が各国を評価する上で用いた具体的な指標とそれぞれの国での社会的投資戦略のアウトカム(政策目標が達成された度合い)に関する詳しい分析は第7章で行うため、ここではその概要を紹介するに留めたい。

まず、第一グループは社会的投資戦略に基づいた政策が順調に実施されている国であり、本書との関係で言うとフランスとオランダがこのグループに入り、その他にはスウェーデンやドイツもここに含まれる。これらの国では政策間の連携がうまくなされながら、「新しい社会的リスク」を始めとする課題への対応が進んでいると評価されている。

このグループの興味深い点は、社会的投資戦略に則った取り組みが進んでいると評価を受ける一方、必ずしも意識的に「社会的投資戦略」をキーワードとして前面に押し出しながら政策を実行してきたわけではないところにある。例えば、スウェーデンの場合は充実した就学前教育や公的な保育所の整備、生涯学習、職業紹介や技能訓練といった全世代を対象とした高い水準のサービスの給付を伝統的な福祉国家が行ってきた。

経済的な見返りだけでなく、社会的な見返りの充実という点では、第2章で取り上げるオランダが先進的な取り組みを見せる。ケアを利用者へのサービスの提供としてだけでなく、一人ひとりの尊厳を守りながら生活を保障し、コミュニティの再構築につなげる動きは、まさに「社会への投資」と呼べるものである。またフランスも第3章が詳しく論じる通り、家族政策と最低所得保障を重層的に組み合わせることで、課題は残るものの、子どもや女性、若者への支援を充実させてきた。しかしながら、いずれの国も社会的投資戦略をあえて「戦略」として打ち出すのではなく、むしろ社会への参加・参入を促す雇用福祉改革に取り組むなかで，子どもや女性を対象とした政策の充実やコミュニティの再生を進めてきた。

第二グループは就学前教育や子育て支援といった社会的投資とみなされる政策を部分的に導入しているが，「戦略」としての体系的な取り組みを欠いている国であり，本書で取り上げる国のなかではイギリス，その他にはスペインやアイルランドなどが分類される。このグループは，就学前教育や子どもの貧困削減といった特定の領域では政策の進展が見られるものの，政策間の連携やライフコースという視点に欠け，結果として限定的な成果しか挙げられずにいる。例えば第4章で取り上げるイギリスは，一九九〇年代末より子どもの貧困対策を積極的に進めてきたが，その一方で緊縮財政による給付の削減も行い，そうした一貫性に欠ける姿勢が評価の低さにつながっている。

第三グループは社会的投資戦略がほぼ実施されていない国であり，本書では取り上げていない東欧諸国が分類される。これらの国では社会的投資戦略の積極的な実施は見られず，社会政策を議論する場においても社会的投資の発想はあまり現れていない。

東アジアでの進展状況

『欧州における社会的投資——各国政策の研究 二〇一五年』は，ヨーロッパ諸国に対する評価であり，第7章で詳しく分析されるように指標の設定にも問題がある。ここでは，この報告書の限界を踏まえつつ，日本と韓国におけるこれまでの取り組みを評価していこう（詳細は，日本は第6章，韓国は第5章を参照のこと）。

まず、日本は、社会的投資戦略が部分的に導入されている国、先ほどの分類に従えば第二グループとして位置づけられる。ヨーロッパとの違いは、社会的投資「戦略」としての体系性を欠くことに加え、社会的な見返りへの関心が低く、経済的な見返りの視点のみで政策を実施している点だ。

日本では子育て支援や人材育成への投資が近年特に進んでいるが、いずれも人口減少の危機がその背景にある。少子化の結果として労働力人口が減少し、社会保障制度の持続性が低下することへの懸念やグローバルな経済競争に勝つために生産性を上げることが政策の推進力となっている。そのためヨーロッパのように知識基盤型経済での人材育成や「新しい社会的リスク」への対処という視点は弱い。

社会的な見返りへの関心がほぼ皆無であることは、貧困問題への視点が欠ける点にも現れている。もっとも、この後に述べる通り、ヨーロッパの社会的投資戦略が本当に貧困を削減できているのかには、首をかしげる意見も多い。しかし、日本のように就業が必ずしも貧困からの脱出手段として機能せず、貧困基準が長期的に低下しながらも貧困率が上昇する事態は、イギリスのように一貫性が欠ける導入というよりは、社会的な見返りをそもそも一切考慮していないと考えた方が腑に落ちる（社会的投資と貧困率・貧困の削減についての詳しい分析は第7章を参照）。

次に、韓国に関しては、社会的投資に分類される政策を部分的に導入しているものの、諸政策間の連携や体系的な取り組みに欠けるという点で、日本と同様、第二グループに位置づけられる。

もちろん、先に述べたように、韓国では二〇〇〇年代半ばから「新しい社会的リスク」に対応するための明確な政策手段として社会的投資戦略が打ち出され、それにもとづいた様々な政策が長期にわたって展開されている。そして、第7章で分析されるように、その成果もある程度評価できる。例えば、保育所利用率の上昇やそれにともなった女性就労の増加、またそれによる貧困削減への効果も現れている。その意味において、韓国は、日本を含む第二グループの他の国々に比べると、経済的および社会的「見返り」を見出していると評価できる。

ところが、韓国の事例を考えるときに、より重要なのは、韓国における社会的投資戦略が、他の多くの国々とは大きく異なる文脈で展開されていることだ。すなわち、他の先進国とは異なり、韓国では現金給付を中心とした所得保障制度の整備が非常に不十分な状況のなかで社会的投資戦略が展開され、そのため、この十数年間展開されてきた社会的投資戦略に関して、国内ではその成果より限界の方が浮き彫りになっている。これは韓国特有の状況であるが、その特有の状況から生まれる、他の国々への政策的示唆は少なくないだろう。この点についての詳しい分析は第5章を参照されたい。

社会的投資戦略への批判

社会的投資戦略では二種類の見返り、すなわち経済成長と社会的な公正の実現をめざすわけだが、いずれの見返りも成果が現れるまでには時間がかかる。例えば、就学前教育の充実が子どもの認知能力や対人コミュニケーション能力を向上させ、進路や学歴にプラスの影響を与えたのか、そしてそれが本当に社会的投資の結果であるのか、そこに因果関係を立証することは現実的には非常に難しい。福祉国家の担い手を増やし、税収の増加をめざすという面でも「投資」をした子どもが納税者となるまでには二〇年近くの年月が必要となる。貧困の削減や社会的な包摂の推進に関しても、費用対効果の測定や直接的な因果関係を実証することは容易でない。

そのためヨーロッパでは社会的投資戦略の推進は、補償的な政策よりも投資的な政策を優先させることを正当化し、むしろ貧困を増加させているのではないかという批判も根強い。例えば、社会的投資の最も代表的な政策だと考えられる、保育や子育て支援の恩恵が一番大きいのは、中高所得層の共働き世帯である。低学歴、低所得の人は、職業訓練への参加が低いと言われ、技能形成をしづらく、適切な評価もされづらい状況に依然としてある。「新しい社会的リスク」への対応を目的とした社会サービスは、中間層への手厚い支援となる側面が強く、スウェーデンやデンマークといった普遍的な社会保障制度が整っていた国では、社会的投資への「アップグレード」という名目で、「脱普遍化」が進んでいるとの指摘もある(van Kersbergen and Kraft 2017)。つまり社会的投資への転換は、低所得層をより貧しくし、彼らの良質な生活を犠牲にしながら、中間層を優遇する政策ではないかという批判も根強い(Cantillon 2011)。

社会的投資と貧困の関係については、一九九七年から二〇〇七年までのヨーロッパ一五カ国における社会保障関連支出の内訳の変化と貧困率についての分析で、年金や失業給付、高齢者向けの医療といった再分配志向の政策から幼児教育、介護、積極的労働市場政策といった「新しい社会的リスク」向けの政策への転換は、当初想定されたような貧困率の削減には結びついていないとの指摘もある(van Vliet and Wang 2015)。この点は第7章でさらに詳しく検討することにしたい。

社会的投資戦略は一九九〇年代末から登場したが、二〇〇八年のリーマン・ショック以降はヨーロッパ各国の社会保障関連の支出は削減され、各国は緊縮財政へと舵を切る傾向が強まっている。緊縮財政の時代には、社会的投資の機能のうち、最低所得保障の削減への懸念も示されている(Bonoli, Cantillon, and Van Lancker 2017）。その一方で欧州委員会は過度な緊縮財政による福祉の削減を各国に自重するよう要請し、経済状況が悪化している時期にこそ社会的投資に基づいた社会保障システムの充実を求めている。リーマン・ショック以降のヨーロッパにおいて、社会的投資戦略からの撤退が進んでいるのかの検証では、国ごとに様相は異なるが、総じて子育て関連と就学前教育への投資の削減は少ないとされる（Kvist 2013）。本書では第3章においてフランスの事例を確認することにしよう。

社会的投資戦略への批判や成果を疑問視する声はあるものの、そうした批判が上がること自体が、社会的投資戦略が新しい政策パラダイムとしてヨーロッパで十分に根付いた証拠だとも考えられる（Hemerijck 2015）。本章では社会的投資戦略の特徴と論理を整理してきた。次章以降では、社会的投資戦略がヨーロッパと東アジアの国々で実践される様子に目を向けることで、その効果と限界についてさらに理解を深め、日本でどのように「社会への投資」を構想すべきかを考えていこう。

参考文献

エスピン＝アンデルセン、イエスタ（二〇一一）『平等と効率の福祉革命——新しい女性の役割』大沢真理監訳、岩波書店

金成垣（二〇〇八）『後発福祉国家論——比較のなかの韓国と東アジア』東京大学出版会

鄭武權（二〇〇六）「韓国の開発主義国家レジーム」社会政策学会編『東アジアにおける社会政策学の展開』法律文化社

ハーヴェイ、デヴィッド（二〇〇七）『新自由主義——その歴史的展開と現在』森田成也ほか訳、作品社

濱口桂一郎（二〇一二）「EU社会政策とソーシャル・ヨーロッパ」武川正吾・宮本太郎編『グローバリゼーションと福祉国家』明石書店

濱田江里子（二〇一四）「二一世紀における福祉国家のあり方と社会政策の役割——社会的投資アプローチ（social investment strategy）の検討を通じて」『上智法学論集』五八（一）、一三七—一五八頁
パリエ、ブルーノ（二〇一四）「社会的投資——福祉国家の新しいパラダイム」濱田江里子訳、『生活経済政策』二一四号、六—一三頁

Bonoli, Giuliano, Bea Cantillon, and Wim Van Lancker (2017) "Social Investment and the Matthew Effect: Limits to a Strategy," in Anton Hemerijck ed., *The Uses of Social Investment*, Oxford University Press.
Bouget, D., H. Frazer, E. Marlier, S. Sabato, and B. Vanhercke (2015) Social Investment in Europe, A Study of National Policies 2015, European Commission, European Social Policy Network (ESPN).
Cantillon, Bea (2011) "The paradox of the Social Investment State: Growth, Employment and Poverty in the Lisbon Era," *Journal of European Social Policy*, 21 (5), 432–449.
European Commission (2000) Presidency Conclusions, Lisbon European Council, 23–24 March. SN 100/00.
Giddens, Anthony (2003) "Introduction: The Progressive Agenda," in Matthew Browne, Paul Thompson, and Francesca Sainsbury eds., *Progressive Futures: New Ideas for the Centre-Left*, Policy Network.
Heckman, James J. (2000) "Policies to Foster Human Capital," *Research in Economics*, 54 (1), 3–56.
Hemerijck, Anton (2015) "The Quiet Paradigm Revolution of Social Investment," *Social Politics*, 22 (2), 242–256.
Holliday, Ian (2000) "Productive Welfare Capitalism: Social Policy in East Asia," *Parties and Policies*, 48.
Holliday, Ian and Paul Wilding (2003) *Welfare Capitalism in East Asia: Social Policy in the Tiger Economies*, Palgrave Macmillan.
Kim, Yeon Myung (2008) "Beyond East Asian Welfare Productivism in South Korea," *Policy and Politics*, 36 (1).
Kvist, Jon (2013) "The Post-crisis European Social Model: Developing or Dismantling Social Investments?,"

Journal of International and Comparative Social Policy, 29(1), 91–107.

Kvist, Jon (2014) "A Framework for Social Investment Strategies: Integrating Generational, Life Course and Gender Perspectives in the EU Social Investment Strategy," *Comparative European Politics*, 13(1), 131–149.

Kwon, Huck Joo ed. (2005) *Transforming the Developmental Welfare State in East Asia*, Palgrave Macmillan.

Morel, Nathalie, Bruno Palier, and Joakim Palme eds. (2012) *Towards a Social Investment Welfare State? Ideas, Policies, and Challenges*, Policy Press.

van Kersbergen, Kees and Jonas Kraft (2017) "De-universalization and Selective Social Investment in Scandinavia?," in Anton Hemerijck ed., *The Uses of Social Investment*, Oxford University Press.

van Vliet, Olaf and Chen Wang (2015) "Social Investment and Poverty Reduction: A Comparative Analysis across Fifteen European Countries," *Journal of Social Politics*, 44(3), 611–638.

2 自律・参加・コミュニティ
――オランダにおける社会的投資戦略への転換

水島治郎

はじめに

二一世紀に入るころからヨーロッパを中心に注目を集めてきた「社会的投資戦略」。このアプローチが、二〇世紀型の再分配重視の福祉国家にない新しさを持っていたとすれば、それは社会政策に「投資」という視点を導入したことであろう。従来の福祉国家における社会政策では、貧困や失業といった事態に陥った個々人を救済する、事後的な補償という意味合いが強かったのに対し、社会的投資戦略は「人への投資」を通じ、個々人の能力を高めることで、不確実性の高い脱工業社会においても、人びとがあらかじめリスクに対応できるだけの「備え」を身につけさせることをめざす。個々人に対して先行投資を行うことで、後々のリスクを最小化するとともに、知識基盤型経済を主体的に担う人材を育成していく。社会的投資戦略は、財政上の負担と見られがちな「再分配」ではなく、投入した以上の見返りを期待できる「投資」として社会政策をとらえる発想に立つ。すなわち経済的な投資と同様の発想で社会政策をとらえることによって、福祉国家をめぐる議論と政策展開に新たな局面を切り開いたといえよう。
とはいえ、社会的投資戦略は、あくまでも「社会的」な戦略であることを忘れてはならない。「投資」という観点から社会政策をとらえなおし、個々人の能力を開発することを重視する見方は、ややもすれば経済的な「投資」の一環として社会的投資戦略を理解し、将来の経済的な見返りを約束される政策に重点的に投資すべきだ、という発想を招く危険がある。例えば、必ずしも将来の経済的見返りが保障されない高齢者ケアなどは、そのように理解された社会的投資戦略からは、除外されることだろう。

むしろここで必要なことは、社会的投資戦略を単なる人的資本の開発にとどめるのではなく、社会的連帯の達成を見据え、そのために個人のエンパワーメントとコミュニティの再生を進めていく、「社会的」な見返りをめざす投資、すなわち本書の主題である「社会への投資」としてとらえなおすことだろう。〈個人〉の尊厳と〈つながり〉を起点とし、豊かな社会関係資本（ソーシャル・キャピタル）に彩られた社会は、人々の選択の幅を広げ、相互の信頼を生み、デモクラシーを支えるものとなる。社会的投資を「社会への投資」へと組みなおすことで、経済的な投資を含みつつ、同時にそれを超えた社会的な見返りをもたらす戦略を生み出すことができるだろう。

このように社会的投資戦略をとらえるとき、オランダの事例は、きわめて重要な示唆を与えてくれる。本章の前半部分で論ずるように、オランダでは一九九〇年代以降、保育・教育の充実、教育訓練を軸とした労働市場政策の採用、フルタイム労働者とパートタイム労働者の均等待遇と女性の就労促進といったさまざまな政策的転換が積極的に進められ、社会的投資戦略への「華麗なる転換」がほぼ実現した。幼児・放課後児童の保育率は大幅に上昇し、子どもを保育施設に預けて働くことが一般化した結果、女性の就業率も顕著に増加している。福祉給付受給者、高齢者などの労働市場への参入も進展した。二〇一七年にはリーマン・ショック以後、失業率が最低を記録した。社会的投資戦略のもと、国民の人的資本を最大限活用する経済社会が実現されつつあるように見える。その意味でオランダの社会的投資戦略は、経済的に豊かな見返りをもたらすものであったといえよう。

しかし、オランダの社会的投資戦略の持つ優位性は、単に経済的な見返りにとどまるものではない。むしろオランダがその本領を発揮しているのは、その「社会的な見返り」の側面である。

本章の後半部分では、オランダにおいて近年積極的に展開され、国内外から強い注目を集めている、ケアをめぐるいくつかのイノベーションについて紹介・検討する。そこでポイントとなっているのは、ケアが単に利用者にサービスを提供するという一方通行的なものではなく、一人ひとりの尊厳を大切にしつつ、それが共同性の再構築、コミュニティへの参加を促すものとなっていることである。地域性や歴史的記憶を下敷きにし、各人の大切にしてきた価値や慣れ親しんだ環境を尊重するケアのあり方は、まさに個人の尊厳と支え合いを尊重する、本書における「社会への投資」の趣旨にかなう。超高齢化社会を迎え、ケア需要が高まるばかりの日本にとっても、興味深い参考事例を提供することであろう。

一　社会的投資戦略への転換

「保守主義レジーム」変容の中で

それではまず、オランダにおける社会的投資戦略への転換を、制度的な側面から見てみよう。

よく知られているように、ドイツやフランス、オランダをはじめとする大陸欧州諸国では、北欧型の社民的福祉国家とも、英米型の自由主義的な福祉国家とも異なる、「保守主義型」の福祉国家が発展してきた。その特徴をまとめれば、①男性稼ぎ主モデルに基づく給付体系、②職域別に分立した被用者保険制度、③積極的な労働市場政策の欠如、などがあげられる。ここでは、総称して「保守主義レジーム」と呼びたい。日本の福祉国家は、保守主義レジーム諸国と多くの部分が共通していることから、この保守主義レジーム諸国の動向は、日本の今後の改革の方向を考える際、大いに参考になるだろう。

実は二一世紀を迎えた頃、「保守主義レジーム」に属する大陸型福祉国家といえば、グローバル化や少子高齢化といった構造変容を踏まえた改革に出遅れ、「雇用なき福祉」状態に陥った「時代遅れの」福祉国家というイメージが強かった。特に、公的職業訓練の不足に示される積極的な労働市場政策の欠如、子育て支援や保育施設の不足による女性の就労の抑制など、人的資本の活用に対する消極的な姿勢は、少子高齢化が進むなかで福祉国家を支える経済的基盤を掘り崩すものであり、保守主義レジームのアキレス腱とされていたのである。

しかし二〇一〇年代に入るころから、変化に及び腰だった保守主義レジーム諸国について、その改革の進展を指摘する研究が出てきている(Palier 2010; Häusermann 2010)。特に重要なことは、その改革が人的資本の育成と積極的活用を重視する、社会的投資戦略への接近を示していることである。独仏やオランダなどでは近年、子育て支援の充実や職業訓練の拡充が進展し、女性や高齢者、福祉給付受給者などの労働参加が幅広く展開されており、かつての受動的な給付型の福祉国家からの転換が進んでいる。政治学者のケイス・ファン・ケルスベルヘンとアントン・ヘメレイクによれば、これら諸国では「まさに社会的投資という発想からこれまで切り離されていたがゆえに……社会的投資というパラダイムを採用することによって、最も劇的で革新的な改革のさなかにある」。大陸型福祉国家において就労促進型の福祉国家への画期的な転換が進むことで、「従来のレジーム類型による福祉国家の分類」に変化をもたらす可能性があるという(van Kersbergen and Hemerijck 2012: 485-487)。

この転換を考えるさい、興味深い例がオランダである。近年のオランダについては、人的資本に投資する北欧型の「社会的投資戦略」への転換が大胆に進み、保守主義レジーム諸国の中でも際立った改革が進展していると指摘されているからである。あるオランダの研究によると、一九九〇年代後半以降のオランダは、職業訓練などをはじめとする積極的労働市場政策関連の公的支出が顕著に増加し、北欧諸国レベルに次ぐ支出を達成した例外的な国として位置づけられる(Weistra 2009)。二〇一五年におけるオランダの積極的労働市場政策関連支出の対GDP比は〇・七%に達し、これはOECD諸国で北欧四国およびハンガリーに次いで六位である(OECD 2017b: 216)。教育・子育て支援・高齢者サービスなど、同様の人的投資にかかる公的支出も順調に増加している。特にかつては少なかった子育て支援・就学前教育関連の支出は、二〇〇〇年における対GDP比〇・三%から、二〇一三年には対GDP比〇・七%へと大幅に増加している(OECD 2017a)。全体としてみれば、欧州連合(EU)内でオランダは、北欧諸国に次ぐ社会的投資を行う国として位置付けられるようになった(第1章も参照)。

そこで次に、このオランダの社会的投資戦略への「転換」について、その政治的背景を示したうえで、積極的労働市場政策の導入や子育て支援の充実、そして女性就労の促進に着目して論じ、改革の大まかな姿を描いてみたい。

オランダにおける福祉国家改革の開始

キリスト教民主主義政党が継続的に政権に参加し、保守的な福祉国家の形成に大きな刻印を残してきたオランダ。女性は専業主婦として家庭で家事・育児に専念すべきものとされるなかで、就労は厳しく抑制され、一九五〇年代まで中央政府では結婚した女性労働者が解雇されることさえ定められていた。女性の就業率は一九六〇年代まで二割程度であり、一九七五年の段階でも三一%にすぎなかった(日本は四五%。第9章参照)。

一九七〇年代には、女性解放運動の影響もあり、女性の労働市場への進出は徐々に進んでいく。有名な一九八二年のワセナール協定で賃金抑制と労働時間短縮が合意されると、以後、パートタイムによる女性の就労も促される。当初はパートタイム労働に懐疑的だった労働組合は、組織率の大幅な減少を受けて方針を大胆に転換し、女性、パートタイム、サービス・セクターといったこれまで縁の薄かった労働者層の取り込みを図り、パートタイム労働者の権利擁護に積極的に取り組むようになる。

そして一九九四年、キリスト教民主主義政党であるキリスト教民主アピールが選挙で大敗して下野すると、代わって成立した、労働党のウィム・コックを首班とする新政権は、従来の「受動的」福祉国家の抜本的な改革に着手する。改革の最大の目的は、就労の強化・促進を通じた福祉国家の立て直しである。コック政権は、これまで労働市場の外部にいた多様な人々の労働市場への統合・再統合を進め、「雇用なき福祉」のディレンマの解消を図るため、さまざまな政策手段を動員した。これ以後、「参加社会の実現」はオランダの福祉国家改革の合言葉となっていく。

なかでも際立っているのが、福祉と雇用の連動を通じた、積極的労働市場政策への転換である。公的扶助の受給者には求職義務が課せられ、違反者には制裁が科せられた。また、従来は分断されてきた、公的扶助をはじめとする福祉給付行政と、職業紹介行政とを架橋する新機関を発足させた。これにより公的扶助や失業保険など、福祉給付の受給を申請する者は、まずはこの新機関に足をはこび、就労可能性に関する審査を受け、職業紹介や職業訓練の計画作成などを経てようやく給付にたどり着くこととなった。かつて「主たる生計者」への「寛大な」所得保障を支えとして労働市場からの退出が進む一方、労働市場への再統合がほとんど進まなかったオランダであるが、職業訓練をはじめとする就労支援サービスが大規模に提供されることによって、多くの人々がこれを利用して再就労を図るようになった。コック政権下の諸改革は、二〇〇二年にキリスト教民主アピールのヤン・ペーテル・バルケネンデを首班とする政権が成立した後も継続している。早期退職優遇措置の撤廃などもあって中高年層の労働市場への参加が進んでおり、五五歳から六四歳までの男性について見てみると、二〇〇〇年に五〇・九%だった就業率は二〇一六年に七八・二%と大幅に上昇している(OECD 2017b: 195)。保守主義レジームの特徴とされた「雇用なき福祉」は、もはや過去のものといえそうである。

子育て支援策の展開

一九九〇年代以降、子育て支援も急速に進展している。託児サービスへの社会的な抵抗感はほとんどなくなり、コック政権以降は、政府の姿勢も女性の就労を積極的に支援する方向に明確に転換した。かつては就学前児童の保育には、一日に数時間子どもを預けるプレイグループが中心であったが、全日制の保育所に国から補助金が支給されるようになったこともあり、一九九〇年代以降は就学前児童対象の保育所が目立って増加し、コック政権下では特に学童保育の拡充が進展した(松浦二〇〇九)。

そして二〇〇五年に施行された保育法(二〇〇七年に大幅改正)は、子育て支援を初めて法律で詳細に規定した、オランダにおいては画期的な法律である。この法律は、就学前児童保育と学童保育に共通に適用されるものであり、その結果、ゼロ歳から一二歳までの幼児・児童の保育が一元的に規定された。

この保育法により、就学前児童保育・学童保育に対する支援は飛躍的に充実した。その最大のポイントは、子どもを保育所に預ける親に政府が相当な額の保育助成金を直接交付し、親の経済的負担の大幅な軽減を図ったことである。この保育法の下では、親は託児施設とまず直接契約し、一旦は保育料を全額払い込む。しかし事後的に税務署に申請を行うことにより、保育料・保育時間や親の労働時間・年間所得、子どもの数などに応じた助成金が国から給付される。低所得家庭、ひとり親家庭には助成金が割増しされる。保育法施行および改正後、助成金を受け取る親の実質的な保育負担額は大幅に減少した。

特にオランダの場合、雇用主にも保育料に対する負担を義務づけたことが特徴である。それまでオランダでは、労働協約で従業員に対し保育料を補助する規定を持つ業界もあったが、規定の有無による格差も大きかったことから、二〇〇七年の改正保育法のもとで、雇用主は例外なく、保育助成金への拠出金をまず国に納付することが定められた。納付額は、保育料の三分の一を雇用主が負担するという原則に見合う形で設定される。こうして国、および国を経由した雇用主の負担により、親の保育料負担の軽減が実現したのである。

また保育法のもとで、保育施設の安全・衛生管理をはじめ、保育サービスの質の確保をめざしたさまざまな規定が盛り込まれた(なお保育士の配置数、子ども一人あたりの面積といった各施設が満たすべき具体的基準については、保育事業者団体と保育労働者団体・保護者団体によって締結された協定に定められることになる)。これについては自治体により適宜視察が行われることとなったが、視察の報告書は公開され、保育施設の選択の参考にするため、親たちが報告書を閲覧することも可能である。

さらに保育法は、各保育施設において、保護者委員会の設置を義務づけた。保護者委員会は、保育時間や保育料、施設の衛生管理などさまざまな事項について意見を申し述べることができるとされており、施設側もこれを尊重する必要がある。そもそも親が助成金を受け取れるのは、自治体に登録された認可保育所に子どもを預けた場合に限るが、認可保育所となるためには保育法で定められたさまざまな条件を満たす必要がある。このように保育法は、親の視線と選択を取り入れることで、保育サービスの質の確保を図ろうとしたといえる。保育サービスの質に対する親の満足度は概して高いとされており、保育法による保育の質保障が、一定の成果を挙げているようだ。

ただ学童保育における施設の拡充をめぐっては、一悶着あったことも事実である。二〇〇二年発足のバルケネンデ政権を支えたキリスト教民主アピールは、学童保育については必ずしも積極的ではなく、特に施設面の不足が指摘されていた。学童保育需要の高まりに対し、供給が追い付いていないことを重く見た他の主要政党は二〇〇七年、与野党の垣根を越えて学童保育にかかる動議を可決し、その結果、親の希望があった場合には、小学校が学童保育を自ら運営(あるいは事業者と契約するなど、何らかの形で保育を提供)することが義務づけられたのである。助成金の対象となるのは、放課後と始業前、休日、休暇期間中の学童保育である。校内施設に余裕がある場合は学校内で学童保育が提供されることも多いが、実際には近隣を含めても学童保育施設がないために、放課後、施設までかなりの距離の移動を強いられる子どももいるようだ。

これらの改革により、保育施設の利用は具体的にどう変化したのか。三歳児未満の乳幼児について見れば、二〇〇五年に四二・七％に過ぎなかった保育施設の利用率は、保育法施行を経て二〇一〇年には六〇・六％へと大幅に増加した。その結果、すでに二〇一〇年時点でオランダは、三歳児未満の乳幼児の保育施設利用率で主要先進国をしのぎ、ＯＥＣＤ諸国全体でデンマーク（六六％）に次ぐ第二位となった（OECD 2017a）。保育サービスの普及という点では、今やオランダは先進的な位置にあるといってよいだろう。

女性就労の促進と「パートタイム保育」

女性が働くことへの社会的な抵抗感の弱まり、そして以上のような子育て支援の充実といった環境の変化が、女性の労働市場への積極的な進出を支えたことはいうまでもない。働くオランダ人女性の数は年々増加し、二〇一六年時点で女性（一五―六四歳）の就業率は七〇・一％となった（OECD 2017b: 195）。成人女性は専業主婦であることが当然とされた一九七〇年代と比べると、隔世の感がある。

しかもオランダの場合、子育て支援と並び、パートタイム労働をめぐる条件の整備も進んでおり、これも女性が労働市場に参入するうえで大きく貢献した。パートタイム労働者の待遇が改善され、労働時間の柔軟性が大幅に増したことで、特に子どもを抱えた女性たちにとって、パートタイム労働が「使い勝手の良い」就労形態になっていったのである。

まず一九九六年の労働時間差別禁止法は、労働時間に基づいて労働者を差別することを禁止し、いわゆる均等待遇が実現した。これによりパートタイム労働者は、労働時間に応じてフルタイム労働者と同等・均等な賃金・労働条件を保障されたのである。また二〇〇〇年の労働時間調整法(変更法)は、労働者に労働時間の退縮・延長を求める権利を認めた画期的な法律である。その結果オランダの労働者は、育児や介護をはじめライフプランの必要性に応じて、労働時間を変更できるようになった。フルタイムとパートタイムの相互転換や、同じパートタイム労働者であっても、勤務時間の増減が可能となったのである(ただし無制限の変更が認められるわけではない)。このパートタイム労働者の権利保障の手厚さでオランダは、ヨーロッパで最上位に位置する。子どもの手がほぼ離れたと思われる五五歳から六四歳までの中高年女性についても、二〇〇〇年に二五・九%に過ぎなかった就業率が二〇一六年に五八・五%と倍増している(OECD 2017b: 196)のは、パートタイムをめぐる条件整備が大きかったのではないか。

とはいえ他方で、オランダにおける女性の就労の圧倒的多数がパートタイムという形をとっていることについては、批判もある。確かに女性の就業率は七〇%を超えたものの、フルタイム換算した就業率では五〇%に満たず、EU加盟国で実は下から五番目に位置する(European Commission 2014)。オランダでは、今も子どもを持つ母親のフルタイム就労については、否定的な見方が強い。未就学児はもちろん、就学児のいる母親についても、フルタイム勤務を望ましいと考える人は少数派にとどまる。オランダ社会は、いまもなお家族ケアに重きを置く意識があるが、実質的にはその負担が女性にかかっている面がある(中谷二〇一五および本書第9章も参照)。

その結果、保育所も週三日程度の利用が一般的であり、全日制の保育所でも週四日以上利用する人は一〇%にとどまる。具体的には、パートタイムで働く母親は、学校が午前中で終わる水曜日、および週末の直前である金曜日を外して勤務日を選ぶ傾向にあり、そのため月曜日・火曜日・木曜日の三日間はパートタイムで働いて子どもを保育所に預けるパターンが多く見られる(松浦二〇〇九:六二)。パートタイム労働が普及したオランダでは、それに対応した「パートタイム保育」が一般化しているのである。

「転換」の可能性

このようにオランダでは一九九〇年代以降、人的投資への重点配分が進行し、子育て支援の充実と中高年齢層・女性の労働市場への参加が進んでおり、北欧諸国と並んで労働力人口の「活性化」に成功した国とされている。概して漸進的な変化にとどまる大陸諸国の中で「オランダのみが、社会的投資レジームの方向への移行を継続している」とさえ評されている(Weistra 2009: 36)。ただそれは、オランダが北欧型の社民型福祉国家に一方的に接近するというよりは、従来の性別役割分担をある程度引きずりつつ、パートタイム労働とパートタイム保育、そしてパートタイム学習(オランダでは成人の教育参加率が六四%に達する)を組み合わせた、「ワーク・ライフ・バランス」重視型の社会的投資戦略ともいえよう。

いずれにせよオランダの事例は、社会的投資戦略への「転換」が可能であること、現状打破を志向する政治的な意思と社会的な変化に支えられることで、むしろ先端的な改革に踏み切ることができることを教えてくれる。またその改革は、より多くの男女の「参加」を可能とすることで、これまで両立しがたいとみなされてきた、「成長と公正」を二つながら実現することを可能とする。このことは、保守主義レジームと共通の特徴を多く持つ日本において、特に示唆的ではないだろうか。

とはいえ第1章で触れられたように、オランダの転換は、「社会的投資」というコンセプトを明確に意識して推進されたわけではない。むしろオランダでは、脱工業化社会への転換、知識基盤型経済の到来、少子高齢化といった社会経済変動を見据えたうえで、女性や高齢者など多様な人々の労働参加の拡大、子育て支援拡充の必要性が認識され、改革志向の中道左派政権のもとで「社会的投資戦略」に事実上等しい、具体的な政策が実施に移されたといえるだろう。そしていったん改革が軌道に乗ると、保守政権が再び誕生して以降も、基本路線は維持されている。その意味で、中道左派による実効性ある改革の実施が、その後の社会的投資戦略のあり方を大きく方向づけるものになるといえるだろう。

二　ソーシャル・イノベーションとしての社会的投資戦略

ケアのイノベーション(1)　在宅ケア——ビュールトゾルフの事例から

次に本章の後半では、「社会への投資」、とりわけケアの先進事例をいくつか検討し、オランダにおける社会的投資戦略の持つソーシャル・イノベーションの側面を明らかにする。

「はじめに」で述べたように、オランダにおける社会的投資戦略への転換は、制度改正や財政支出の増加といった外見的な面に留まるものではなく、個人個人の尊厳を大切にし、しかもそれが同時にコミュニティの再生を志向する、「質」的な変化をともなうものであった。そしてこれらの「質」の変化を示す先進的な事例は、二一世紀におけるコミュニティケアの新たな可能性を切り開き、国際的なインパクトを持ちうる、斬新な試みを含んでいる。オランダの事例が日本に示唆を与えるとすれば、むしろこれらの革新的な事例であろう。

以下で挙げるのは、①地域看護・在宅ケアの事例としてオランダ・ビュールトゾルフ(以下ビュールトゾルフ)、②施設ケアの事例としてデ・ホーヘウェイクの「認知症村」、③ケアと地域コミュニティ形成の事例としてホフィエ、である。

最初に挙げるべきは、日本でも近年看護・介護分野などから強い注目が寄せられている、ビュールトゾルフの事例である。

ビュールトゾルフは、二〇〇六年、地域ケアに携わってきた看護師のヨス・デ・ブロックらによって立ち上げられた在宅ケア(訪問看護・介護)組織である。ビュールトゾルフ(Buurtzorg)はオランダ語でコミュニティケアを意味する。設立後一〇年余りで、一万人が看護・介護職(以下では「ナース」と総称する)として働く巨大な団体へと成長し、その拡大は今も続いている。自律的な小規模チームを主体としてケア提供を行う、革新的な地域看護モデルとして現在、国内外から強い注目を集め、また数々の受賞の対象となっている。

ビュールトゾルフの何が特徴的なのだろうか。ビュールトゾルフについて積極的に紹介をしてきた堀田聰子は、ビュールトゾルフのモデルを、「専門性の高いナースによる自律的チームが、あらゆるタイプの利用者にトータルケアを提供する」モデルである、とまとめている(堀田二〇一二)。

まず組織構造がどのような意味で「自律的」なのか、見てみよう。

ビュールトゾルフに所属するナースは、最大一二人からなるチームに属している。一つのチームがおよそ人口一万人程度の地域を担当し、四〇―六〇人の利用者に対応する。このチームがケアの全プロセスについて裁量と責任を持つ。すなわち、ケアの提供のみならず、チームメンバーの採用、教育、管理運営、財務などもすべてチームが責任を持って実行する（ただし四〇―四五チームに一人ずつ、必要な助言などを行うコーチが配属されている）。チームにはリーダーを置かず、また事務専門の担当者もなく、フラットな組織構造を持っている。毎週行われるミーティングで、役割や責任が確認される。オランダ全土で約八五〇のチームがある。

スタッフは一人一台のiPadを持ち、ＩＣＴ技術が最大限活用されている。シフト配置など業務管理や利用者の健康管理などは、ビュールトゾルフ独自のウェブ上で実施されており、各チームが事務処理に追われて本来の業務に専念できない事態を防いでいる。「総労働時間に占めるケア提供時間の割合」が、六〇％になることが目安とされている。あくまでも利用者を中心に据えたケアモデルなのである。スタッフは一日四―六件の訪問を行い、一件あたり三〇―六〇分程度の時間をかけているとのことである。

この組織の自律性を支えるのが、チームメンバーの有する専門性、そしてビジョンの共有である。ビュールトゾルフで働くナースの半数以上が学士号以上の学位を持ち、また七割が看護師の資格を持っている。ナースたちは高い専門性を活かしながらケアを提供しているのである（他の在宅ケア組織では、看護師の比率は一割程度に過ぎない）。しかも全チームの三分の一のチームは、リハビリ職をチームに含ん

出典：URL ①.

ビュールトゾルフのナース・チーム

であり、ケアとリハビリを専門的に提供することが可能となっている。創設者のデ・ブロックは「利用者にとって〝最良の解決策〟を見出していくには、高い水準の看護師が中心となって利用者と共に考えていくことが重要だ」と語っている(デ・ブロックほか二〇一四：四二八)。

そしてこのチームにより、あらゆるタイプの利用者を対象とし、利用者にとって望ましい解決をめざし、一貫した包括的な支援を実施する。利用者のニーズを判断し、適切なケアプランを作成する業務も、このチーム自らが担う。情報収集→アセスメント→プラン作成→訪問看護・介護の実施→評価という一連の流れが、チームの中で完結する。ケアマネジメントと介護提供の間の分業が存在せず、マネジメント・看護・介護の三つの業務が分断されることなくチームによって実施されているのである。リハビリ職がチームにいる場合には、マネジメント・看護・介護・リハビリの四つの業務が同じチームによって提供されることになる。

ビュールトゾルフに深く関わるオランダ人の家庭医の語るところでは、「靴下をはかせたり体を洗ったり」といったケア業務については、普通は専門性の高い看護師がやるべき仕事とは認識されていないため、利用者は同じ日に何人もの人からケアを受けることになるが、ビュールトゾルフなら「同じ人の顔を見て一日を過ごすことができる」と語っている(デ・ブロックほか二〇一四：四三二)。しかもビュールトゾルフにおいては、静脈注射や胃ろうなど専門的なケアが必要となった場合でも、専門性の高いナースを擁していることから、チームの中で対応することができ、外部に依頼するための組織間の連絡調整といった手間が不要になる。

もちろん、ビュールトゾルフ全体の管理部門(バックオフィス)は存在する。しかし働いている人は四

○人程度と少ない。ウェブ上で各チームが入力したケア提供時間に基づき報酬請求を行い、給与の支払い、財務諸表の作成などの事務を担当する。他方、ＩＣＴが最大限活用され、しかも採用や教育、会計処理などが各チームに委ねられていることから、管理部門の事務作業は少なく、コストの削減にも貢献している。ビュールトゾルフでは、間接費が八％（通常の在宅ケア組織では二五％）と極めて少ないことなどにより、クライエント一人当たりのコストが他の半分程度で済んでいる。

なお、ビュールトゾルフにおけるケアの財源は、基本的に特別医療費補償保険（ＡＷＢＺ）という、介護保険の先進事例とされるオランダの社会保険によって賄われる。また、ビュールトゾルフに関しては、ケア行為にかかわらず一時間当たりの報酬を一定とする方式が認められたことで、柔軟なケアの提供を可能としたことが注目される。

人材募集を行わず、広報部門も存在しないにもかかわらず、ビュールトゾルフで働くことを希望する看護師は後を絶たない。またその革新的な手法には、各界から強い注目が集まっている。このビュールトゾルフでは、利用者のみならず、働く人においても満足度が高い。リーダーを置かない少人数のグループが全責任を負うことで、一人一人のリーダーシップが育まれる。また独自の訓練コースなどが用意されており、自らのスキルアップを図ることへの意欲も高い。パートタイム勤務の利点を活かし、より高水準の看護専門職の資格を取るために学校に通う人が少なくない。ビュールトゾルフにおいて専門性と包括性の双方が要求されることは、働く人に緊張感を強いつつも、しかし同時に自らの専門知識や技術を深める動機を提供し、同時にやりがいや工夫の余地を与えるものとなり、離職率や欠勤率も低い。

オランダにおいても、経験を積んだ看護師が管理職に就くことで、現場から切り離され、やりがいを喪失して意欲を失う例は多い。しかしビュールトゾルフでは，現場の裁量を最大限重視することで，高いレベルのケアを提供することに，スタッフが自ら積極的に関わり続けることができる。実地調査で多数のインタビューを行った経営学者のシャルダ・ナンドラムたちは，「ナースたちは裁量を認められ，自分にとっても，利用者にとっても意味のあるケアを組織することができる。そのことで現場のスタッフたちは，高い水準の全人格的なケアを提供できるよう，力づけられているという思いを抱くことができる」と指摘している(Nandram and Koster 2014)。

このようにビュールトゾルフは，コストの削減と質の高いケアの提供，そして働き手の満足感の三つを同時に実現させたモデルとして国内外で高い評価を受け，オランダ政府も積極的に評価する姿勢を見せている。また国外からも熱い注目を浴び，このモデルの「輸出」も試みられている。

ナンドラムたちは，主として経営学の立場から，このビュールトゾルフを「組織的イノベーション」の事例として検討を行っている。彼女たちによると，ビュールトゾルフの特質は以下の諸点に要約できる。すなわち，①ミッションを共有し，②高い専門性を持つナースたちが構成メンバーとなり，③利用者個人の状況や必要性に応じたケアをめざし，④現場で最大限の裁量を持つ自律的なチームに属して活動していること，そのさい，⑤ＩＣＴ技術を活用しつつ，情報の共有と問題の解決を効率的に行っていること，である。ビュールトゾルフではＩＣＴを用いつつ，現場の専門家たちが「チーム内，チーム同士，そして管理部門とともに経験と情報を共有する」ことで，「下からのイノベーション」が可能となっている，という(Nandram and Koster 2014)。トップダウンで意思決定を行うのでなく，利用者を第一に考え，責任をスタッフが共有しながら自律的にチームで物事を決していくあり方が，スタッフに強いモチベーションを喚起し、新たなイノベーションを生んでいる、とナンドラムたちは論じている。

このビュールトゾルフの実例から、日本が学べるものは何か。

日本では、マネジメント業務と介護・看護がそれぞれ区分され、ケアマネジャー、介護職、看護職がそれぞれ担当業務に専念する分業体制が敷かれている。医療・介護・福祉の制度や窓口は別々に存在しており、一体的にコーディネートする場がないのである。個別のケアについての質は高いものの、利用者本位のトータルケアの提供という点からは、問題も多い。また、プロ意識を持ってケア提供にあたる看護師中心のビュールトゾルフと比較すると、日本の看護師は「医師の指示や看護師長の指示監督に従って動く」医療モデルのもと、主体的に判断し、責任を持ってケアを行う契機が少ないことが指摘されている(宮崎二〇一四:四五六―四五七)。

しかし日本でも、「そのとき必要なケアを、そばにいる自分が提供したい」と感じつつ、制度的な枠組みなどに阻害されて実現できず、残念な思いを抱く看護職・介護職が多数いるはずだ、とも言われている(宮崎二〇一四:四六一)。そうだとすれば、現場のスタッフに最大限の裁量が与えられ、利用者に必要なケアをトータルに提供していこうとするビュールトゾルフのあり方は、今後の制度改革の方向を考えるうえでも、重要な事例となるだろう。

ケアのイノベーション(2) 施設ケア――「認知症村」デ・ホーヘウェイクの事例から

次に取り上げるのは、デ・ホーヘウェイクの試みである。ビュールトゾルフは地域に根差した在宅ケアの先進事例であるが、認知症が進み、在宅ケアより施設ケアが必要となる高齢者も少なくない。しかし施設に「収容」するのではなく、あくまで地域に住まう感覚を尊重し、個人の尊厳を大切にしながら、人間らしい生き方を最期まで貫くことを重視する施設ケアの試みもある。

ここで注目されているのが、認知症の高齢者を対象とした「村」として建設された、デ・ホーヘウェイク(De Hogeweyk)である(URL②)。オランダ中部のウェースプという小都市に置かれたこの「村」は、二〇〇九年に本格的に村開きして以来、オランダ国内はもとより幅広く国際的な関心の的となり、数多くのメディアの取材となるとともに、名のある賞をいくつも受賞してきた。

このデ・ホーヘウェイク村の特徴は、認知症の患者たちが慣れ親しんだ生活環境に近い形で生活を続けられることをめざし、必要なケアを受けつつも、可能な限り束縛を減らし、自由な生活スタイルを保障していることにある。

一見すると、デ・ホーヘウェイクは普通のオランダの町そのものである。村の認知症の住民は約一五〇人で、二三戸の低層の住宅に分かれ、一戸に六、七人ずつで住んでいる。住民はひとり一部屋を割当てられ、リビングとキッチンを共有する。村の中にはスーパーマーケットや劇場、レストラン、カフェ、バー、インターネットカフェ、ヘアサロンなどが設置され、住民は戸外に出て自由に活動したり、買い物をしたり、レストランで食事したり、バーで飲むこともできる。晴れた日には——オランダの街なかで日常的に見られるように——住民たちがテラスでお茶を飲みながら談笑する風景が展開される。村内には多数の団体が活動しており、料理、絵画、音楽などのクラブが人気を集めている(一団体まで参加は無料であり、それ以上は有料となる)。

村自体は壁によって囲まれており、住民が自由に出歩いてもリスクにさらされるわけではない。また劇場など施設の一部は、村外の一般の住民にも開放されている。

とりわけ関心を呼んでいるのが、この村がオランダ人に特徴的な七つのライフスタイルによってエリアごとに分類され、入居者の志向に応じたライフスタイルを選択できることである。具体的には、「都市風」「東インド風」「家庭的」「地方邸宅風」「文化的」「キリスト教的」「職人風」の七つのパターンがあり、入居者はいずれかのライフスタイルのグループに属することで、自分と同じような背景を持った人々と出会い、自らの記憶を共有することができる。

たとえば「キリスト教的」ライフスタイルでは、「信仰」が生活の中心に置かれ、入居者は同信の徒とともに、祈りや礼拝、宗教音楽などを共有することができる。ここでは簡素で堅実な生活スタイルが設定されており、オランダのプロテスタントの生活ぶりが反映されているようだ。

「文化的」ライフスタイルでは、芸術、文化、文学が生活の中心となる。入居者は本や新聞を読み、劇場を訪れるなど、文化的関心が高い人が多い。またこのエリアで提供される食事も住民の好みを反映し、夕食時にはワインが振る舞われ、ベジタリアン食も含む多彩な食事が提供されるという。

「東インド風」ライフスタイルのエリアは、旧オランダ領東インドの記憶を共有する人々を念頭においた独特の空間である。東インドにまつわるビデオや写真、音楽を楽しむことができる。村外の東インド関連施設や集まりにまとまって出かけることもある。食事ではインドネシア系の料理が提供されることもある。なお、一般にオランダでは朝昼ともにサンドイッチなどの簡素な食事が普通であるところ、東アジアの食文化を反映しているのか、ここでは昼食でも夕食同様のしっかりした食事が供されるところが特徴的である。

「都市風」ライフスタイルは、社交的な活動が生活の中心である。語らい、ともに村外の活動に出かけることが何よりの楽しみとなる。動物園、テーマパーク、劇場など行き先はさまざまである。また住宅内でも、チーズをつまみに一杯やってから夕食が始まる。ここにはアムステルダム出身者が多いという。

デ・ホーヘウェイクの設立者は、自らも他の高齢者施設で働いた経験を持つイフォンヌ・ファン・アメロンゲンである。既存の施設のあり方に問題を感じた彼女は、さまざまな人を巻き込みながら入居者本位の認知症ケアのあり方を研究し、政府からの補助を引き出してデ・ホーヘウェイクの村開きを実現することができた。認知症患者の人々は、記憶力や判断力が衰えたとしても、人それぞれの志向(嗜好)は残る。また、自由を求める気持ちも変わることはない。各人の背負っていたものを大事にしながら、また同じような背景を持つ人と場所を共有しつつ、安心して自由に生活できる場が必要ではないか。このような思いを背景として、デ・ホーヘウェイクが開村したのである。

なお、介護にあたる職員にとっても、このデ・ホーヘウェイクにおける仕事は新鮮で意義深いものと受け止められている。職員は、認知症患者と同じ「町」に住む存在であり、服装は私服、食事も住民とともに取る。各種の文化活動に加わることもある。何より職員たちにとってうれしいことは、ここで住民たちの生き生きした姿を見られることだ。デ・ホーヘウェイクは満足度調査で極めて高い評価を受けているが、住民たちがデ・ホーヘウェイクに満足していることは、「皆さんの顔を見ればわかる。輝いているもの。ここなら、安心して暮らせるから」とある若い女性の職員は語っている。この職員はかつて専門教育を受けた際、デ・ホーヘウェイクを含むいくつかの施設で実習したが、他の小規模施設と比べてもデ・ホーヘウェイクは本質的に違うと感じたという(Starremans 2014)。

ケアのイノベーション(3) 地域コミュニティ形成——ホフィエの事例から

最後に、オランダの歴史的記憶に根ざしたケアという観点から、近年の展開をもう一つ紹介しておこう。高齢者ケアと地域コミュニティ形成を組み合わせた集合住宅としてのホフィエ(hofje)である。

現在のオランダ・ベルギーにあたる地域では、中世以来、特に身寄りのない高齢女性の住める家として、ホフィエがしばしば建設されてきた。ホフィエとは、中庭を共有する低層の「コ」の字型、ないし「口」の字型の集合住宅である。各戸は中庭に面しており、それぞれ中庭に向かって入り口がある。

かつてこれらのホフィエを建設したのは、信仰篤い富裕層が多かった。特に子どものいない富裕層の場合、遺言で財産をホフィエ建設に充てるよう指示する例がある。いわばホフィエ建設で功徳を積むことで、死後の自らの救済を願ったのである。なお入居を認められた高齢女性たちは、教会に出席し、良きキリスト教信徒として生活を送ることが求められるなど、いくつかの条件を満たすことが必要とされた。

興味深いことに近年、このホフィエが各地で「復活」を遂げている。高齢者や低所得者を念頭に置いたホフィエが多いが、しかし中間層においてもホフィエの人気は高く、むしろ入居者は多様である。個々人のプライヴァシーを尊重しつつ、中庭を共有してコミュニティ感覚を涵養し、安心と安全を提供する住まいとして、ホフィエのような建築に注目があつまっているのである。特に子育て世帯の場合、子どもたちが中庭で遊ぶことが多くなるが、ホフィエの中庭の場合、自宅から親の目が容易に届き、しかも自動車や外部者の侵入が困難であることから、安全面でも高く評価されているという。

このように現代のホフィエは、歴史的感覚に根ざしつつ、コミュニティの再生を図ることをめざす「仕掛け」を備えた集合的空間ということができるだろう。

おわりに――ソーシャル・イノベーションを通じた社会的投資戦略

このようにオランダでは、近年、さまざまな制度改革や子育て支援の拡充、就労の促進と職業教育への重点投資が進み、人的資本の充実を通じた社会的投資戦略への転換が生じている。しかもこれに加え、〈個人〉の尊厳を重視し、社会関係資本の充実とコミュニティの再興を図る、いわば〈つながり〉への投資も積極的に進められてきた。本章ではビュールトゾルフとデ・ホーヘウェイクの例を詳しく見たが、この革新的なケアの導入については、以下の二つの点をさらに指摘したい。

第一は、ビュールトゾルフとデ・ホーヘウェイクのいずれにおいても、ケアを受ける側だけでなく、提供する側にとっても意義を感じるケアが実現していることである。特にビュールトゾルフにおいては、各チームの自律性が尊重され、利用者本位のトータルケアをめざしたチームごとの創意工夫が目に見える形で展開し、それをICTを通じて共有するプロセスが明確化されており、専門性を持ったスタッフにやりがいを与えることに成功している。

産業構造が転換し、少子高齢化が一層進むなか、ヨーロッパでも日本でも、医療・介護・福祉などのケア部門で働く人の数は増える一方である。そのなかで、分業体制のもとで患者の一部分だけを切り取ってケアするのではなく、患者を一人の人間として尊重しつつケアを提供する仕組みを作ることができれば、ケア労働は、受ける側にとってはもちろん、ケアを提供する側にとっても意義を感じる労働となるであろう。そしてそれは、自分の感情を押し殺して消費者に奉仕することを求められる、いわゆる「感情労働」とは質的に違うものとなるだろうし、脱工業社会における新たな労働の「疎外」を克服する手がかりを提供するのではないだろうか。

第二は、ビュールトゾルフとデ・ホーヘウェイクが、いずれも基本的には市民社会が主導し、それが公的な支援を受けて本格的に実現するというルートをたどっていることである。民間に発するアイディアと人的資源を、公的資源が支援することで革新が実現しているのである。

保守主義レジームの特徴として、市民社会組織の自治が重視され、政府の役割が財政支援と監督にとどまる傾向を持つことは、かねてより指摘されてきた。保守主義レジームから一定の転換を遂げたとはいえ、オランダではいまもなお、福祉や環境など諸分野で市民団体の活動が先行し、政府がそれを後追いで支援する、というパターンが多い。むしろそれは保守主義レジームに属していたオランダの「強み」でもあり、その強みを活かすことで、民間主導の革新的な試みが実現してきたともいえる。

なお、公的な財政支援のもと、主として民間団体がケアを提供するという日本の介護保険の制度は、特別医療費補償で財源が担保されつつ、ケア供給は民間団体に委ねるオランダ型のケア制度に淵源があると指摘されることがある。少なくとも外形的には、両国における在宅ケアの制度は共通点が多い。他方でやはり、オランダにおいては市民レベルの発案や改革が先行し、それが自発的に広まっていくというあり方が特徴的である。そうだとすれば、オランダにおける市民社会主体のケアのイノベーションのあり方は、特に日本において、今後の看護・介護の在り方を考えるうえで特に参考になるだろう。

ケアを市場に委ねるのではなく、あくまでも「社会」で引き受け、公的に支援していく方向を堅持しているオランダにおいては、社会的投資戦略は、経済的な見返りはもちろん、社会的にも豊かな見返りをもたらす戦略といえるだろう。

なお現在、社会的投資戦略研究の第一人者としてヨーロッパの議論を牽引しているアントン・ヘメレイクは、オランダ人の研究者である。ヘメレイクは、かつてオランダにおける政労使の協調体制＝コーポラティズムの果たす革新的な役割を「発見」し、いわゆる「オランダモデル」を世界に知らしめた立役者でもある。労使団体という民間団体が公共政策の立案と実施に加わった過程を分析し、その積極的な役割を高く評価したという点で、オランダの持つ「強み」を的確に評価し、国際的にも話題を呼んだ研究だった(Visser and Hemerijck 1997)。そうだとすれば今度は、本章で示したようなオランダの実例が詳細に検討されたうえで、社会的投資戦略をめぐる新たなケアの「オランダモデル」が誰かによって定式化され、再び国際的なインパクトを与える日も近いのかもしれない。

＊本章の前半部分は、水島治郎「オランダ：社会的投資戦略への華麗なる転換？」『生活経済政策』二一四号、二〇一四年一一月、一四―一八頁を下敷きにしたものである。

参考文献

デ・ブロックほか(二〇一四)「「チームスピリット」が人を、地域を、社会を変える――Buurtzorg に学ぶフラットな組織運営の勘所」『訪問看護と介護』一九(六)、四二七―四三四頁

中谷文美(二〇一五)『オランダ流ワークライフバランス――「人生のラッシュアワー」を生き抜く人々の技

法』世界思想社
「Buurtzorg 解体新書」(二〇一四)『訪問看護と介護』一九(六)、四四〇―四四八頁
堀田總子(二〇一二)「オランダのコミュニティケアの担い手たち(前編) 在宅ケアのルネサンス――Buurtzorg」『週刊医学界新聞』七月一六日 http://www.igaku-shoin.co.jp/paperDetail.do?id=PA02986_04(二〇一八年一月二日閲覧)
松浦真理(二〇〇九)「オランダ 市場原理導入と公共性――進歩的な雇用対策の陰で健在な母性神話」科学研究費補助金基盤研究(C)報告書『子育て支援制度の整合性・公共性・平等性に関する国際比較研究』五一―七九頁
水島治郎(二〇一二)『反転する福祉国家――オランダモデルの光と影』岩波書店
宮崎和加子(二〇一四)「Buurtzorg との違いに学んだ今日本で取り組むべきこと――訪問看護団体として視察して」『訪問看護と介護』一九(六)、四五四―四五八頁

European Commission (2014) *Labour Market Participation of Women*. http://ec.europa.eu/europe2020/pdf/themes/31_labour_market_participation_of_women.pdf
Häusermann, Silja (2010) *The Politics of Welfare State Reform in Continental Europe: Modernization in Hard Times*, Cambridge University Press.
Nandram, Sharda and Nicole Koster (2014) "Organizational Innovation and Integrated Care: Lessons from Buurtzorg," *Journal of Integrated Care*, 22(4), 174–184.
OECD (2017a) *OECD Family Database*, OECD. http://www.oecd.org/els/family/database.htm(二〇一八年一月三日閲覧)
OECD (2017b) *OECD Employment Outlook 2017*, OECD Publishing. http://www.oecd.org/els/oecd-employment-outlook-19991266.htm(二〇一八年一月三日閲覧)
Palier, Bruno (2010) "Ordering Change: Understanding the 'Bismarckian' Welfare Reform Trajectory," in Bru-

no Palier ed., *A Long Goodbye to Bismarck? : The Politics of Welfare Reform in Continental Europe*, Amsterdam University Press, 19–44.

Starremans, Sigrid (2014) "Binnenkijken bij Hogewey in Weesp," *Tijdschrift voor Verzorgenden*, 45 (3), 12–17.

van Kersbergen, Kees and Anton Hemerijck (2012) "Two Decades of Change in Europe: The Emergence of the Social Investment State," *Journal of Social Policy*, 41 (3), 475–492.

Visser, Jelle and Anton Hemerijck (1997) *'A Dutch Miracle': Job Growth, Welfare Reform and Corporatism in the Netherlands*, Amsterdam University Press.

Weistra, Thijs (2009) *Towards a Social Investment Regime in the Member States of the European Union?*, Master Thesis, Utrecht University.

参考ウェブサイト

① https://www.buurtzorgnederland.com/nieuws/nieuwe-news-page-3/（二〇一八年一月二一日閲覧）

② http://hogeweyk.dementiavillage.com/（二〇一八年一月二一日閲覧）

3　フランスの社会的投資と家族政策・最低所得保障

千田　航

はじめに

二〇一七年五月七日、フランスでは大統領を決める第二回の投票が行われ、中道の独立系候補であったエマニュエル・マクロンが極右国民戦線のマリーヌ・ルペンを破って大統領に選出された。この大統領選挙は、ポピュリズムの台頭や欧州連合（EU）からの離脱が主な争点として注目を集めた一方で、選挙の結果から明らかになったのは、フランス全土に引かれた分断線であった。それは地域や所得階層、学歴、職種、性別などによって引かれる分断線である。ルペンの支持は北東部や南東部で多く、これらはフランスのなかでも失業率の高い地域であった。マクロンの支持者が高学歴、高収入の都市民に多いのに対して、ルペンの支持者は停滞感のある地方の低所得者、低学歴者、労働者に多い（遠藤二〇一七）。

フランスでは、職域ごとの社会保険に基づく職域連帯と、税金を通じた普遍主義的な現金給付・サービスによる国民連帯を組み合わせて社会保障を充実させてきた。ここには、女性の就労支援や最低所得保障などの社会的投資も含まれる。社会保障・社会的投資の充実は、左派の社会党だけではなく、右派の共和派も（前身の共和国連合や国民運動連合なども含めて）実現してきたことであった。その結果、二〇一六年時点でのフランスは公的社会支出の対GDP比が三一・五％で、OECD諸国のなかでも最も高い国となっている（OECD Social Expenditure Statistics）。

本来であれば、社会保障の充実は職域連帯と国民連帯の実現によって社会的分断を乗り越えるための手段となりえたはずである。しかし、右派と左派の既存の政党はこれまで築いてきた社会保障の「量」にもかかわらず、今回の選挙で第二回の投票に候補者を送り込むことができなかった。こうした現実は、社会的分断を超える〈つながり〉の要素を加えた「社会への投資」へとこれまでの社会的投資を発展させ、再び社会保障によって人びとをつなぎとめる必要性が求められていることを示しているだろう。

本章では、家族政策と最低所得保障の二つの政策領域からフランスの社会的投資戦略とその変容についてみていく。フランスは比較的早い時期から家族政策や最低所得保障を実施しており、第1章で述べられている欧州委員会の報告書でも、社会的投資戦略に基づいた政策の導入に成功した国として挙げられる。ただし、少子化や失業者の増大といった問題にその都度対応してきたのであって、国家の「戦略」として社会的投資を位置づけてきたわけではなかった。

確かにフランスでは家族政策や最低所得保障が充実してきたものの、近年では社会保障財政の悪化からすべての子どもを対象とした普遍主義的な家族政策に所得要件が導入された。また、保育サービスの提供に関しても、親が希望する保育方法を自由に選べないという限界もみえている。雇用に関しては、若年層を中心に失業率が高いことから最低所得保障を充実させてきたが、労働市場改革へと取り組む姿勢がみられるようになった。こうした課題を抱えるものの、男性の「ケアする権利」の保障につながるジェンダー平等に向けて本格的に動き始めており、フランスが社会的投資から「社会への投資」へと変化する兆しもみせている。

一　家族政策と社会的投資

家族政策の現金給付

フランスは比較的早い時期から社会的投資を行ってきたことで知られる。その主要な対象であった子どもや女性、若者に関して、家族政策と最低所得保障を中心に政策展開をみていこう(千田二〇一四)。

まず家族政策では、フランスの家族関連支出は一九八〇年代以降常にOECD平均を上回ってきた。現金給付やサービス給付だけではなく、家族のための税制による支援も含めれば、二〇一三年の家族関連支出の対GDP比はOECD諸国のなかでイギリスやデンマークに次いで大きい(OECD Family Database)。一九八〇年代は現金給付の比率が圧倒的に大きかったものの、徐々にサービス給付への支出が多くなり、二〇一三年には現金給付(一・五六)とサービス給付(一・三五)で大きな支出の違いはみられなくなっている。また、税制による支援は、大陸ヨーロッパのハンガリーやベルギー、ドイツ、オランダなどでも積極的に行われており、フランスでは保育所や認定保育ママを利用した際の費用の五〇%の所得控除が認められている(上限は一一五〇ユーロ)。

フランスでは戦前からすべての就業者を対象とした現金給付である家族手当を実施してきたが、当初は少子化を乗り越えるための出産奨励策として進められた。一九四〇年代には専業主婦が家で保育するための経済的支援としての現金給付もあったし、現在でも第三子以降の子どもをもつ多子家族への現金給付は残っている。こうした点で、家族政策のすべてが必ずしも社会的投資としての性格をもっておらず、少子化対策や多子家族への支援に力点を置くことで女性の就労抑制効果をもつこともある(千田近刊：第三章)。

育児休業などの社会的投資は一九八〇年代にみられるようになった。一九八五年に育児休業給付にあたる「育児親手当」が創設された。これは第三子以降の子どもをもつ親に対して育児休業中に手当を支給する制度であり、給付前三〇カ月のうち二四カ月の就労を条件に一律の金額を支給する(Steck 2005: 143)。この「育児親手当」は女性の就労促進という政策目標に対応するものとされたが、実際には政策課題化した少子化への対策として打ち出されたといってよいだろう。それでも、パートタイムで働きながら子育てをする部分休業についても手当を支給し、女性の就労を側面支援した。

育児親手当を創設して以降、育児休業給付の適用範囲は徐々に拡大しており、一九九四年には第二子まで、二〇〇四年には第一子まで拡充された。ただし、育児休業給付の拡充だけで女性への社会的投資が十分に進んだとはいえない。一九九四年に第二子まで拡充した際、三歳未満の子どもを二人以上もつ女性の就業率が一六ポイント減少した(Afsa 1998: 37)。この時期の二〇歳から四九歳の女性の就業率をみていくと、子どもをひとりもつ女性が八〇%台であり、子どもを三人もつ女性が三〇%でそれぞれにおいて変動はなかった(Bonnet et Labbé 1999: 2)。このことから、子どもを二人もつ女性の就業率の減少は育児親手当の第二子への拡充が原因だといえる。育児親手当が女性の労働市場からの退出を促す要因としては、支給期間が三年と比較的長期間であることや、スウェーデンやドイツのような所得比例の給付ではなく、満額で月に四〇〇ユーロ弱の一律の給付であるため、低所得者にとっては労働市場に早期に戻るよりも給付を受け続けたほうがよいことなどが挙げられる。

多様な保育サービス

以上のように女性の就労抑制の効果をもつ現金給付が展開される一方で、同じ時期に、保育所などのサービス給付と連携する現金給付も拡大し、女性の就労継続を可能にしている点もフランスの特徴である。

ここで保育サービスについて確認しておくと、フランスでは三歳から六歳向けの教育を早期に実現し、日本の幼稚園にあたる保育学校(écoles maternelles)は一九七〇年代から広く利用可能なものとなっていた。一九八〇年代後半には三歳児の九三・三%が保育学校に通い、現在ではほぼ全員が保育学校で教育を受けている(Martin et al. 1998: 143)。日本とは異なり、フランスの保育学校の保育時間は八時三〇分から一六時三〇分で、子どもは長い時間教育を受ける。このことは、子どもの教育のためだけでなく、仕事をしながら子育てをする親にとっても都合がよいものであろう。

一九七〇年代までに三歳から六歳向けの教育が充実するのに対して、子育てをしながら働く女性にとっては〇歳から二歳向けの保育サービスをいかに確保するのかが課題となっていた。そこで一九八〇年代後半から保育サービスの経済的負担を軽減する現金給付が導入されるようになった。一九八六年には在宅保育者(ベビーシッター)を雇用した親に対して在宅保育手当を支給した。そして一九九〇年に創設された認定保育ママ雇用家庭補助は、一二〇時間の研修を経て自分の家で保育できるよう認定を受けた

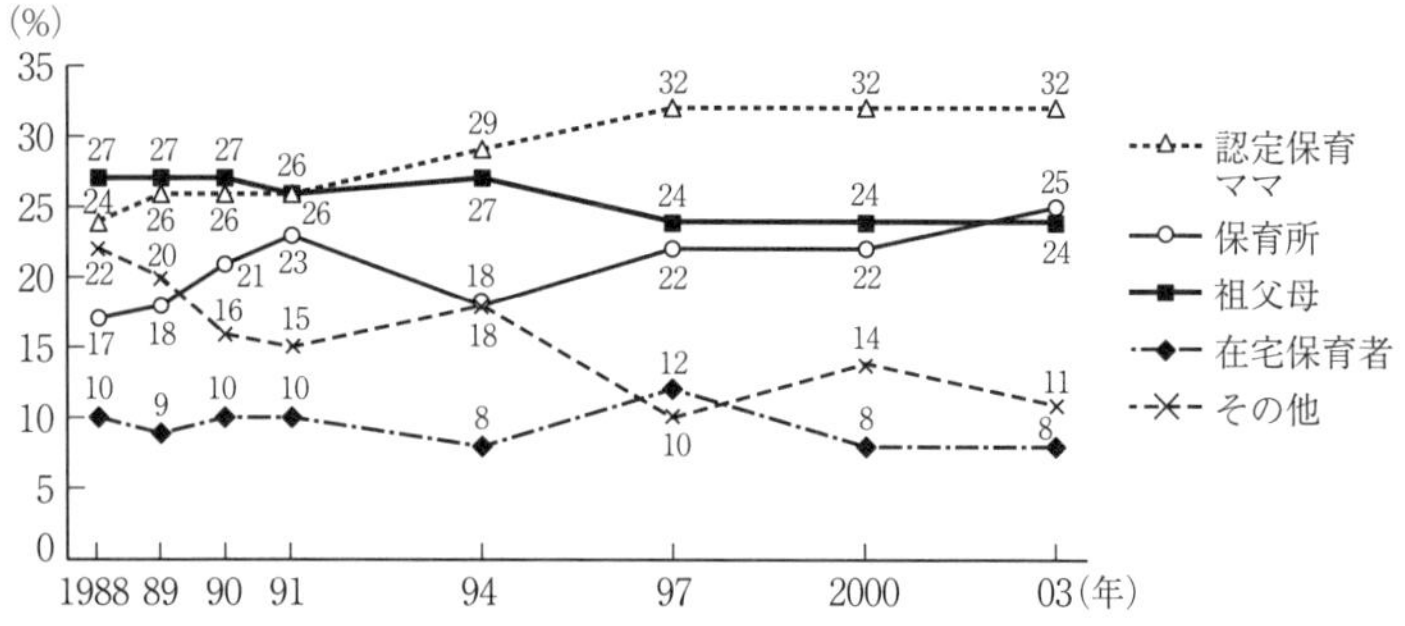

出典：Damon et al.(2003: 2)より筆者作成.

図1　共稼ぎ家族の満足度が高い保育方法

認定保育ママを親が雇用した場合に生じる経済的負担を軽減するための現金給付を用意した。一九九一年には認定保育ママを雇用した支出に対して上限付きの所得控除を実施し、税制面でも経済的な負担を軽減した（宮本二〇一一：二九九―三〇〇）。

この認定保育ママを利用する際の経済的な支援によって、認定保育ママの数は急増する。認定保育ママ雇用家庭補助を創設した一九九〇年時点で一三万二〇〇〇人であった認定保育ママは、約二〇年でさらに三〇万人以上増加した（CNAF 2010: 9; Borderies 2015: 65）。図1で示したように、共稼ぎ家族が他の保育方法と比べて認定保育ママの利用に満足した割合は一九九〇年前後の認定保育ママ制度の整備以降高まっており、一時的に保育所（主に自治体が運営する集団保育所）の割合が減少したことも伴って、経済的支援が機能したと読み取れる。二〇一三年時点でのフランスの〇から二歳児の保育方法は、育児休業給付の影響もあって六一％が親となっているものの、それ以外の主要な保育方法は認定保育ママ（一九％）となっており、保育所などの保育施設（一三％）と合わせた保育サービスのみでみると認定保育ママが六割弱を占めていることがわかる（Villaume et Legendre 2014: 4）。

政府も保育所の整備を放置したわけではない。一九七〇年代以降、政府はまさに桁外れの「一億保育所（100 millions crèches）」作戦を打ち出し、その作戦を改善させながら保育所の整備を進めようとしていた（Ancelin 1997: 214）。そして、一九八〇年代に入ってからは、保育サービスが分権化されるなかで、国レベルの現金給付の管理を担う全国家族手当金庫は自治体と契約を結んで財政的な支援を行うことで保育所の整備を試みた。しかし、自治体にはその契約を履行する法的な義務がなく、国レベルでの財政支援の不確実性が高かったために契約の締結を躊躇していた。その結果、保育所の整備は保育ニーズを満たすまでに至らなかった。

この問題に対処するために一九九〇年に導入されたのが、上述した認定保育ママ雇用家庭補助による認定保育ママを雇用した親への現金給付である（千田近刊：第五章）。国レベルでの現金給付で保育サービスを支援して保育ニーズを満たそうとしたのである。在宅保育者に比べて安価に利用できる認定保育ママはこの現金給付を契機に急増し、保育所を抜く主たる保育方法として確立した。現金給付だけではなく、全国家族手当金庫は一九八九年に保育ママ仲介制度を始め、認定保育ママと親がマッチングできる場所を提供した（Haut Conseil de la population et de la famille 1992: 118）。

ここまでみてきたように、フランスでは認定保育ママを中心とするサービス給付とそのための経済的支援を行う現金給付を組み合わせることで女性への就労支援を行ってきた。

フランスの女性の就業率をみると、認定保育ママへの経済的支援が拡充する一九九〇年代以降も増加し続け、二〇一六年には六七・九％まで上昇している（OECD Labour Market Statistics）。なお、フランスでの女性のパートタイム比率は二〇一五年で二二・三五％になっており、ＯＥＣＤ諸国の平均値である二五・八八％を下回っている。

二　最低所得保障と雇用

失業対策としての最低所得保障

フランスでは、雇用の不安定化に備える最低所得保障を通じて、次に述べるような若者や失業者への支援もみられる。ただし、この政策が実施された一九八〇年代末でもフランスには社会的投資の明確な戦略があったわけではなく、若年層を中心とした失業への対策を行った結果として、社会的投資に位置づけられる政策を発展させていったといえる。

フランスでは石油危機を契機として低成長の時代が到来し、失業率も上昇するようになった。特に若年失業者が急増するなか、既存の職域ごとの制度的分立を守りながら失業を抑制していくため、フランスでは正規労働者の解雇規制を強化することで内部労働市場を守りながら、早期退職を奨励することで年長者を退職させて若者を雇用するという対応をとった（Palier 2010: 78-79; 田中二〇一七：一八七―一九二）。しかし、こうした対応の結果、閉鎖的で厳格な内部労働市場が発生し、手厚い生活保障のある男性稼ぎ手を内部労働市場として維持するとともに、不安定な雇用と不十分な社会保障からなる若年労働者と女性労働者中心の外部労働市場との二極化が生じることになる（エスピン＝アンデルセン二〇〇三）。実際、フランスでは一九七四年に四・一％だった失業率が一九八七年に一〇・五％、一九九七年に一一・五％まで上昇した（Palier 2010: 83）。二〇一六年でもフランスの失業率は一〇・一％とOECD諸国のなかでも高い状態にあり、特に一五歳から二四歳までの若年失業率は二四・六％となっている（OECD Labour Market Statistics）。

フランスでは雇用で十分に守られていない人びとが社会的に排除されているという認識が広まり、こうした層の社会への参入（insertion）を促す政策が立案された（岩田二〇〇八：一六―一八）。これが一九八八年に導入された参入最低所得（ＲＭＩ）であった。ＲＭＩは二五歳以上の一定の所得に満たない者に対して支給される最低所得保障である。ＲＭＩでは、あらかじめ決められた最低所得保障額から生活資力（財産や失業手当など）を差し引いた差額を支給する。この制度では、主に失業者に対して、労働市場への再入場だけではなく非営利セクターを含めて社会への参入をめざすことが強調された。そのため、ＲＭＩの申請者は社会的に有用な活動や職業訓練への参加、就職・住宅を探すこと、識字教育、家計管理などを行うよう定めた「社会参入契約」を結ぶことで最低所得保障を利用することになった（都留二〇〇〇）。

近年の最低所得保障改革

このように不安定な状況にある人びとをつなぎとめる最低所得保障が始まったが、実際に運用を始めてみるとあまり就労に結びつかず、改革が求められるようになった。そこで二〇〇九年にはＲＭＩを活動連帯所得（ＲＳＡ）へと再編した。ＲＳＡは就労後も手当を継続支給し、就労しても世帯収入が減少しない制度へと改め、より積極的に雇用と社会保障を結びつけた。また、世帯収入の基準もＲＭＩより緩やかにすることで勤労所得の増加が給付額の増加につながる仕組みとなった（服部二〇一二）。二〇〇九年末に一六九万七〇〇〇世帯の受給者であったRSAは二〇一五年末までに二二八万五〇〇〇世帯まで増大している(URL①)。フランス国立統計経済研究所によれば、二〇一三年のフランスの世帯数は二八五〇万世帯であるため、現在でもフランス全体で八%を超える世帯がRSAを受給していると考えられるだろう(URL②)。

近年の動きとしては、二〇一六年から新しく活動手当金(Prime d'activité)制度が創設された。これはRSAが二五歳以上を対象とするために給付から外れていた若年層にも最低所得保障を拡大する目的で成立した。勤労所得のある一八歳以上に対して最低所得保障額に達するまで手当を支給することで、不安定な雇用にさらされている若年層を支援する。

以上のようにフランスは、雇用が不安定になるのに対して、最低所得を保障する制度を準備することで対応してきた。この最低所得保障を推進できた背景には、一九八〇年代に貧困者を支援する非営利団体が、憲法の規定に基づき議会内に設置される有識者委員会の経済社会環境評議会などで、ホワイトカラーの貧困に関して積極的に活動を展開してきたことがあった(都留二〇〇〇：第二章)。新聞などもこの新たな貧困問題を取り上げることで最低所得保障制度の必要性が認識され、一九八四年時点で野党であった右派政治家は国民議会で貧困対策が不十分であることを指摘し、最終的には一九八八年の大統領選挙において左派で与党の社会党も最低所得保障制度の創設を掲げた。こうして貧困問題への対応から発展してきた活動連帯所得や活動手当金は、若者を中心とした社会的に排除された人びとの社会への参入を支援する社会的投資として評価できる。

しかし、最低所得保障の充実に対して、安定した雇用を通じて保障が手厚く適用される層と不安定な雇用のもとで十分な社会保障を受けられない層の二極化は解決されていないとの指摘がある(Palier 2010; Emmenegger et al. 2012)。フランスでは相対的に強固な雇用規制を残したまま、そこから外れた層に対して最低所得保障を提供する。そのため、雇用規制で守られた層には職域連帯に基づく手厚い社会保障が適用されるが、不安定就業の層には最低所得保障など国民連帯に基づく社会保障が適用される。こうした対応は幅広い国民に社会保障を適用するものであるが、不安定就業の層が最低所得保障を受け続ける結果、社会的分断を固定化させる可能性もある。のちに述べるように、近年はそれを解消する手段として、雇用の規制緩和を通じて低所得者などが就労しやすい環境を作り出そうとしている。

三　福祉国家と社会的投資の飽和状態?

これまで述べてきたように、フランスでは、明確な戦略ではないものの社会的投資を推進してきた。家族政策に関しては少子化に対する政治家の強い危機意識や高まる保育ニーズへの全国家族手当金庫の対応が政治的な要因となった。最低所得保障に関しては、ホワイトカラーの貧困という新たな問題の発見や、それに関する非営利団体などの活動が政治的な要因となった。これらの政策は、右派と左派の政党間の対立が小さく、雇用や家族の場で登場した新しい社会的リスクに対応するために必要なものであった。しかし、近年では社会的投資であっても削減や改革の対象となるような状況がいくつかの点でみられる。

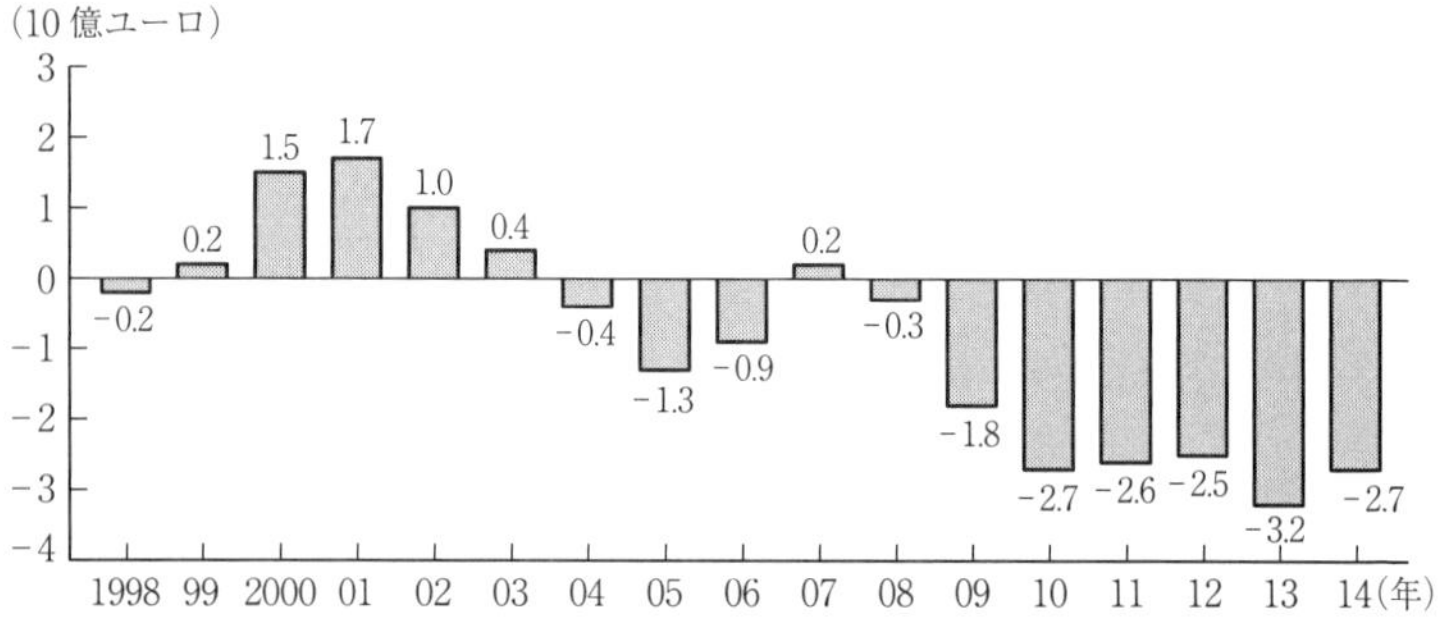

出典：Direction de la Sécurité sociale «Les Chiffres clés de la Sécurité sociale 2014», p. 25.

図 2　家族給付部門の一般制度の財政

家族手当への所得要件の追加

まず家族政策では、すべての子どもを対象とした普遍主義的な家族政策に削減の動きがみられる。その背景には一九九〇年代よりも深刻になった社会保障財政の悪化が考えられる。図2が示すように、二〇〇〇年代後半から家族給付部門の財政赤字が拡大しており、新たな家族対象の現金給付を拡充することが難しかったといえる。また、社会保障財政全体をみた場合にも財政赤字は深刻なものとなっている。

社会保障財政の悪化から、フランソワ・オランド政権（二〇一二—一七年）では家族政策の現金給付の削減が実施されるようになった。オランドは現金給付のなかでも戦前から第二子以降のすべての子どもに給付してきた家族手当に関して、その普遍主義的性格の意義を認めながらも富裕層への削減方針を示した（*Le Monde*, 30 mars 2013）。これに対して、家族全体の利益を代表する全国家族協会連合は長い歴史をもつ家族手当の普遍主義原則を変えるものだと批判した（*Le Figaro*, 17 octobre 2014）。また、労働組合で家族政策に積極的に関与してきた労働総同盟も、手当額の削減は社会保障の精神に反しており、「前例のない普遍主義の再検討だ」と批判した(*Le Monde*, 25 octobre 2014)。

しかし、社会保障財政の悪化に伴う措置にこれらの利益団体は十分には抵抗できず、二〇一五年から家族手当に所得要件が導入された。具体的には、月額所得六〇〇〇ユーロで子どもを二人もつ家族は家族手当額を二分の一に削減され、月額所得八〇〇〇ユーロで子どもを二人もつ家族は家族手当額を四分の一に削減された。この改革の重要な点は、所得要件の追加であり、所得制限の導入ではないということである。所得制限であれば富裕層は家族手当を受給できないが、所得要件の追加であれば給付額は削られるものの家族手当の普遍主義原則を維持することができる。こうして普遍主義原則を残しながら財政的な調整を行うことで、改革への批判を緩和しながら削減を実現した。

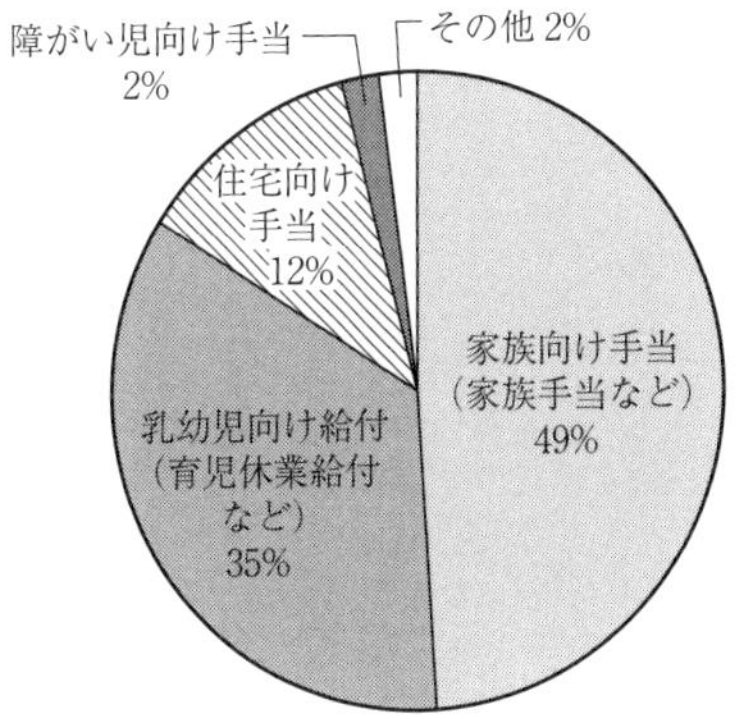

出典：Direction de la Sécurité sociale «Les Chiffres clés de la Sécurité sociale 2014», p. 24.

図3　家族対象の現金給付の内訳(2014年)

オランド政権下で家族手当が削減の対象になった背景には、家族向け手当が現金給付の支出割合で四九％を占めていることが考えられる。図3にある家族対象の現金給付のうち、家族向け手当は家族手当など子どものいるすべての家族に支給されるものであり、今回はこの現金給付が削減対象となった。

一方で、これまで説明してきた育児親手当は二〇〇四年に第一子まで拡充され、制度の名称も「就業自由選択補足手当」へと変更された。その際、第一子までは女性の早期職場復帰を考慮し六カ月を支給期間とし、第二子以降はこれまで通り三年を支給期間とした。また、認定保育ママ雇用家庭補助に代表される保育所や認定保育ママ利用に対する現金給付は「保育方法自由選択補足手当」と名称が変更され、給付額の増加もみられた（宮本二〇一〇）。これらの施策は、女性の就労支援に向けた子育てや就労の「自由選択」を政策目標としており、一九八〇年代の少子化対策からその目的が変更されたことを意味する。

以上の施策を含めた現金給付が「乳幼児向け給付（乳幼児受け入れ給付）」のなかに再編され、これらの女性の就労を支援する給付は結果的に削減対象とはならなかった。女性の就労支援につながる乳幼児向け給付の割合が相対的に増大したことで、フランスが社会的投資の側面を強化したと説明することもできる。ただし、今後の経済状況や社会保障財政状況の悪化によっては社会的投資が削減される可能性があるため、その動向には注意が必要である。

保育サービスの整備と現状

家族政策の現金給付に関しては削減の動きがみられる一方で、女性の就労支援として機能する認定保育ママ、保育所などの保育サービスはニコラ・サルコジ、オランドとも一貫して拡充させてきた。二〇〇六年に作成された「乳幼児計画」では、二〇〇七年からの五年間で保育所を年一万二〇〇〇人分増やすことや認定保育ママによる子どもの受け入れを六万人増やすこと、受け入れ数一〇人以下の小規模保育所の許可、認定保育ママの認定条件の整備などをサルコジ政権下で行うと決めた（Bas 2006: 7–20）。また、オランド政権下で政府と家族給付部門を管理する全国家族手当金庫との間で結ばれた協定をみると、二〇一三年から二〇一七年までに子ども一〇万人分の保育所などを確保するための融資を行うことや、

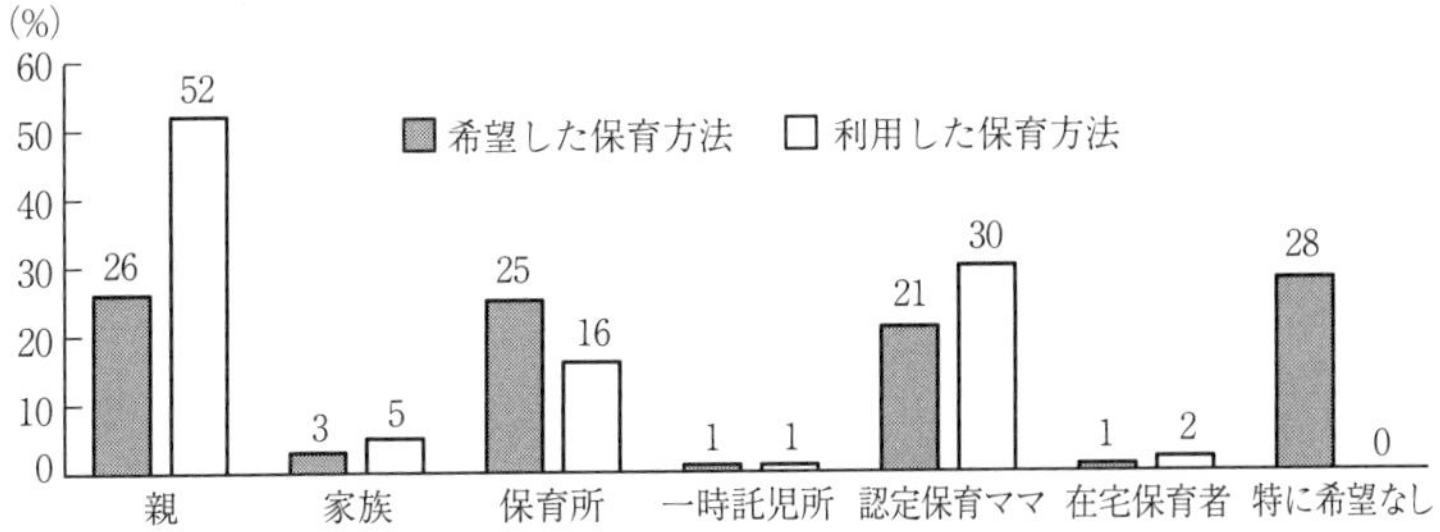

注：フランスで6カ月から1歳までの子どもをもつ親へのアンケート.
出典：Crepin et Boyer(2015: 3)より筆者作成.

図4　2015年新学期時に希望した保育方法と利用した保育方法

同様の数の子どもを受け入れる認定保育ママの確保、保育学校の活用などを行うことになった（URL③）。このように保育サービスは右派左派問わず拡充する方針が決まっているため、社会的投資の側面が強化されているといってよいだろう。

ただし、保育方法を自由に選択できる環境が準備できていないという課題も残っている。フランスで六カ月から一歳までの子どもをもつ親に希望した保育方法と実際に利用した保育方法について尋ねたところ、二五％の親が保育所への入所を希望しているものの、実際には一六％しか入所できていない実態が明らかになった（図4）。保育所に入所できなかった場合には親や家族が自分で保育することや認定保育ママによる保育が代替手段として用いられているようである。

「就業自由選択補足手当」によって育児休業の現金給付が第一子まで拡充されたものの、受給期間は就労継続を促進するために六カ月となっている。そのため、第一子のみの家族は子どもが六カ月になると現金給付なしに育児休業を続けるか、何かしらの保育サービスを利用して職場復帰をするかの選択を迫られることになる。保育サービスを利用したい場合、保育所を希望しても利用できない場合があり、認定保育ママを利用していることが考えられる。図4は複数の子どもがいる親も対象であるため、三年間の育児休業を利用して親が保育する割合が高く出ている可能性もあるが、第一子のみの家族にとっては〇歳児保育へのニーズが高いと考えられ、保育方法を早期から自由に選択できる環境が求められている。

以上のように真に「自由選択」が実現しない状況は、子どもへの社会的投資を保育の質から実現するうえでの課題も引き起こすことになる。認定保育ママは一二〇時間の研修で資格を得られるため、その保育の質は保育士などと比べても低いことが想像できる。また、保育所に預けたいのにもかかわらず親が保育することになるのであれば、親は保育の質に対して教育や研修を受けていないため保育の質にばらつきが生じるといえる。このように考えれば、保育所に入れたいのにもかかわらず、それが自由に選択できない場合には社会的投資に必要な早期教育や質の高いケアが実現できない可能性を残す。現在、二歳児から保育学校に通う例も増えてきているため、質の高い早期教育や保育を二歳未満の子どもにいかにして提供していくのかが課題となっている。それは図4で親が保育の質が高いと考えられる保育所を積極的に希望していることからもわかるだろう。保育所への希望は、一九九〇年代以降の女性の就労支援において、相対的に質の劣るであろう認定保育ママがある程度の満足度を伴って増えてきたことの副作用ともいえる。

労働市場改革とマクロン大統領の誕生

以上の家族政策に関連した課題だけではなく、労働市場改革でも動きがみられる。低所得層や社会的に排除された人びとに対しては最低所得保障を充実させることで、若者を中心とした社会的投資を発展させてきた。しかし、上述のように安定した雇用を通じて手厚い保障が適用される層と不安定な雇用のなかで十分な社会保障を受けられない層の「二極化」の指摘があることも事実である。オランド政権はこの「二極化」の要因が労働市場での解雇規制の強さにあると認識し、その結果、近年になって労働市場改革が徐々に進んでいると考えられる。

直近の大統領選挙で当選したマクロンは、オランド政権下で経済・産業・デジタル大臣を務めていた際に多種多様な規制緩和策を含んだ「マクロン法」と呼ばれる法律を成立させた。ただし、マクロン法は商業施設の日曜営業を拡大するなど産業分野ごとの細かい規制緩和にとどまった。

マクロン法よりも大きな労働法の改正は、当時の労働大臣の名前から取られた通称「エルコムリ法」であった。二〇一六年五月に成立したエルコムリ法は労使対話の現代化をめざした労働法の改正であり、経済的理由など一定の条件のもと、労働時間の増減などを企業内での交渉で決められるようにすることを含んだ法律であった(朝日新聞二〇一六年五月一七日)。こうした労働法の改正に対して労働組合は反発し、ストライキやデモが行われた。

二〇一八年現在、マクロン大統領のもとで新たな労働法の改革が行われ、さらなる労働市場の規制緩和を進めている。これらの改革は、強固な雇用規制から手厚い保障を受けられる層と不安定な雇用環境に置かれながら十分な社会保障も受けられない層との間の「二極化」を変えようとしている。しかし、規制緩和が単なる雇用の劣化のみを招くことになった場合、すべてのフランス国民が不安定な雇用のもとで働かざるを得ないことになるかもしれないので、現時点での改革の評価は難しい。

四　社会的投資戦略から「社会への投資」への道は拓けるのか

これまで述べてきたように、フランスでは家族政策や最低所得保障などが比較的早期に実現してきた一方で、雇用を通じて手厚い保障を受けられる層と低所得で十分な社会保障が適用されない層との「二極化」が指摘され、それが近年の労働市場の規制緩和を導くほか、社会保障財政の悪化などから社会的投資のゆらぎもみて取れる。マクロン大統領が誕生して間もないために社会的投資戦略がフランスの路線としてさらなる発展を遂げるかは未知数であるが、最後にジェンダー平等への取り組みを中心に社会的投資から「社会への投資」への新たな動きがみられることを指摘し、今後の可能性を考えてみたい。

ジェンダー平等への本格的な取り組み

社会的投資に関する代表的な論者のひとりである政治学者ブルーノ・パリエは経済社会環境評議会に「社会的投資戦略」と題した報告書を提出した(Palier 2014)。そのなかで、これからのフランスの社会的投資戦略において必要な項目を掲げた。それは第一に乳幼児への投資であり、具体的には、育児休業での男女平等の推進、乳幼児への公的サービス、保育学校より前段階でのすべての子どもへの教育の促進を挙げる。特に保育学校より前の段階での教育の促進は、前節で述べた早期教育や保育の質の確保によって子どもの人的資本形成に影響を与えるとしている。第二に若者への投資であり、教育期間中の投資、質の高い雇用の創出、労働状況の改善が具体的に挙げられた。第三には女性の就労支援であり、仕事と家族の調和や職場での男女平等の実現が課題であるとした。最後に、雇用の質、キャリアパス、生活に沿った技能への投資を挙げ、具体的には職業訓練や訓練期間中の所得保障が必要であるとした。

これらのすべてが十分に実現しているわけではないが、ジェンダー平等の実現など新しい動きもみられる。フランスでは二〇一四年に男女平等法が成立し、シングル・マザーの保護やDV対策、下院議会選挙立候補者・スポーツ連盟理事会・公企業の取締役・大企業の取締役の男女同数(パリテ)などのジェンダー平等の実現をめざした(服部二〇一四)。ジェンダー平等をめざした動きはオランド政権発足時からみられ、オランド政権最初のジャン=マルク・エロー内閣では閣僚を男女同数にし、女性の権利大臣も創設するなど積極的にジェンダー平等の実現をめざした。これらの取り組みはオランドの大統領選挙での公約であった。

男女平等法では育児休業給付にあたる就業自由選択補足手当を「子ども教育共有給付」に変更したことが重要である。これまでの育児休業給付は、主に女性の就労支援の一環として仕事と家族の調和をめざした現金給付であり、男性の育児休業取得に対する支援はなかった。それに対して、新たにできた子ども教育共有給付では、給付額では大きな違いがみられないものの、いわゆるパパ・クオータを設けることで男性の育児休業取得を促した。たとえば、第一子がいる場合、子どもが一歳になるまでにそれぞれの親に六カ月ずつ給付期間を設け、もう片方の親が育児休業を取得すれば家族全体で一年間の給付に拡大することにした。第二子がいる場合には、子どもが三歳になるまでにそれぞれの親に最長二四カ月ずつの支給期間を設け、それまで片方の親で三年の給付期間があったものを一年分短縮し、もう片方の親との両方の育児休業取得で従来通り最長三年の給付期間を確保するようにした。これによって政府は男性の育児休業取得率を三%から二〇%の引き上げをめざす。

育児休業を通じた社会的投資は、北欧諸国より遅いが、男性の育児参加に対して新しいアプローチを採用したと指摘できる。第9章で述べられるように、「社会への投資」にはケアの価値化を組み込むことが必要であり、そのためには「ケアする権利」を保障することが重要である。そうした意味で、「子ども教育共有給付」でパパ・クオータを導入したことは「ケアする権利」を保障することを意味し、社会的投資にジェンダー平等を明確に組み込んだ「社会への投資」への発展が読み取れる。

「社会への投資」の可能性

現在のマクロン大統領には社会的投資への積極性をオランド政権から引き継いでいる様子はみえてこない。しかし、社会的投資を実現するための様々な手段がフランスでとられていることはみてきた通りであるし、低所得で社会的に排除された人びとを支えるための最低所得保障はこれからも維持されるであろう。結果的に社会的投資を実施してきたフランスは家族政策や最低所得保障の充実によって女性や若者の就労支援を進めている。

確かに、女性の就労を抑制するような家族政策が残り、保育の質の観点から二歳未満の子どもへの人的資本形成に不安な面がある。それでも、ジェンダー平等への取り組みの継続は、社会的投資から「ケアする権利」の保障を加えた「社会への投資」へと発展を促す契機になりうる。マクロン大統領は閣僚の半数を女性にするなどオランド政権から続くジェンダー平等の流れは継続している。そのため、ジェンダー平等に関わる「社会への投資」に向けた動きが早い時期に出てくる余地はある。現在進められている労働市場改革や「社会への投資」への発展が成功したならば、福祉国家がふたたび人びとの〈つながり〉をもたらす役割を担う日が来るかもしれない。

＊本稿はＪＳＰＳ（科研費 JP16H03576、JP16K17044、JP17K03540 および課題設定による先導的人文学・社会科学研究推進事業）の成果の一部である。

参考文献

岩田正美（二〇〇八）『社会的排除――参加の欠如・不確かな帰属』有斐閣
エスピン＝アンデルセン、イエスタ（二〇〇三）「労働なき福祉国家――大陸ヨーロッパ社会政策における労働削減政策と家族主義の袋小路」、イエスタ・エスピン＝アンデルセン編、埋橋孝文監訳『転換期の福祉国家――グローバル経済下の適応戦略』早稲田大学出版、一〇七―一四〇頁（Esping-Andersen, Gøsta (1996) "Welfare States without Work: the Impasse of Labour Shedding and Familialism in Continental European Social Policy," in Gøsta Esping-Andersen ed., *Welfare States in Transitions: National Adaptations in Global Economies*, SAGE, 66–87)
遠藤乾（二〇一七）「マクロン大統領が抱える「深刻な三つの問題」」『東洋経済オンライン』http://toyokeizai.net/articles/-/170863（二〇一七年六月二二日閲覧）
大沢真理（二〇一三）『生活保障のガバナンス――ジェンダーとお金の流れで読み解く』有斐閣
田中拓道（二〇一七）『福祉政治史――格差に抗するデモクラシー』勁草書房
千田航（二〇一四）「フランス――「戦略」を欠いた社会的投資」『生活経済政策』二一四号、二四―二七頁
千田航（近刊）『家族と働き方の「自由選択」――フランスの福祉政治（仮）』ミネルヴァ書房
都留民子（二〇〇〇）『フランスの貧困と社会保護――参入最低限所得（ＲＭＩ）への途とその経験』法律文化社
服部有希（二〇一二）「フランスにおける最低所得保障制度改革――活動的連帯所得手当ＲＳＡの概要」『外国

の立法』二五三号、三三―八五頁
服部有希(二〇一四)「男女平等法」『外国の立法』二六一号、一―二頁
宮本悟(二〇一〇)「フランスにおける乳幼児向け家族給付の拡充――乳幼児受入れ給付ＰＡＪＥの導入」『経済学論纂』五〇巻一・二合併号、二三七―二五二頁
宮本悟(二〇一一)「フランス認定保育ママ制度の沿革と現況」『経済学論纂』五一巻一・二合併号、二九七―三〇七頁

Afsa, Cédric (1998) "L'allocation parentale d'éducation: entre politique familiale et politique pour l'emploi," *INSEE Première*, 569, 37–40.
Ancelin, Jacqueline (1997) *L'action sociale familiale et les caisses d'allocations familiales: un siècle d'histoire*, Association pour l'étude de l'histoire de la sécurité sociale.
Bas, Philippe (2006) *Presentation du plan petit enfance*, Ministère délégué à la Sécurité sociale, aux Personnes âgées, aux Personnes handicapées et à la Famille.
Bonnet, Carole et Morgane Labbé (1999) "L'activité professionnelle des femmes après la naissance de leurs deux premiers enfants l'impact de l'allocation parentale d'éducation," *Études et Résultats*, 37, 1–8.
Borderies, Françoise (2015) "L'offre d'accueil collectif des enfants de moins de 3 ans en 2012," *Document de travail, Série statistiques*, 194, 1–83.
CNAF (2010) *L'accueil du jeune enfant en 2009: Donnée statistique.*
Crepin, Arnaud et Danielle Boyer (2015) "Baromètre du jeune enfant 2015," *l'e-ssentiel*, 160, 1–4.
Damon, Julien et al. (2003) "Les opinions sur les modes de garde des jeunes enfants: Données CREDOC 2003," *l'e-ssentiel*, 11, 1–4.
Emmenegger, Patrick et al. eds. (2012) *The Age of Dualization: The Changing Face of Inequality in Deindustrializing Societies*, Oxford University Press.

Haut Conseil de la population et de la famille (1992) *Vie professionnelle, logement et vie familiale*, Documentation française.

Hermange, Marie-Thérèse et al. (2003) "La PAJE en debat," *rapport du group de travail «Prestation d'Accueil du Jeune Enfant» pour le ministre délégué à la Famille*, Tome II, Documentation française, 1–281.

Martin, Claude et al. (1998) "Caring for Very Young Children and Development Elderly People in France: Towards a Commodification of Social Care?," in Jane Lewis ed., *Gender, Social Care and Welfare State Restructuring in Europe*, Ashgate, 139–174.

Palier, Bruno (2010) "The Dualizations of the French Welfare System," in Bruno Palier ed., *A Long Goodbye to Bismark?: The Politics of Welfare Reform in Continental Europe*, Amsterdam University Press, 73–99.

Palier, Bruno (2014) *La stratégie d'investissement social*, Documentation française.

Steck, Philippe (2005) "Les prestations familiales," in Comité d'histoire de la sécurité sociale, *La Sécurité Sociale: Son Histoire à travers les Textes*, Tome IV 1981–2005, chirat, 137–189.

Villaume, Sophie et Émilie Legendre (2014) "Modes de garde et d'accueil des jeunes enfants en 2013," *Études et Résultats*, 896, 1–8.

参考ウェブサイト

① http://drees.solidarites-sante.gouv.fr/IMG/pdf/er744-2.pdf および http://www.caf.fr/sites/default/files/cnaf/Documents/Dser/RSA%20conjoncture/RSA%20Conjoncture%20n%C2%B0%2013.pdf（二〇一七年一一月一四日閲覧）

② https://www.insee.fr/fr/statistiques/2569326?sommaire=2587886（二〇一七年一一月一五日閲覧）

③ https://www.caf.fr/sites/default/files/cnaf/Documents/DCom/Presse/Communiqu%C3%A9s%202013/Cog2013_2017_integrale.pdf（二〇一五年三月一五日閲覧）

4　子どもの貧困対策にみるイギリスの社会的投資戦略の変遷

濵田江里子

はじめに

イギリスはヨーロッパの中では政治的にも政策的にも独自の立ち位置にある。多くの大陸ヨーロッパ諸国が連立政権を経験するなか、イギリスは一九四五年から二〇一〇年まで、保守党と労働党の二大政党による単独の政権が定期的に政権交代を繰り返してきた。イギリスの福祉国家に目を向けると、イギリスは「ゆりかごから墓場まで」のスローガンが示す普遍性と包括性に基づき、人びとの最低生活に価する水準の所得は国家が保障する福祉国家のお手本だった。その一方で公的な福祉の水準は戦後一貫して低く、民間保険や市場の果たす役割が大きい国であり、一九八〇年代には世界的にも最も強く新自由主義改革を推し進め、その普遍主義的な性格は選別性を強めた。

イギリスと欧州連合（EU）の関係も複雑であり、二〇一六年六月の国民投票の結果、イギリスがEUからの離脱をわずかな差で選んだことは記憶に新しい。EUが手厚い福祉と労働者の保護に代わる新しいヨーロッパ社会モデルを探すなか、イギリスは市場の競争原理の全面化に重きを置く姿勢をみせた。

しかし、その一方でイギリスは、経済成長と社会的公正の両立を目指す社会政策の導入に、EUよりも早い時期から取り組んでもいた。

イギリスは、EUが二〇〇〇年のリスボン会議をきっかけに社会的投資戦略を打ち出すのに先駆けて、一九九〇年代中頃より社会的投資の発想に基づいた福祉国家の立て直しを検討していた。一九九七年に労働党が政権に就いてからは、「第三の道」と総称される新しい中道左派路線の一環として社会的投資の取り組みが進んだ。その後、二〇一〇年に保守党と自由民主党の連立政権へと政権交代し、二〇一五年の総選挙を経て保守党単独政権となったが、その間も「社会的投資」という言葉はイギリスの政府文書に登場し続けている。イギリスにおいて社会的投資は政策用語としてすでに二〇年以上使われており、実はかなり広く浸透しているのだ。その一方で第1章でも述べた通り、欧州委員会からは、イギリスの社会的投資は一貫性を欠くとして高い評価を得ていない。

なぜイギリスは他のヨーロッパ諸国よりも早い時期から社会的投資に取り組んだにもかかわらず、それは一貫性に欠ける部分的な実施に留まったのだろうか。本章では一九九〇年代後半から展開するイギリスの子どもの貧困解消に向けた取り組みに注目し、そこでの「社会的投資」の意味の変遷を辿ることにしたい。イギリスでは政権交代を通じてその指し示す内容が変化し、社会的な見返りが経済的な見返りへと回収されていった。イギリスにおける子どもの貧困対策の成果と限界を探ることは、依然として子どもの貧困率が高止まりする日本(二〇一五年時点で一三・九%)にとって示唆に富むものだ。社会的な公正の実現を掲げながらも、実態としては市場の原理を優先する仕組みへと転じていくイギリスの事例は、日本において社会的投資を実践する上での教訓を与えてくれよう。

一　イギリスにおける社会的投資戦略の登場

イギリスの社会的投資と子どもの貧困

イギリスでは伝統的に福祉国家が行ってきた再分配による結果の平等の実現よりも、機会の平等を重視する方向で福祉国家を立て直す議論が一九九〇年代初頭より活発化した。この流れのなかで社会的投資の言説が登場し、特に人的ならびに社会関係資本、つまり子どもと地域コミュニティへの投資に高い優先順位を置いた。

具体的には、一九九九年に子どもの貧困解消に国として取り組むことを正式に表明し、子どもの貧困を二〇〇四年までに四分の一、二〇一〇年までに半減、二〇二〇年までに撲滅することを目標に掲げた。二〇一〇年三月には全政党が一致して「子どもの貧困法」を成立させ、政府に子どもの貧困対策を義務づけ、各省庁にも独自の子どもの貧困対策の策定を求めた。二〇一〇年五月の政権交代後も子どもの貧困法に基づいた施策は進み、二〇二〇年までに子どもの貧困を撲滅するという当初の政府目標の達成は難しいものの、社会的に最も不利な状況に置かれた子どもたちへの支援は政策課題として、この間一貫して取り組まれている。

前述の欧州委員会の国別レポートでも、イギリスは子どもに関連する政策、とりわけ貧困家庭の子どもに対する幼児期からの支援サービスに力を入れている点は、社会的投資の論理に則った政策として評価を受ける。

イギリスの子どもの貧困対策は、当初は金銭的な困窮だけでなく、低学歴や移民の家庭に生まれたために社会的な関係から排除されている子どもへの平等なライフ・チャンスの提供を目指すものだった。福祉によって生活を成り立たせる人を減らし、労働者および納税者を増やすという経済的な見返りだけでなく、全ての子どもが社会的な関係の中で等しいスタート・ラインに立てる環境を整え、貧困の世代間連鎖を断ち切るという社会的な見返りにも関心が払われていた。

だがその後、政権交代が生じ、緊縮財政が最重要課題に据えられると、「社会的投資」は、徐々に社会的に最も不利な状況にある子どもへの支援という社会的なニーズをより効率的に満たすことへとその意味が変質した。それまでは「社会的投資」とは、全ての子どもに対し、平等なスタート・ラインを公的に整備することを意味していた。しかし政権交代後は、行政から社会サービスの実施の委託を受けた民間団体が、そのサービスを実施するために必要な費用の提供者、つまりは投資者を募り、投資者は行政と受託団体があらかじめ合意していた政策目標の達成度に応じて投資の見返りとして報酬を得る、「ソーシャル・インパクト・ボンド」を意味するようになった。社会的な公正の実現は依然として目標に掲げられてはいるものの、公的な制度や人びとの支え合いという人間関係を介してではなく、効率性と市場の原理を重視する様相が強まっている。

イギリスの福祉国家をめぐる合意

このように「社会的投資」の意味合いが政権交代によって変化したことを理解するために、イギリスで最初に社会的投資の発想が登場した経緯をその文脈と特徴から確認していこう。

初めに一九九〇年代以降のイギリスの政治状況を簡単に振り返ると、イギリスでは一九九七年に一八年間続いた保守党政権から労働党へと政権交代が起こり、その後二〇一〇年には保守党と自由民主党による戦後初めての連立政権が発足し、二〇一五年から二〇一八年現在まで保守党の単独政権が続いている。

戦後のイギリスは保守党と労働党の二大政党の間で政権交代を繰り返してきたが、労働党が中心となって築いた福祉国家を保守党も基本的には支持し、二つの政党の間には福祉国家に関する一定の合意が成立していた。イギリスの福祉国家において一貫して維持されてきた合意の特徴は、次の二点である(近藤二〇一四)。一つ目は、教育や医療は全ての人びとに無料でサービスを保障し、国民の最低限の生活を国家が保障するナショナル・ミニマムの原則だ。貧困解消に向けて国家が公的な責任をもって取り組み、「ゆりかごから墓場まで」の文字どおり、生涯にわたり、人びとには貧困から解放された生活を送る権利があることを保障した。ただし、日本の生活保護にあたる公的扶助を受給するためには申請者の資力調査が行われ、生活に困窮していることが証明された者に対してのみ現金給付を行う。そのため給付対象を貧困層に限定する、選別主義の性格も強い。

二つ目の特徴は、人びとの生活は原則として各自が就労を通じて経済的な自立を目指すべきだとする就労原則だ。ナショナル・ミニマムは生活に必要な最低限の所得を保障するものであり、それ以上の生活を営みたい場合には、自らが働いて得た賃金によって生活を賄うことを求める。そのため年金や失業手当、公的扶助は、労働意欲を阻害しないために支給額が低く抑えられた。

労働党と保守党の間には福祉国家をめぐる合意が成立していたが、一九七九年に保守党の党首として首相の座に就いたマーガレット・サッチャーは、これを完全に否定し、「小さな政府」をめざす方針を打ち出し、新自由主義に基づき市場の原理を徹底させる社会保障制度改革に取り組んだ。もっとも、サッチャー保守党政権は当初のアピールとは裏腹に財政支出の削減には成功しなかったが、社会保障制度の改革では、福祉の受給条件を厳しくし、給付額の実質的な切り下げを行った。増え続ける失業者への対策としては、社会保障と就労促進政策の結びつきを強くし、サッチャーの後を継いだジョン・メイジャー政権(一九九〇—一九九七年)では、失業給付を受け取る条件として求職活動を義務づけ、従わない場合には給付停止や減額を行い、就労原則の強化を図った。これらに加えて社会的なサービスの供給を部分的に民間の企業や団体に任せる準市場の導入にも踏み切った。

保守党政権が行った一連の社会保障制度改革は、それまでの福祉国家を完全に解体するには至らなかったが、この間に貧富の差は拡大した。所得格差を表す数値であるジニ係数(ゼロに近いほど格差が小さく、一に近くなるほど大きい)は、一九八一年には〇・二六だったのが、一九九〇年には〇・三四まで上昇した(Belfield et al. 2015)。子どもの貧困率は一九八〇年代から九〇年代にかけて、一二%から二六%へと倍増した(Stewart 2009)。特に世帯内で一人も働いている人がいない世帯の子どもの貧困率は、一九七九年の八%から一九九七年には二〇%へと二・五倍も増えた(Gregg and Wadsworth 2001)。

なお、ここでの貧困率とは、相対的貧困率を意味する。イギリス政府は貧困状態に暮らす人びとを把握するために、低所得の基準として可処分所得の中央値の五〇%、六〇%、七〇%の三つの基準を用い、住宅費の支払い前と後の二種類の数値を公表している(DWP 2017)。住宅費支払い前の方が支払い後よりも貧困率が低く現れる傾向があり、政府の公式統計は住宅費支払い前の数値を採用するが、貧困問題に取り組む団体は支払い後の数値を選ぶ傾向が多い。本章での子どもの貧困率は、公式統計として用いられている住宅費支払い前の可処分所得の中央値の六〇％基準を用いる（可処分所得・相対的貧困率の詳しい説明は第7章を参照）。

社会的投資国家へ

一八年にわたる保守党政権から、一九九七年にようやく政権交代を果たしたトニー・ブレア率いる労働党は、「ニュー・レイバー」の旗を掲げることで総選挙に勝利した。一九八〇年代から九〇年代にかけて、四回連続して総選挙に負けていた労働党は、その長期にわたる低迷から抜け出すために大々的な党内改革を行い、「増税と歳出増（tax and spend）」という党のイメージを刷新することに力を注いだ。

財政的な負担を増やさずに、格差や貧困を解消する方法として考え出されたのが、「投資」によって機会の平等を保障し、そうすることで貧困の予防を目指すという考えである。ブレアの前任者にあたり、一九九二年から九四年に急逝するまで労働党の党首を務めたジョン・スミスが組織し、社会正義の観点からこれからの福祉国家のあり方を検討した社会正義委員会の報告書では、「投資者のイギリス（Investors' Britain）」という将来像を提案し、「投資」により経済政策と社会政策を結びつけることを提案した（Commission on Social Justice 1994: 95）。報告書は人的なスキル、専門的な研究、科学技術、子どものケア、地域再生への投資こそが、持続可能な成長という好循環を生み出すための最初で最後のステップだという認識を示した。この報告書の重要な点は、社会正義の名の下で経済的な機会と経済成長の重要性を強調し、社会保障の実現は所得の再分配だけでなく、人びとの人生における様々な機会への投資によってなされるべきだとした点だ。つまり、これからは伝統的に福祉国家が行ってきた失業手当や公的扶助を始めとする現金給付の充実よりも、一人ひとりの自立・自律を通じて貧困を防ぎ、そのために必要な機会やスキルの習得を手助けするための「投資」が必要だと主張したのである。

「投資」や「機会」を軸とする新しい福祉国家像を体系的に示し、「ニュー・レイバー」の核となったのが、所得の再分配が中心の大きな政府路線の旧い労働党(第一の道)とも、新自由主義的なサッチャー路線(第二の道)とも異なる、新しい中道左派の路線となる「第三の道」である。「第三の道」は、均衡財政と安定した経済運営を重視する一方、社会的公正や社会的包摂の理念を掲げ、格差や貧困を是正する必要性も強く意識した。機会の平等を通じた社会的公正の実現を目指す「第三の道」を体系的に論じたのが、一九九〇年代にブレア労働党の政策ブレーンを務めた社会学者のアンソニー・ギデンズである。ギデンズは「第三の道」の基本路線は、「直接的な現金給付による経済的な保障ではなく、あらゆる場面における人的資本への投資であり、福祉国家に代わってこれから必要となるのは、社会的投資国家である」とした(Giddens 1998: 117)。

教育や職業訓練といった人的資本への投資によって就労能力が高まった個人が、労働市場での仕事を通じ、経済的に自立した生活をめざすことを推奨する「第三の道」に対しては、新自由主義と変わらないのではないかという批判もある。たしかに「第三の道」は、就労が貧困を予防する最善の道だとする(Giddens 2002)。しかしギデンズが考える社会的投資国家では、国家の役割は新自由主義のように自由市場を生み出しそれを維持することに限定されるのではなく、社会的投資国家として果たすべき役割が与えられる。社会的投資国家としての役割は、伝統的に福祉国家が行ってきた所得の再分配や社会保障

表1　「第三の道」型の社会的投資国家の特徴

•「増税と歳出増」に代わり，「社会的投資」言説の拡散
•人的資本と社会関係資本への投資：子どもと地域が象徴
•子どもは「未来の市民労働者」，成人の社会権は就労責務の遂行に依拠
•未来志向
•結果の平等の実現と所得再分配よりも，社会的包摂を推進するための機会の再分配を重視
•知識基盤型経済に個人と社会が適応し，グローバルな競争の推進役となる
•社会政策と経済政策の融合，ただし依然として後者の方が力関係は強い
•対象を絞り込み，多くの場合，資力調査つきの支援プログラムの実施

出典：Lister（2004: 160）.

の担い手となることではなく、投資対象である人びとに提供されるサービスの品質を保証することにある（Giddens 2003）。つまり、たとえ民間企業や第三セクターに社会的なサービス事業の運営を委託したとしても、国家はそれらのサービスが国民のニーズに応えているか監査や規制を行いながら、公共的な財の供給水準を保証することが求められる。

二　「第三の道」型の社会的投資

「第三の道」に基づいた社会的投資国家の特徴をまとめたものが表1となる。「第三の道」型の社会的投資国家では、人的資本への投資を通じて経済社会の変化に対応できる人材を育成し、そうすることで貧困の予防をめざす。ただし、財政的な負担が増すこと、すなわち社会保障関連の支出を増やすことなく、そうした課題に対応することを求める。そのため人材育成は「投資」だという点を強調し、人材育成に必要な教育や職業訓練などのサービスの品質を保証することに国家の役割を見出す。「投資」をして育てた人材は、将来、積極的に働き、福祉に依存する可能性が低くなり、結果として社会保障の負担を増加させることなく貧困問題が改善され、成長に結びつく。こうした視点を全面に押し出すことで、政治的な支持を得ようと試みたのである。言い換えると、伝統的な福祉国家が所得の再分配によって現時点での最低限の生活を保障することに重点を置くのに対して、「第三の道」型の社会的投資国家は、「機会の再分配」によって将来的な自立・自律した生活の展望を与えることを重視する。

「投資」と「補償」の関係

第1章で確認したように、社会的投資には最低所得保障などの「補償」も含まれ、それは「投資」的な政策がその効果を発揮するために必要な前提である。「第三の道」型の社会的投資では、「投資」と「補償」はどのような関係にあるのだろうか。

まず「第三の道」の提唱者であるギデンズ自身は、社会的投資国家にとって失業手当や公的扶助は非生産的な支出であり、社会的投資には含まれないとする。なぜならばギデンズが考える社会的投資の目的とは、所得の再分配による結果の平等ではなく、あくまでも一人ひとりが自らの持つ可能性や潜在能力を最大限に伸ばせる機会を全ての人に平等に保障することにあるからだ。そのため全ての人に平等に機会を提供した後、その結果として生じる不平等に関しては、避けがたいものだという認識を示す。

ヨーロッパ諸国の社会保障関連支出の対GDP比の内訳を「投資」型の政策と「補償」型の政策に分けて、各国の傾向を比較分析したリタ・ニコライによると、イギリスは二〇〇〇年代以降、「投資」型の政策を重視する傾向が強い(Nikolai 2012)。ここでの「投資」型の政策とは、子育て支援、教育、積極的労働市場政策を指し、「補償」型とは年金と失業手当を意味する。ニコライの分析によると、イギリスはスウェーデンやフィンランドといった北欧諸国と並んで「投資」型の政策に力を入れているが、

「補償」型の政策との関係に目を向けるとイギリスと北欧は対照的な様子を示す。

北欧諸国が二〇〇〇年代以降も「投資」型の政策と「補償」型の政策に同じ程度の力を注いでいるのに対して、イギリスではその比重が前者にあり、むしろ「補償」型を削減しながら「投資」型の割合を増やしている。つまり北欧の場合は、教育や就労支援によって積極的に人びとを労働市場に参加させるだけでなく、高齢や失業によって労働市場への参加が難しくなり、収入が不安定になった時の補償も依然として国の責任で行っている。他方、イギリスの場合は、国の役割はセーフティネットの整備ではなく、就労に向けた踏み切り板《スプリング・ボード》としてその役割が変化している。「投資」型と「補償」型の政策の関係をまとめると、伝統的に社会民主主義勢力が福祉国家の発展に大きな影響を与えてきた北欧諸国では両者は補完的な関係にあり、「第三の道」を進むイギリスでは代替的な関係にある。

「第三の道」型の社会的投資国家が「投資」と「補償」を代替的な関係で捉える理由として、そこで想定されるリスク観を指摘するのは、イギリスの政治学者のコリン・クラウチだ。クラウチは社会的な困難を抱えた人びとへの社会サービスや教育訓練を中心とした社会的投資を「社会的投資マークⅠ」、労働者の権利の擁護と雇用の質の確保にも目配りしたものを「社会的投資マークⅡ」と呼ぶ(Crouch 2015)。

クラウチは「社会的投資マークⅠ」に位置づけられる「第三の道」型の社会的投資国家は、ポスト工業化社会で人びとが遭遇するリスクが、工業化社会のものとは根本的に異なるという前提で展開してきたと述べる。つまり男性稼ぎ主の安定した雇用を前提とする工業化社会でのリスクは失業や老齢などによる所得の喪失であり、それは今までの福祉国家が十分に対応している。したがって、これからは教育や子育て支援によって「新しい社会的リスク」への対応に特化すれば、人びとは再び安定した生活を送れると考えた。しかし、クラウチはこうしたリスク観は楽観的過ぎ、グローバルな経済競争が広がるなかでの雇用の不安定化や経済の先行きの不透明さを過小評価してきたとする。すなわちポスト工業化社会においても生産性の低い、高度な技術を必要としない仕事は一定数存在し、大規模な経済危機が生じる可能性も大きく、教育と技術革新は必ずしもお互いに対応しながら進歩するわけではない。

こうした状況では今まで以上に人びとへの直接的な支援が重要性を増す。その際には、現金給付による補償だけでなく、一人ひとりの事情に寄り添いながら、全ての人を社会生活につなげていく支援が重要となる。労働市場の流動化や不安定化への対応、失業を始めとする古い社会的リスクへの「補償」、新しい社会的リスクへの「投資」を組み合わせた支援を考える必要性が出てくる。したがって、クラウチは「社会的投資マークⅡ」には「古い社会的リスク」と「新しい社会的リスク」の両方に対応する政策が含まれ、それは労働者の権利を擁護する性質が強くなるだろうと述べる。

クラウチの議論は、EUが考える新しいヨーロッパ社会モデルのあり方を描いたイエスタ・エスピン＝アンデルセンの議論とも共通する。ギデンズが受動的な所得保障は非生産的であり社会的投資に当てはまらないと主張するのに対し、エスピン＝アンデルセンは社会的投資が本当の意味でその効果を発揮するためには、失業手当を始めとする従来型の所得保障が不可欠だと主張する。日々の生活に行き詰まるかもしれないという心配をすることなく、人びとが安心して生活することができる状況が整って初めて職業教育や技能訓練、就労支援といった「投資」型の政策は成果をあげられる(Esping-Andersen 2002)。

「補償」型の政策の重要性を主張するエスピン＝アンデルセンの議論は、社会的投資に基づいた新しいヨーロッパ社会における社会権の捉え方とも関係する。ケインズ型福祉国家は、社会権を基礎として、リスクの社会化を通じたリスク・ヘッジを行ってきた。エスピン＝アンデルセンは社会的投資の発想に基づいた新しいヨーロッパ社会においても、国家による社会権の保障は不可欠だと考える。そしてこうした社会権の保障は、「投資」型と「補償」型の政策が補完的な関係になることで初めて成立するという認識を示す。すなわち、社会的投資国家になったからといって、ケインズ型福祉国家の役割であった市民の権利保障という任務の放棄を意味するわけではない点を強調する。

それでは「第三の道」型の社会的投資国家では、社会権はどのように位置づけられるのだろうか。これはイギリスが社会的投資を実施するにあたって、子どもの貧困対策に重点を置いたことと深く関わるので、以下で詳しくみていこう。

なぜ子どもに関連する政策の優先順位が高いのか

社会的投資戦略ではその傾向として、子どもに関連する政策の優先順位が高い。福祉を「投資」と捉え、人びとが自分の潜在能力を高め、社会に参加できるよう教育や訓練を通じて知識や技能を身につけ、そうすることで安定した暮らしと経済成長という見返りを得ることをめざす。そのため、全ての人に新しい経済社会に見合った知識や技能を身につけさせることが重要な政策課題となる。知識や技能は一般的に年を取ってからよりも、幼い頃からの教育やケアを通じての方が身につきやすいため、就学前教育や良質な保育といった子どもに関連する政策の優先度が高くなるのだ。

就学前教育や良質なケアは生後間もない頃から行った方が、子どもの認知能力と非認知能力の発達につながるという知見は、ノーベル経済学賞を受賞した労働経済学者のジェイムズ・ヘックマンの研究が示す（Heckman 2000）。ヘックマンは一歳から三歳という幼児期の早期教育と良質なケアが、子どもの認知能力と非認知能力を伸ばす上で非常に重要だとする。認知能力とは、理解力や判断力、論理的に物事を考える力を指す。ヘックマンによると、一歳から三歳の幼児期の教育は、この時期に何を学んだかという学びの内容が重要なのではなく、子どもが「物事を学ぶ」という学びの姿勢や物事を学び取る力を身につけるという意味で重要になる。幼児期に学びの姿勢や物事を学び取る力を身につけることができていれば、その後の人生においてそうした力を応用し、新しい知識や技能を自ら身につけていくことが可能となる。

認知能力と共にもう一つ重要となるのが、非認知能力である。非認知能力とは他者とコミュニケーションを取ること、社会的な関係を築くこと、社会的なルールを学ぶことといった、対人関係のスキルを意味する。こうした非認知能力も幼児期から培っていくことが重要だ。そのためできるだけ早い時期から全ての子どもが認知能力、非認知能力を身につけるに適した環境や教育の体制を整えていくことが求められる。

子どもの教育にどの程度の力を注げるかは、その子どもが生まれ育つ家庭環境に大きく左右される。裕福な家庭や知的関心が高い家庭では、自分の子どもに対して熱心な教育投資を行える。その一方で生活が苦しい家庭では、子どもの教育に投資できる金銭的な余裕だけでなく、時間的、精神的な余裕もない場合が多い。その結果、二―三歳という本来であれば非認知能力が最も身につくはずの時期に家族から十分に構ってもらうことができず、対人関係のスキルを習得する機会を逃してしまう。生まれ育った家庭環境の差は、子どもの能力の発展に影響し、それは大人になってからの生活の質的な差につながる。特に非認知能力に関しては、義務教育が始まる五―六歳になってからでは十分に身につけるのが難しいとされるため、二―三歳の段階でこうした能力を身につける機会を逃すことは、貧困や格差の世代間の再生産を助長する。

「第三の道」型の社会的投資国家にとり、幼児期に認知能力と非認知能力を育めないことは、成人してからの低学歴や低技能につながり、失業と貧困に陥るリスクが高まり、自らが生活に困るだけでなく、労働者や納税者として十分に能力を発揮できないことにもつながる。こうした人びとは国家にとっては、成長という経済的な見返りも、貧困の解消という社会的な見返りももたらさないばかりか、福祉の受給者を増やし、成長の足枷《あしかせ》になる。そのため、長期におよぶ経済的ならびに社会的な損失を防ぐために、「第三の道」型の社会的投資国家は子どもに関連する政策に重点的に取り組むのだ。つまり「第三の道」型の社会的投資国家にとって、「子ども」は「未来の労働者」であり、「投資対象」として戦略的に重要なポジションを占めるため、優先度が高くなる。

「第三の道」型の社会的投資国家が子どもに関する政策を重視する裏には、成人の社会権とは就労という義務を果たすことで自ら得るものだという認識がある。そこには今までのようにニーズに応じた福祉の受給ではなく、成人市民はジェンダーにかかわらず、国家に依存することなく、経済的に自立して生活を営むべきだという個人観がうかがえる。イギリスの「第三の道」を批判的に考察してきた社会政策研究者のルース・リスターは「第三の道」型の社会的投資国家では、「子ども」とは「民主主義的な市民ではなく、未来の市民労働者として社会的投資国家の資産として重要」なのだと指摘する(Lister 2004: 171)。「子ども市民(child citizen)」として、その存在をあるがままに承認され、保障されていないという批判もある(Churchill 2016)。

これは全ての市民を平等な権利主体として位置づけ、権利保障を行うケインズ型福祉国家とは大きく異なる。こうした観点が、欧州委員会からの否定的な評価にもつながっている。つまり、「投資」と「補償」を代替的に捉え、子どもを経済成長を生み出す資産とみなす点が、ケインズ型福祉国家とも、EUが推奨する社会的投資国家とも異なる「第三の道」型の社会的投資国家の特徴なのだ。

三　子どもの貧困解消に向けた取り組み

ここまでイギリスで社会的投資が登場した経緯と、その特徴を確認してきた。機会の平等はイギリスの社会的投資の核であるが、子どもの人生における機会の平等を実現するための「投資」とそこから得られる「見返り」とは何なのか。経済的な見返りと社会的な見返りの関係に注意しながらみていこう。

労働党政権——機会の平等と社会的相続の解消

一九九七年に政権交代を果たした労働党は、一九九九年に「二〇二〇年までに子どもの貧困を撲滅する」と宣言した。二〇〇二年には当時のゴードン・ブラウン財務大臣が「子どもは我々の未来であり、我々が国家として行える最も重要な投資はこの国の全ての子どもの潜在能力を向上させること」であり、

「そのことがより公正な英国につながる」と述べた(Brown 2002)。歴代のイギリス政権では初めて子どもの貧困を政策課題として正面から取り上げた労働党政権下で、子どもの貧困率は一九九七年から二〇一〇年までの間に二六％から一八％へと減少し、特にひとり親世帯の子どもの貧困率は四六％から二二％へと半減した(Stewart 2009)。

労働党政権は就労が貧困を予防する最善の道だとし、「福祉から就労へ」をスローガンとする雇用福祉改革を行い、人びとの労働市場への参入に向けた支援と働くことの見返りを強化した。失業者への職業訓練や義務教育から成人の生涯教育にいたるまでの教育全般を通じた資格の取得や技能向上だけでなく、個人のニーズに合わせた支援プログラムを整備し、就労が無業や福祉受給よりも魅力的になるよう、就労することの経済的なインセンティブを高めた。

子どもの貧困に関しては、ひとり親の就労支援、子どもがいる世帯への経済的な支援、社会的な相続の解消の三点に重点を置いた。特に幼児期から継続的かつ多角的に予防的な介入を行い、社会的相続と呼ばれる、生まれた家庭環境が将来的な機会の格差につながることの解消を図った(今井二〇一二)。具体的には、個人アドバイザーによる支援体制の整備、保育所と幼児教育の拡充、給付付き税額控除の導入と児童手当の増額、児童信託基金の導入を行った。

まず就労支援サービスの面では、ひとり親世帯、特にシングル・マザーが働けるよう、一人ひとりの事情に寄り添った職業紹介や相談にのる個人アドバイザーによる支援体制を整えた。

またシングル・マザーが働けない要因に保育サービスの不足があったため、保育施設の整備を進めた。就学前教育と保育サービス向け支出の対GDP比は、一九九七年から二〇〇七年の間で〇・二一％から〇・四七％と倍増し、保育サービスを提供する施設数も、民間のものを含め一九九七年の六〇万から二〇〇六年には一二〇万を超えるまでに増えた（Butt et al. 2007）。全ての三―四歳児に対する幼児教育を行う無償の保育施設（ナーサリー）も整備され、これを利用していない三―四歳児は、一九九九年には二三％だったが、二〇〇七年には六％になり、ほぼ全ての幼児が何らかの保育サービスを利用できるようにした（Stewart 2009）。さらに低所得層が多い地域への総合的な子育て支援サービスとしてシュア・スタートを始めた。シュア・スタートでは就学前教育や保育だけでなく、身体的・精神的発育や親への支援も盛り込み、各地域が抱える課題に即した、未就学児とその親への包括的な支援サービスの提供を行った。

次に、働くことが福祉受給よりも好ましくなるよう、給付付きの税額控除を導入した。給付付き税額控除とは、勤労所得がある世帯に対して、就労を条件に控除（減税）を行い、所得が低い世帯には現金給付を行う仕組みだ。働けばその分だけ手取りが増えるので、低所得者の就労意欲を高めることを狙う。労働党政権は一九九九年に資力調査付きの保育税額控除と就労家族税額控除の二種類の給付付き税額控除を導入し、二〇〇三年には児童税額控除と就労税額控除に改編することで、子どもがいる低所得世帯の就労インセンティブを高めた。児童税額控除は就労の有無にかかわらず、子どもがいる世帯に支給され、これは児童手当に上乗せして受給できた。就労税額控除は子どもの有無にかかわらず、週一六時間以上就労している全ての低所得就労世帯に支給され、子どもがいて保育サービスを利用している世帯には、上限付きで保育サービス利用料の八〇％を支給した。

「第三の道」型の社会的投資は現金給付による所得保障には消極的とされるが、労働党政権は「ひそやかな再分配」という形で、実は実質的な現金給付を行っている(Lister 2004)。まず子育て費用を軽減するために、児童手当と公的扶助の子ども扶養分の支給額を増額した。給付付き税額控除との関係では、子どもがいる低所得世帯は児童手当を受給しながら、児童税額控除と就労税額控除の両方の適用を受け、子どもがいる低所得世帯の所得保障を手厚くした。イギリスの家族関連社会支出の対GDP比の内訳の特徴としても、現金給付のうち、家族手当と出産育児休業給付以外の給付の占める割合が大きい。労働党政権下では一一〇万人の子どもが貧困状態から抜け出している(DWP 2011)。

労働党政権は子育て世帯の就労を促すことで貧困の予防を目指すだけでなく、生まれた家庭環境から生じる格差の解消にも前向きだった様子は、児童信託基金の採用に現れる。二〇〇五年から始まった同基金は、生まれた家庭環境の差が高等教育への進学を始め、その後の人生における機会の喪失につながらないよう、出生段階からの是正を試みた。子どもの誕生および七歳到達時の二回にわたり、国から全ての子どもに一人あたり二五〇ポンド(貧困家庭には五〇〇ポンド)が新設口座に振り込まれ、親や親戚、友人は、子どもが一八歳になるまで口座に年間一二〇〇ポンドを上限に全て非課税で振り込むことができる。子どもは一八歳に到達するまで口座から貯金を引き出せず、その後の用途に制限はないが、大学等の高等教育への進学費用としての使用を想定した。国の主導の下、全ての人に一定の資産保有を可能にし、ライフ・チャンスの拡大を試みた点は、同基金が社会的相続の解消に向けた施策だったことを示す。

保守党・自由民主党の連立政権――「安上がり」な早期介入

労働党政権末期の二〇一〇年三月には、「子どもの貧困法」が全政党の賛成で成立した。これを受け、二〇一〇年五月の総選挙で発足したデイヴィッド・キャメロン保守党党首を首相とする保守党・自由民主党連立政権も、子どもの貧困対策に引き続き取り組む姿勢を示した。二〇一一年四月に連立政権が発表した「子どもの貧困戦略」では、子どものライフ・チャンスの向上、就労を通じた貧困の脱出、貧困家庭とそこに育つ子どもの生活改善を掲げ、ここでも子どもの貧困撲滅がより公正な社会の実現につながることが述べられた(DWP 2011)。

だが、連立政権の最重要課題は、財政赤字の削減にあり、支出削減による影響を最も強く受けたのが福祉関連の支出だった。労働党政権の給付付き税額控除や児童手当の増額も批判の対象となった。こうしたなかで、連立政権は子どもに関連する政策、特に社会的に最も不利な状況にある世帯に生まれ育つ子どもへの早期介入には関心を示した。ただし、これは労働党政権のように、生まれた家庭環境から生じる将来的な格差を解消するためではなく、幼児期からの早期介入が貧困の世代間連鎖を防ぐ最も「安上がり」な方法だと考えたからだ(Allen and Duncan-Smith 2008)。

超緊縮財政を打ち出した連立政権は、まず公的給付と税控除を一元化し、実質的な給付減額と受給資格の厳格化を行った。児童手当は一元化されなかったものの、二〇一一年から向こう三年間の増額が凍結され、二〇一三年七月からは高所得者の児童手当への課税を開始し、高所得者への児童手当の支給を実質的に停止した。二〇一三年一〇月には従来の低所得者向け給付を全て統合し、基礎手当と子どもや障がいの有無による付加手当との合計額を支給するユニバーサル・クレジットに一元化した。統合された給付には児童税額控除と就労税額控除が含まれたため、従来のように両者を同時に受給することは不可能となった。

ユニバーサル・クレジットは、受給の条件として、就労に向けた活動を定めた。一歳以上、五歳未満の子どもを持つひとり親がユニバーサル・クレジットを受給する要件として、就労に向けた面談を義務化し、違反した場合には減額という制裁を盛り込んだ。連立政権はユニバーサル・クレジット導入後、受給者の就労意欲を向上させるために所得の増加に伴う給付の減額率を引き下げたが、子どもがいる低所得層への経済的な支援は総合的にみると縮小している。

連立政権は子どもの貧困法の影響もあり、子どもの貧困対策に取り組んだが、それは全ての子どもを対象とする支援サービスを提供した上で、低所得や生活に困難を抱える世帯への支援を積み上げるのではなく、初めから支援対象を絞り込む形で行われた。二〇一一年に始まった困難家庭プログラムは、長期にわたり福祉受給している世帯や子どもの出席状況がよくない世帯への支援サービスのための補助金として困難家庭を多数抱える地方政府に四五〇万ポンドを支給した。支援サービスは地方政府からの委託を受けた民間団体やNPOが「成果連動型の支払い契約」により実施した。同じ年には、早期介入基金を設立し、子どもセンターや子育て支援、困難家庭への介入支援サービスのために同基金を地方政府が使えるようにした。その結果、サービス供給面での地方政府の裁量は広がったが、予算規模はそれまでの補助金と比べると一一%縮小した(FPI 2012)。

現金給付や社会的相続の解消に連立政権が消極的な姿勢は、児童信託基金の取り扱いに現れる。連立政権は児童信託基金を廃止し、代わりに二〇一一年から子ども個人貯蓄口座を導入した。子ども個人貯蓄口座では、預金口座と株式口座をそれぞれ一口ずつ開設し、子どもが一八歳になるまでの間、親や友人が年間三〇〇〇ポンドを上限に非課税で振り込むことができる。児童信託基金との最大の違いは、国からの給付金がない点にある。また困窮地域向けの育児支援サービスとして始まったシュア・スタートは二〇〇三年から全国展開していたが、連立政権は同事業への補助金を削減した。労働党政権が公的支出を伴う形で子どもの将来的な機会の格差是正に取り組んだのに対し、連立政権は社会的相続の解消において積極的な役割を担っていない。子どもの貧困率は、二〇一〇年の一八%から二〇一五年には二〇%へ上昇し、相対的貧困状態で暮らす子どもの人数は前年に比べて一〇万人増えた。

変容する「社会的投資」

二〇〇〇年代に入ってから、イギリスの政権はいずれも子どもの貧困の撲滅が公正な社会の実現には不可欠だとの姿勢を示してきた。就労が貧困を予防する最善の方法だとし、幼児期の早い段階からの支援サービスを重視する様子は、全ての政権に共通する。しかし、支援サービスの責任をどこまで国が負うのか、社会的な見返りをどのように確保するのかは労働党政権とそれ以降の政権では対照的だ。労働党政権が実質的な現金給付を伴いながら、子どもの成長過程における健康や幸福に注意を払いつつ、ライフ・チャンスの拡大につながる社会的投資を実践したのに対し、それ以降の政権では支援対象を絞り込み、将来的な福祉依存者を最小のコストで減らすことを重視している(濵田二〇一四)。

社会的な見返りへの視点が弱まっている様子は、労働党政権とそれ以降の政権において、「社会的投資」の意味が変容している点にも現れる。社会的なサービスを民間に委託し、市場競争によって成果を高める方法は、サッチャー保守党政権の準市場化に始まり、それ以降の歴代政権も、そうした手法を引き継いできた。だが、二〇一〇年の連立政権以降は、より経済効率性を求める様子が強まっている。

子どもの貧困対策において経済効率性と対策そのものを市場化していく様子を最もよく表すのが、「ソーシャル・インパクト・ボンド」の導入だ。ソーシャル・インパクト・ボンドとは、行政とNPO等の「成果連動型の支払い契約」と民間からの資金調達を組み合わせた仕組みである。社会サービスを提供するNPO等がサービスの提供にあたって必要な費用を民間の資金提供者から募り、行政とサービス提供者があらかじめ合意する成果目標を達成できた場合に、行政が資金提供者に成果に応じた報酬を支払う。今までであれば、NPO等が行政と業務委託契約を結んだ場合には、成果にかかわらず、サービスを実施したことに対して決められた金額が支払われてきた。だが、「成果連動型の支払い契約」では、サービスの成果に応じた支払いとなるため、サービスの実施から支払いまでに時間がかかる。サービス実施者であるNPO等にとっては、「成果連動型の支払い契約」では事業を実施する段階で十分な資金を確保することが難しくなるため、民間から資金提供者を募り、運営資金を補充するのである。

ソーシャル・インパクト・ボンドは、二〇一〇年のブラウン労働党政権の末期から始まったが、これを本格的に制度化したのは、同年に発足した保守党・自由民主党の連立政権だった。連立政権が掲げる「大きな社会」構想の一環として、同政権はビッグ・ソサエティ・キャピタル(Big Society Capital, BSC)と呼ばれるソーシャル・インパクト・ボンドを専門的に扱う投資銀行を設立した。BSCは、社会的投資の市場を構築することを目的とし、助成金ではなく、投融資の形で仲介組織を経由してチャリティ団体や社会的企業を援助する。

社会的な課題の解決と財政支出の抑制という二つの目標を同時に達成できることがソーシャル・イン

パクト・ボンドの利点とされるが、国には実施主体としても、監督者としても責任がない（McHugh et al. 2013）。労働党の「第三の道」型の社会的投資国家では、社会サービスの質を保証することは国家の責任だったが、連立政権の「大きな社会」ではそうした役割は与えられておらず、国家の責任は後退している。「成果連動型の支払い契約」では、成果が上がりやすい分野にサービスが集中し、最も困難を抱え、支援を必要とする人びとへの支援が後回しにされるリスクも高まる。ソーシャル・インパクト・ボンドによる社会的投資では、効率性や成果を重視するあまり、全ての人が貧困から解放され、安心して生活できる社会を目指すという視点が弱い。

おわりに

イギリスの特徴は、どの政党が政権に就くかによって、社会的投資の意味と実践が大きく変化してきたことだろう。労働党政権では実質的に現金給付を強化したこともあり、子どもの貧困の解消を相当程度達成している。他方、連立政権以降は緊縮財政の名の下で、支援対象の絞り込みとサービスの効率性が重視されるようになっている。本章の冒頭で紹介したように、欧州委員会がイギリスの社会的投資を低く評価するのも、連立政権以降、社会的見返りが軽視される傾向が強まっているからだ。

イギリスの「第三の道」は社会的投資戦略としては、「投資」と「補償」を代替的関係として捉える点が特殊であり、当初より問題を抱えていた。全ての人に自立・自律した生活を営める将来的な展望を与えることと、現時点での生活の保障を代替的な関係とし、子どもを「未来の労働者」として位置づけている限りは、貧困問題の解決には限界があることを示すようにも思える。近年は働き手がいる世帯の子どもの貧困の割合が増えている。しかし、それでも日本と比べると子どもの貧困解消に向けて熱心に取り組んでおり、成果も上がっている。参考までに可処分所得の中央値の五〇％基準でイギリスと日本の子どもの貧困率を比較すると、二〇一三年時点でイギリスは九・三％、日本は一五・八％である（UNICEF Office of Research 2016）。

他方で、労働党の「第三の道」や連立政権の「大きな社会」においては、コミュニティの重要性へも言及があり、〈個人〉の人的資本の強化だけがめざされたわけではなかったことも注目してよいだろう。就学前教育や幼児期の良質なケアは、親が働くことを支える手助けとしてや、「未来の労働者」を育てるためだけでなく、包摂的で結束力のある社会をつくる要と位置づけることが重要だ（ベネット二〇一七）。〈個人〉の人的資本に投資することで貧困を予防すること、それが地域における〈つながり〉を強めることに結びつくと考える点が、イギリスの社会的投資戦略の一翼を占めていたことは、本書の「社会への投資」の視点が普遍的なものであることを示唆するのではないだろうか。

参考文献

今井貴子（二〇一三）「金融危機後のイギリス政治」『年報政治学』二〇一三（Ⅱ）、一三五―一六一頁
近藤康史（二〇一四）「イギリス――政権交代と福祉国家」西村周三・京極高宣・金子能宏編『社会保障の国際比較研究』ミネルヴァ書房
濱田江里子（二〇一四）「社会的投資による社会の底上げ――イギリスの子どもの貧困対策」『生活経済政策』二一四号、一八―二二頁

ベネット、フラン（二〇一七）「イギリスにおける近年の子どもの貧困対策から学べること――対策にみる成果と課題」屋代通子・松本伊智朗訳、松本伊智朗編『「子どもの貧困」を問いなおす――家族・ジェンダーの視点から』法律文化社

Allen, Graham and Ian Duncan-Smith (2008) *Early Intervention: Good Parents, Great Kids, Better Citizens*, Center for Social Justice.

Belfield, Chris, Jonathan Cribb, Andrew Hood, and Robert Joyce (2015) *Living Standards, Poverty and Inequality in the UK: 2015*, The Institute for Fiscal Studies.

Brown, Gordon (2002) *Budget Statement*, Hansard (HC).

Butt, Sarah, Kate Goddard, and Ivana La Valle (2007) *Childcare Nation?: Progress on the Childcare Strategy and Priorities for the Future*, Daycare Trust.

Churchill, Harriet (2016) "One Step Forward, Two Steps Back: Children, Young People and the Conservative-Liberal Democrat Coalition," in Hugh Bochel and Martin Powell eds., *The Coalition Government and Social Policy: Restructuring the Welfare State*, Policy Press.

Commission on Social Justice (1994) *Social Justice: Strategies for National Renewal*, Vintage.

Crouch, Colin (2015) "Social Investment Policies: a New Wave." http://www.policy-network.net/

DWP (Department for Work and Pensions) (2011) *Strengthening Families, Promoting Parental Responsibility: The Future of Child Maintenance*.

DWP (Department for Work and Pensions) (2017) *Household Below Average Income: Am Analysis of the UK Income Distribution: 1994/95–2015/16*.

Esping-Andersen, Gøsta (2002) "Towards the Good Society, Once Again?" in Gøsta Esping-Andersen, Duncan Gallie, Anton Hemerijck, and John Myles eds., *Why We Need a New Welfare State*, Oxford University Press.

FPI (Family and Parenting Institute) (2012) *Families on the frontline? Local Spending on Children's Services*

in Austerity.
Giddens, Anthony (1998) *The Third Way: The Renewal of Social Democracy*, Polity Press.
Giddens, Anthony (2002) *Where Now for New Labour?* Polity Press.
Giddens, Anthony (2003) "Introduction: The Progressive Agenda," in Matthew Browne, Paul Thompson, and Francesca Sainsbury eds., *Progressive Futures: New Ideas for the Centre-Left*, Policy Network.
Gregg, P. and J. Wadsworth (2001) "Everything You Ever Wanted to Know about Measuring Worklessness and Polarization at the Household Level But Were Afraid to Ask," *Oxford Bulletin of Economics and Statistics*, 63, 777–806.
Heckman, James J. (2000) "Policies to Foster Human Capital," *Research in Economics*, 54 (1), 3–56.
Lister, Ruth (2004) "The Third Way's Social Investment State," in Jane Lewis and Rebecca Surender eds., *Welfare State Change: Towards a Third Way?* Oxford University Press.
McHugh, Neil, Stephen Sinclair, Michael Roy, Leslie Huckfield, and Cam Donaldson (2013) "Social Impact Bonds: a Wolf in Sheep's Clothing?," *Journal of Poverty and Social Justice*, 21, 247–257.
Nikolai, Rita (2012) "Towards Social Investment? Patterns of Public Policy in the OECD World," in Nathalie Morel, Bruno Palier, and Joakim Palme eds., *Towards a Social Investment Welfare State? Ideas, Policies, and Challenges*, Policy Press.
Stewart, Kitty (2009) "'A Scar on the soul of Britain': Child Poverty and Disadvantage under New Labour," in John Hills, Tom Sefton, and Kitty Stewart eds., *Towards a More Equal Society? Poverty, Inequality and Policy since 1997*, Policy Press.
UNICEF Office of Research (2016) "Fairness for Children: A league table of inequality in child well-being in rich countries," *Innocenti Report Card 13*, UNICEF Office of Research.

5 社会的投資戦略に求められるもの

――韓国の経験と教訓

金 成 垣

はじめに

韓国では二〇〇〇年代前半以降、格差問題や少子高齢化問題が深刻化するなか、それに対応するために、職業訓練や就労支援および介護や子育て支援などサービス給付を中心とした制度拡大を主な課題とする社会的投資戦略が打ち出された。二〇〇〇年代後半には、与野党間の政権交代があったものの、その政策基調は大きく変わらず、その後も一〇年以上つづいてきた。

しかしながら近年、若者の就職難や低賃金労働者の増加また自営業の劣悪な事業環境など、人びとの経済的な生活基盤がますます不安定化するなか、サービス給付を中心とした社会的投資戦略がそれに適切に対応できないことが認識され、その反動として、現金給付を中心とした所得保障分野での制度拡大が強く求められるようになっている。このような韓国の経験は、社会的投資戦略の失敗というより、そもそも社会的投資戦略には最低限の所得保障が不可欠であることを物語っているものといえる。

一　社会的投資戦略の登場と展開

金大中政権（一九九八—二〇〇二年）と盧武鉉政権（二〇〇三—〇七年）——社会投資戦略が登場するまで

一九九〇年代後半にアジアを強打したアジア金融危機は韓国でも例外ではなかった。「ＩＭＦ危機」と呼ばれたその危機によって、韓国では類例のない大量の失業・貧困問題が発生し社会経済全体が大混乱に陥った。この危機に対して、それまでの保守政権（盧泰愚《ノテウ》政権（一九八八—九二年）、金泳三《キムヨンサム》政権（一九九三—九七年））の責任が強く問われ、危機の真っ只中の一九九七年末に行われた大統領選挙で、野党の金大中《キムデジュン》候補が当選し進歩政権が成立した。

金大中政権（一九九八—二〇〇二年）は、社会経済の大混乱から抜け出すために大量の失業者や貧困者を救うことを最優先政策課題にあげていた。一般に、失業者や貧困者に対して安定的な雇用の機会を提供し所得を保障する雇用保障政策と、直接給付を行い当面の失業者や貧困者の最低生活を保障する社会保障政策を行うことによって、資本主義社会に必然的に随伴する失業・貧困問題の解決をめざす国家体制を福祉国家と呼ぶ。韓国がそのような体制の整備に乗り出したのが、まさに金大中政権の時であった。雇用保障に関しては「総合失業対策」（一九九八—二〇〇二年）、社会保障に関しては「社会保障長期発展計画」（一九九八—二〇〇二年）をはじめ、各種制度・政策を迅速かつ体系的に整備し、危機対応に取り組んでいったのである。当時、このような韓国の状況に対して「福祉国家の成立」あるいは「福祉国家化」がいわれたのは周知の通りである（武川・金淵明二〇〇五；金成垣二〇〇八；金成垣二〇一〇）。

金大中政権の適切な危機対応もあって、二〇〇〇年代初頭になると、社会経済の全体的な状況が回復の傾向に転じ、「IMF早期卒業」がいわれるようになった。このような状況を背景に、二〇〇二年末の大統領選挙で与党の盧武鉉候補が当選し、進歩政権が維持されることとなった。

盧武鉉《ノムヒョン》政権(二〇〇三―〇七年)においては、金大中政権の政策的方向性が引き継がれ、とくに同政権で始まった福祉国家化がさらに積極的に進められると予想された。ただし現実においては、両政権は具体的な政策課題をめぐって異なる状況におかれていた。

すなわち、金大中政権において、IMF危機をきっかけに発生した失業・貧困問題への対応が主な政策課題であったとすれば、盧武鉉政権では、その失業・貧困問題への持続的な対応が求められながらも、同時にそれとはやや異なる性質の問題が出現していた。すなわち、格差問題とその背後にあるワーキング・プアや非正規雇用の増加のような雇用情勢の悪化、また少子高齢化問題とその背後にある家族構造の変化やその機能の弱体化といった問題である。この類の問題は、一般的に「新しい社会的リスク」とされ、「古い社会的リスク」としての失業・貧困問題とは区別されるものであり、それぞれのリスクに対する政策的対応も異なってくるはずである(Esping-Andersen 1999; Pierson 2001; Taylor-Gooby 2004)。金大中政権が、古い社会的リスクに対応するために、主に現金給付を中心とした所得保障分野の制度・政策を整備し福祉国家化に乗り出したとすれば、盧武鉉政権においては、その分野の制度・政策だけでは対応しきれない新しい社会的リスクが顕在化し、そこで、金大中政権とは異なる政策パラダイムが求められるようになったといえる。

実際、盧武鉉政権においては、金大中政権で始まった福祉国家化という大きな方向性は維持しながらも、新しい社会的リスクの出現を強く認識し、政権初期からその新しい社会的リスクに対応するための新しい政策ビジョンを模索していた。

最初は、「福祉と経済の好循環」、「成長と分配の均衡」、「経済と福祉の同伴成長」といった考え方を打ち出し、関連研究者や実務家を集めて政策研究を進めていた（保健福祉部・賢都社会福祉大学二〇〇三；国民経済諮問会議二〇〇六）。その過程のなかで、一九九〇年代後半以降、ヨーロッパの学界で注目されていた「社会的投資国家」論あるいは「社会的投資戦略」論が紹介され、それについての研究が活発に行われるようになった。政権後半には、その社会的投資戦略を基本理念に据えた『先進福祉韓国のビジョンと戦略』（大統領諮問政策企画委員会二〇〇六）や『共に行く希望韓国VISION2030』（政府・民間合同作業団二〇〇六）といった公式的な政策報告書が出され、社会的投資戦略が、盧武鉉政権の核心的な政策理念として位置づけられるようになった。

その社会的投資戦略においては、従来の現金給付中心の所得保障制度が昨今の新しい社会的リスクに適切に対応できないことが指摘され、たとえば、就労支援また教育・職業訓練を中心とした人的資本投資政策、そして、ワーク・ライフ・バランスの推進やそのための介護や子育て支援を中心とした家族政策など、サービス給付の重要性と必要性が強調された。実際の政府の動きとしては、二〇〇六年に、「社会サービス向上企画団」という行政各部署共同タスクフォース・チームを構成し、そこでの議論をへて、翌年初頭には「地域社会のニーズにもとづいたサービスの拡充、利用者中心の市場形成、透明で効率的な市場管理」というサービス給付の拡大のための戦略が打ち出された。そのなかで、サービス給付が、かつての一方的かつパターナリスティックな現金給付中心の所得保障制度と異なり、経済的・社会的な「見返り」があること、つまり「未来への投資」であること、そしてそれによって、経済成長と社会的公正が同時に実現可能な政策目標として設定できると期待された。

このような政策内容や理念は、ヨーロッパの社会的投資戦略論に一般的にみられたものであり、その詳細は本書所収の他の論文でも取り上げているので、繰り返し説明することは避けたい。ここで指摘したいのは、盧武鉉政権において、それ以前にはなかった新しい社会的リスクが顕在化し、それに対して、現金給付を中心とした従来の所得保障分野ではなく、職業訓練や就労支援、介護や子育て支援などサービス給付の分野での制度整備を重視する社会的投資戦略が注目されることになったことである。

ただし、社会的投資戦略は、政権後半になって打ち出されたこともあり、盧武鉉政権においてはその戦略による制度・政策が積極的に展開されることはなかった。

李明博政権(二〇〇八―一二年)と朴槿恵政権(二〇一三―一七年)――変わらぬ政策的状況と社会的投資戦略の持続

盧武鉉政権の後、与野党間の政権交代が行われ、一〇年間の進歩政権の時代が終わった。韓国の政治において、政権交代が行われると、新しい政権は自らの正統性を確保するために、前政権に対する政治的批判だけでなく、そこで展開された諸政策を全面的に否定することが多い。盧武鉉政権の後、李明博《イミョンバク》政権(二〇〇八―一二年)と朴槿恵《パククネ》政権(二〇一三―一七年)の保守政権がつづくなか、盧武鉉政権で登場し積極的に議論されていた社会的投資戦略は、一気にその姿を消していった。

しかしながら、保守政権における実際の政策展開において、社会的投資戦略の考え方が完全に消えたわけではない。むしろ、格差問題や少子高齢化問題がさらに深刻するなか、その新しい社会的リスクに対応するために社会的投資戦略的な政策を進めざるをえなかった。李明博政権と朴槿恵政権の政策理念やその中身をみると、それがわかる。

李明博政権に関していえば、政権登場当初は、大統領自身が企業家出身で、経済成長を何より重要な政策課題として強調していたことから、「経済重視」戦略の政策展開によって、金大中政権における福祉国家化と盧武鉉政権における社会的投資戦略による、いわゆる「福祉重視」戦略が中断されるはずであるという評価が支配的であった(チュ・ウンソン二〇〇八；キム・ヨンミョン二〇〇九a；チョ・フンシク二〇一二)。しかし、政権後半以降の評価をみると、その「福祉重視」戦略が持続あるいは維持されたという見解が多くみられるようになった(キム・ウォンソブ、ナム・ヨンチョル二〇一一；キム・キョソン、キム・ソンウク二〇一二)。何より、盧武鉉政権との関連で李明博政権が打ち出した「能動的福祉」の中身をみると、新しい社会的リスクに対応するために、職業訓練や就労支援および介護や子育て支援などのサービス給付の分野における制度拡大が強調されており、その「見返り」として経済成長の可能性が指摘され、このような点で、社会的投資戦略の考え方と類似している政策基調となっていることがわかる(キム・ウォンソブ、ナム・ヨンチョル二〇一一)。

具体的な政策展開においては、介護や子育て支援とかかわるサービス給付の拡大が、李明博政権の中心的な政策であった。たとえば、二〇〇八年の「社会サービス拡充および先進化戦略」、二〇〇九年の「社会サービス電子バウチャー事業の先進化方案」、二〇一〇年の「社会サービス育成および先進化方案」等々の政策構想や戦略を発表し、サービス給付の分野での制度拡大を推進した。二〇一一年には「社会サービス利用および利用券の管理に関する法律」を制定・公表し、サービスの提供と利用を活性化および効率化するためにバウチャー制度が導入された。二〇一三年初頭には、社会保障基本法の改正を通じて、社会サービスの概念を法制化するに至る。このような過程で実際に、李明博政権の五年間の政策展開や実際の予算支出の中身をみると、日本の介護保険に当たる老人長期療養保険の実施や保育所および保育サービス・保育費支援の大々的な拡大がみられた（キム・キョソン、キム・ソンウク二〇一二）。ますます進む少子高齢化のなかで、「福祉重視」の政権であれ、「経済重視」の政権であれ、それへの対応、つまりサービス給付の分野での制度整備と拡大を進めざるを得なかったといえるのである。

　このような新しい社会的リスクに対応するためのサービス給付を重視する政策基調は、朴槿恵政権においてより鮮明に現れた。図1は、朴槿恵政権が標榜した「社会サービス国家」の政策的方向性を示したものである。簡単に説明すると、Ⅰの社会民主主義国型（スウェーデン）では、現金給付が手厚く、サービス給付も十分に行われており、Ⅱの保守主義型（ドイツ）では、現金給付は手厚いものの、サービス給付は不十分にしか行われてこなかった。Ⅲの自由主義型（アメリカ）では、最低限の水準で現金給付とサービス給付が行われている。それに対して、韓国の場合は、それら先進国の経験とは異なり、Ⅳの社会サービス国家を志向するというのが、朴槿恵政権の基本的な考え方であった。すなわち、現金給付は最低限にしつつ、サービス給付を充実させるという社会サービス国家が政策的方向性として示されたのである。この政策的方向性を実行すべく、朴槿恵政

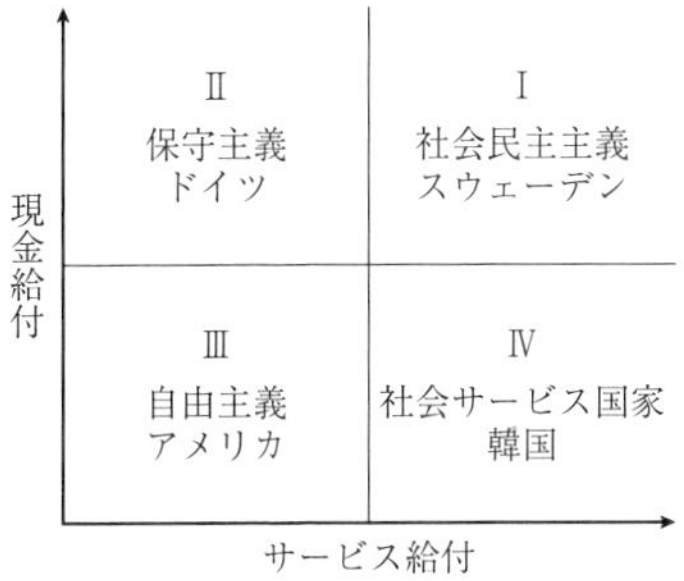

出典：金成垣・大泉・松江（2017: 221）.

図1　朴槿恵政権における「社会サービス国家」の政策的方向性

権においては実際に、人びとのライフコースに合わせて職業訓練や就労支援および介護や子育て支援を行うための各種サービスを提供する、いわゆる「オーダーメイド型福祉」を推進することとなった。「オーダーメイド型福祉」の具体的な中身は多岐にわたっているが、実際の政策としてもっとも中心的に展開されたのが、介護や子育て支援などのケア関係のサービス給付であり、その給付を行うシステムとして、従来からのバウチャー制度が統合・整備されたことが注目に値する。

そもそもバウチャー制度は、盧武鉉政権の末期に、社会的投資戦略の推進のために発表された上記の「地域社会のニーズにもとづいたサービスの拡充、利用者中心の市場形成、透明で効率的な市場管理」(二〇〇七年)というサービス給付の拡大案のなかでその導入が初めて検討された。その後、また上記の李明博政権期の「社会サービス利用および利用券の管理に関する法律」(二〇一一年)の制定を経て、それにもとづいて「次世代電子バウチャー」という新しい運営システムが導入され、申請、利用、支払い・精算など、サービス利用のすべての過程が電子システムを通じて処理されるようになった。朴槿恵政権期になると、これまでの制度展開のなかで、事業ごとに異なるバウチャーが運営されていることから、多数のバウチャーを所持しなければならない利用者側の不便の改善が課題として指摘され、二〇一五年に、統合カードとして「国民幸福カード」を導入し、すべての事業分野で使えるように段階的に拡大していくことが決まった。この国民幸福カードの導入によって、利用者のサービス利用が容易となり、サービス提供機関また利用者やサービスを管理する政府側においても各種事務的手続きの簡素化が図られたことが重要である。実際、このようなバウチャー制度の展開のなかで、サービス給付の量的拡大や質的改善が行われるとともに、利用者側からしても、多様なサービスへのアクセスや選択権が広がっていると評価されている(保健福祉部二〇一七)。

いずれにせよ、以上のような状況をみると、李明博政権にしろ、朴槿恵政権にしろ、社会的投資戦略という用語は使わないものの、実際の政策推進においては、サービス給付を重視する社会的投資戦略の考え方が多く反映され維持されてきたとみてよい。そして、その背後には、新しい社会的リスクの拡大への認識と対応の必要性があったといえよう(キム・キョソン、キム・ソンウク二〇一二)。

以上のように、韓国では二〇〇〇年代前半以降、格差問題や少子高齢化問題などが深刻化するなか、その新しい社会的リスクに対応するために、社会的投資戦略という新しい考え方が採用され、それにもとづいた政策が展開されるようになった。第1章でみた通り、このような新しい社会的リスクに対応するための社会的投資戦略は、二〇世紀末以降、ヨーロッパの多くの国々で、従来の福祉国家の限界が認識されつつ、それを代替あるいは補完する戦略として生まれたものである。既述したように、韓国でみられる社会投資戦略の政策理念やその具体的な政策内容は、ヨーロッパで一般的に議論されたものとほぼ同様といえる。しかしながら、本稿で注目したいのは、韓国では、ヨーロッパ諸国と同様の社会的投資戦略が登場したものの、それが実際に展開された政策的現実は、それらの国々と極めて異なっており、そのため戦略の意味も課題も異なってくるということである。次節では、社会的投資戦略をめぐるヨーロッパの国々とは異なる韓国の独特な文脈について検討したい。

二　社会的投資戦略論をめぐる韓国的文脈

異なる歴史的文脈

社会的投資戦略論によれば、経済社会構造の変動にともない、当該社会が直面する、あるいは対応すべきリスクのあり方が変化する。すなわち、古い社会的リスクから新しい社会的リスクへの変化である。ここでその具体的な背景や中身を丁寧に追う余裕はないが、大雑把にいえば、古い社会的リスクとは、正規雇用を中心とした完全雇用と男性稼ぎ主モデルの家族を前提とした二〇世紀の工業化時代に現れる世帯主の所得の喪失というリスクであり、新しい社会的リスクとは、非正規雇用を中心とした不完全雇用と共稼ぎモデルの家族を前提とした二一世紀の脱工業化時代に現れる個々人の所得の喪失とケアの危機というリスクである。

既存研究を参考に、この両リスクをめぐる歴史的経験を単純化していえば、多くのヨーロッパ諸国は、二〇世紀前半の大恐慌や戦争の経験のなかで、古い社会的リスクに直面し、それに対応するかたちで福祉国家を整備することとなった。この福祉国家化によって、二〇世紀前半以降には多くの国々において、古い社会的リスクをある程度緩和・解決することができたが、その過程でこれまで問題とされることの少なかった新しい社会的リスクが現れた。その新しい社会的リスクに対しては、従来の福祉国家ではうまく対応できず、そこでそれとは異なる新しい制度・政策が模索され、その一つとして社会的投資戦略が新しい政策パラダイムとして登場した。これは、福祉国家の危機あるいは再編がいわれた二〇世紀後半以降あるいは二一世紀に入ってからのことである。

以上のような議論からすると、韓国の状況はヨーロッパ諸国の歴史的経験と大いに異なっていることがわかる。というのは、ヨーロッパ諸国が二〇世紀前半から二一世紀にかけて長いスパンで経験してきた古い社会的リスクから新しい社会的リスクへの展開、またそれに対応するかたちでの福祉国家から社会的投資国家への展開を、韓国は二〇世紀末以降の非常に短いスパンで同時多発的に経験しているからである。すなわち、一九九〇年代末以降のＩＭＦ危機をきっかけとして古い社会的リスクが現れ、それへの対応が求められるようになったが、それとほぼ同時に二〇〇〇年代初頭に入ってすぐに、新しい社会的リスクが出現し、そこで古い社会的リスクに対応するための従来の福祉国家の整備と新しい社会的リスクに対応するための社会的投資戦略という新しい政策パラダイムの導入がほぼ同時代的な課題として求められているのである。

要するに、ヨーロッパ諸国では、古い社会的リスクに対応するための福祉国家を十分に整備した後、古い社会的リスクから新しい社会的リスクへの展開に対応するかたちで、社会的投資戦略という考え方から従来の福祉国家の再編が試みられている。これに対して、韓国では、古い社会的リスクと新しい社会的リスクが同時に現れるなか、前者に対応するための福祉国家の整備が十分に行われていないまま、短期間のうちに、後者に対応するための社会的投資戦略の導入も進めなければならない状況におかれているといえる。二〇〇〇年代に入って、ヨーロッパでも韓国でも社会的投資戦略についての議論が盛んになったとはいえ、ヨーロッパのいわゆる「先発福祉国家」と、それに比べて半世紀以上も遅れて福祉国家の整備に乗り出した「後発福祉国家」の間では、それを受け取る歴史的文脈が大きく異なっているのである。

たしかに以上のような後発福祉国家としての韓国の独特な状況を反映するかたちで、社会投資国家が新しい政策パラダイムとして打ち出された盧武鉉政権の後半以降、韓国ではその適用可能性をめぐる激しい論争が起きていた。

論争の展開とその意味

盧武鉉政権で社会的投資戦略に対する議論が始まった二〇〇六年半ばごろから、その是非を争うような論争的な論文が多数発表された。たとえば、「社会投資国家の理解と韓国的適用の争点」、「社会投資国家論と韓国への適用可能性についての検討」、「社会投資国家が我々の代案か」、「我が国における社会投資論の議論と争点」、「社会投資国家が我々の代案である」、「社会投資国家を考え直す」等々である。これらの論文以外にも、当時、社会的投資戦略についての理論的・実証的研究も国内外の学会や学術誌また報告書などを通じて多数発表されたが、それらをまとめて二〇〇九年には、『社会投資と韓国社会政策の未来――社会投資論の韓国的適用可能性をめぐる論争』(キム・ヨンミョン二〇〇九b)が出版され、学界はもちろん各種メディアでも大きな反響を巻き起こした。

それぞれの議論の詳細についての紹介は省くが、論争のもっとも重要な争点は、従来の福祉国家と社会的投資戦略の関係性をどうみるか、そして、韓国における社会的投資戦略の適用可能性をどうみるかということであった。

従来の福祉国家と社会的投資戦略の関係性についていえば、社会的投資戦略を、従来の福祉国家を

「補完」するものとみるか、それとも「代替」するものとみるかということが論争のポイントとなっていた。当時の多くの議論が、社会的投資戦略の「投資的」性格をポジティブに評価していたが、それによって、従来の福祉国家が「消費的」なものとしてネガティブに評価される危険性が高いことが問題視された。何より、新しい社会的リスクに対応するために社会的投資戦略が重視する職業訓練や就労支援および介護や子育て支援などのサービス給付は、「投資的」なもの、つまり「見返り」のあるものと評価される一方、そのかわり、失業・貧困問題など古い社会的リスクに対応するための現金給付は「消費的」なもの、さらには「浪費的」なものとされ、その現金給付を中心とした所得保障分野での制度整備や充実が妨げられてしまうという危険性についての指摘であった。その両者が補完関係として認識されるならば問題ないが、代替関係として認識されると、その危険性が非常に高くなる。とくにその場合、韓国のような現金給付を中心とした所得保障制度の整備がいまだに不十分な状況のなかで、サービス給付に重点をおく社会的投資戦略が展開されると、現金給付の充実が妨げられてしまうのではないか、さらにいえば、そういった社会的投資戦略が、福祉国家の縮小を試みる新自由主義的な政策基調と共振し、整備途中の韓国福祉国家全体を後退させてしまうという指摘が多くみられていた。

以上の論争の展開のなかで明確な結論が出たわけではない。しかしながら、少なくともその論争を通じて、ヨーロッパの先発福祉国家と韓国のような後発福祉国家とでは社会的投資戦略をめぐる政策的文脈が異なっており、そのため、ヨーロッパにおける社会的投資戦略を受容することに関しては、慎重に考えなければならないことは明らかになったといえる。

上記の論争のポイントとの関連で、ここで問わなければならないのは、社会的投資戦略が実際に展開される韓国の政策的現実である。すなわち、二〇〇〇年代半ば以降、所得保障制度の不十分な整備のなかで、低所得や貧困問題またそれによる不平等や格差問題がますます拡大し、人びとの生活困難が非常に深刻化してきている。後に詳しくみるが、その厳しい現実を考えると、サービス給付を中心とする社会的投資戦略がどれほどの必要性をもち、どれほどの有用性を発揮できるかという疑問が生じる。本書7章にみられるように、子どもの貧困率に多少改善がみられているのも事実であるが、人びとの実感する生活困難は依然として深刻であり、そのため、盧武鉉政権以降における社会的投資戦略の展開に対して、「その戦略は韓国が直面している極度の社会的不安(social insecurity)と両極化、不平等の問題を解決することができない」(キム・ヨンスン二〇〇九：二九五)、「不平等と貧困、社会的両極化は減少されず、むしろ拡大していく可能性が高い」(ソン・ウンミ二〇〇九：三八五)、「社会的投資戦略の目的とは異なり社会的不平等をより拡大・強化させる恐れがある」(ユン・ホンシク二〇〇九：一九八)、「社会的投資戦略が貧困削減に画期的な効果をあげることは難しいし、そして不平等と両極化を解消することはさらに難しい」(キム・ヨンスン二〇〇九：五四二)、「社会的投資戦略だけで両極化を解消し、分配問題を緩和させるという目標には限界がある」(ヤン・ジェジン、チョ・アラ二〇〇九：一七三)等々といった批判が数多くみられている。そこで次節では、それらの批判の背後にある政策的現実を検討し、そこにおける社会的投資戦略のもつ意義や意味を考えてみることにしたい。

三　韓国の政策的現実と社会的投資戦略の限界

経済的な生活基盤の不安定化

社会的投資戦略だけでは対応できない韓国の政策的現実は、一言でいうと、人びとの経済的な生活基盤の不安定化である。

表1は、最近、ＩＬＯの「労働低活用指標(labour underutilization indicator)」をもとに作成された「雇用補助指標」による韓国の労働市場全体の状況を示したものである。これまでは、主に「非正規職」と「公式失業者」の数とその割合で、不安定就業の状況を説明することが多かったが、この指標によって、それ以外の不安定就業――非労働力人口のなかにおける潜在的労働力人口、追加就業希望者、従業員のない零細自営業、無給家族従事者など――の実態が明らかになった。二〇一七年八月のデータで計算すると、就業者全体(二九五四万人)のうち、半数を超える五一・二五%(一五一四万人)の人びとがその不安定就業の状況におかれている。

表1　「雇用補助指標」による韓国の労働市場の全体的な状況

15歳以上人口	4,376万人
(拡張)経済活動人口	2,954
就業者	2,626
賃金労働者	1,941
正規職	1,283
非正規職	*658
非賃金労働者	
自営業者	568
従業員あり	157
従業員なし	*411
無給家族従事者	*117
(事実上)失業者	*328
公式失業者	107
時間関連追加就業可能者	60
潜在経済活動人口	161
潜在就業可能者	6
潜在求職者	155
不安定就業者数(*の合計)	1,514
割合	51.25%

出典：統計庁「経済活動人口調査」(http://kosis.kr/)から筆者作成(2017年7月31日閲覧).

彼(女)らが具体的にいかに不安定な状況におかれているかについては、紙幅の関係上、詳細なデータを示すことができないため、詳細なデータとその分析は別稿を参照されたい(金成垣二〇一七a)。ここでは、その分析をベースに、三つの側面から韓国における不安定就業の状況を簡単に述べておきたい。

第一に、若年層の就業困難である。韓国における若年層(一五―二九歳)の就業率は非常に低く(二〇一五年四一・五%)、OECD諸国のなかで最低のレベルである(同年、OECD平均五一・四%、日本五五・二%)。その低い就業率は、高い大学進学率(七〇―八〇%)から説明されることが多いが、しかしそれより、二〇代の多くが、よりよい就職のために、卒業してから、あるいは卒業を延長してその準備に取り組んでいることが最大の要因となっている。

それらの人びとは「就業準備生」と呼ばれる。二〇一五年現在、その規模は六四・三万人に上り、統計上の失業者数(同年三九・七万人、失業率九・二%)と合わせると、実際の失業者数は一〇〇万人をはるかに超える。そのため、若年層の「体感失業率」は三〇%を上回るという調査結果も出ている。

第二に、若年層の就業困難の背景には、労働市場における不平等問題がある。それを明確に示しているのが、大企業と中小企業そして正規職と非正規職の労働者の間にみられる深刻な賃金格差である。二〇一五年現在、大企業の労働者(月四九四万ウォン)と中小企業の労働者(月二四一万ウォン)の間でも、正規職(月三一九万ウォン)と非正規職(月一三七万ウォン)の間でも二倍以上の賃金格差がみられている。もっとも安定した雇用状況といえる大企業の正規職労働者(月五四五万ウォン)と、もっとも不安定な雇用状況といえる中小企業の非正規労働者(月一三〇万ウォン)を比べると、その賃金格差は四倍を超えるのが現状である。その格差はますます広がっており、そのような状況のなかで韓国は、OECD諸国のうち、アメリカに次ぐ賃金不平等が非常に深刻な国となっている。

第三に、労働市場の不安定さは賃金格差だけでなく、退職の早さ(五〇歳前後)としても現れており、その早期退職後の選択として多くみられる自営業も非常に劣悪な事業環境におかれている。

韓国の自営業者は全体就業者の三割近くを占め、OECD諸国でみると、ギリシャやトルコなどとともにその割合がもっとも多いグループに属している。ギリシャやトルコの主要産業が観光業であることからすると、韓国における自営業の多さは「過剰状態」といわれている(イ・ビョンヒほか二〇一六)。その「過剰状態」が「過当競争」をもたらし、数多くの自営業が赤字や借金で苦しんだり、廃業に追い込まれたりしているのが大きな社会問題となっている。二〇一〇年を前後に、ベビーブーム世代(一九五五―六三年生まれ)の退職により、自営業者が増えているが、最近の調査によれば(ナム・ユンヒョン二〇一六)、毎日平均三〇〇〇の自営業が創業するなか、毎日二〇〇〇の自営業が売上の低下を理由に廃業しているのが現状である。

以上みてきた、就業困難の若者、非正規や零細中小企業の労働者、中高年の自営業者などに幅広く現れている貧困や不平等の問題は、単に働く環境の不安定さの場面にとどまるものではない。その働く環境の不安定さが、社会保険の未加入や滞納・未納の問題をもたらし、社会保険の広範な死角地帯を形成しており、さらにそこに公的扶助制度の受給条件の厳しさが重なり、彼(女)らを基本的な所得保障制度から排除してしまっているのである(ソ・ジョンヒ、ペク・スンホ二〇一四;チャン・ジョン二〇一七ほか)。それが、彼(女)らの生活基盤をますます不安定化させているのが現状である。

これまでみてきたのは、現役世代の生活困難の状況であるが、それに加え、国際比較をした場合、韓国で目立って生活困難に陥っているのは、高齢者世代である。OECD統計でみると(OECD 2015)、韓国における高齢者の相対的貧困率は四九・六％である。それは、ＯＥＣＤ平均（一二・四％）の四倍にも達する、飛び抜けて高い数値であり、この十数年間、ＯＥＣＤ諸国のなかでワースト1を記録しつづけている。これについては、韓国の公的年金制度がまだ歴史的に浅く、そのため、今後、制度が成熟していくにつれ問題が改善されるであろうという見解もある。しかし、上でみた現に制度を支える現役世代の生活基盤の不安定さからすると、問題が改善されるどころか、年金制度自体が機能不全に陥ってしまう可能性が非常に高いのが現状といえる。

社会的投資戦略の限界？

以上のような人びとの経済的な生活基盤の不安定さを考えると、職業訓練や就労支援あるいは介護や子育て支援などサービス給付に重点をおいた社会的投資戦略に対して、韓国におけるその政策の必要性や有用性に疑問が生じざるをえない。たしかに、上でとりあげた社会的投資戦略をめぐる論争のなかで、次のような主張がみられる。すなわち、韓国において社会的投資戦略は「貧困問題の解決には大きな効果はなく、むしろ不平等を拡大させる」恐れがあり、その主な理由は、「既存の福祉国家の残余主義的属性」にある（キム・ヨンスン二〇〇九：二九五九）。そのため、「いま我々に切実に必要なのは社会投資国家の建設ではなく、所得保障と社会サービス体系の確立という福祉国家の基本を内実化することである」という主張である（キム・ヨンスン二〇〇九：二九九）。

もちろん、少子高齢化が急速に進んでいる韓国社会において、女性の職業訓練や就労支援、そしてそれを支える介護・子育て支援などのサービス給付は非常に重要な政策となる。実際にそれらの政策展開による成果に関しても評価できる側面が少なくない。たとえば、盧武鉉政権以降における子育て支援政策の積極的な推進によって、本書第7章にも例示されているように、三歳児未満の保育施設利用率が急速に上昇し、二〇〇一年に五％にも満たなかったのが、二〇〇九年には二〇％を上回り、より最近になると、さらに上昇し三〇％をはるかに上回るようになっている。このようななかで、女性が職業訓練や就労支援プログラム、実際の労働市場に参加しやすくなったことも、大きな成果として評価できよう。

しかしながら、それによって人びとの経済的な生活基盤が安定化したかというと、必ずしもそうとはいえない。むしろ、上でみてきたように、その生活基盤の深刻な不安定さの現実を考えると、サービス給付の前提に、あるいはそれと合わせて、現金給付を中心とした所得保障制度の充実が求められているのが現状といえる。韓国のような現金給付を中心とした所得保障制度が不十分な状況において、社会的投資戦略は、その成果より限界の方が浮き彫りになると思われる。このような状況のなかで実際に近年、韓国ではサービス給付を中心とする社会的投資戦略とは異なる新しい政策構想が登場しつつあることが事実である。

そこで次節では、本稿の最後に、二〇一七年五月に新しく登場した文在寅《ムンジェイン》政権の政策構想を紹介しつつ、そこにおける社会的投資戦略の新たな意味や政策的含意を考えてみたい。

四　社会的投資戦略の展望

文在寅政権(二〇一七年―)の「包容的福祉」

二〇一七年五月の大統領選挙で、李明博政権と朴槿恵政権につづく一〇年間の保守政権が終わり、進歩政権として文在寅政権が登場した。前の朴槿恵大統領が「崔順実《チェスンシル》ゲート事件」に代表される民間人による国政介入事件によって早期に大統領職を罷免されたため(二〇一七年三月一〇日)、予定より早めに大統領選挙が行われ(同年五月九日)、そこで当選した文在寅大統領は、即就任しほとんど準備期間なしで国政を運営することとなった。しかし、二〇一二年の大統領選挙での落選経験やその後の次期大統領への再挑戦のなかで、各種分野における諸政策の方向性や内容は明確に示されていた。

そのようななか、福祉分野での政策スローガンとして打ち出されたのが、「包容的福祉」である。「包容的福祉」の意味については、公式的な概念定義はまだないが、言葉通りで考えると、そこにおける「包容」は「inclusion」つまり「包摂」と解釈でき、従来の制度・政策から「排除」されている人びとを「包摂」することが、政策的方向性として設定されているとみてよい。本稿の文脈でいうと、これまでのサービス給付中心の政策展開が、排除の問題に適切に対応できず、あるいは排除の問題をさらに深刻にさせてきたという状況認識のもとで、「包容的福祉」が打ち出されたといえる。

実際、「包容的福祉」の具体的な内容をみると、現金給付中心の所得保障制度の拡大が重要な政策目標となっている。**表2**は、文在寅政権が「包容的福祉」の核心政策として位置づけている「五大所得保

表 2　文在寅政権の「五大所得保障政策」

政策名	対　象	内　容
児童手当	0–5 歳児からスタートし段階的に拡大	・月 10 万ウォンからスタートし段階的に引き上げ ・地域商店街の活性化のために地域貨幣(バウチャー)のかたちで給付
青年求職手当	18–34 歳の雇用保険未加入の者	・月 30 万ウォン，最大 9 カ月間 ・求職活動を条件 ・失業扶助へと発展
障がい者年金	18 歳未満の重症障がい者のうち所得下位 70%(現行制度と同様)	・基本給付を現在の 20 万ウォンから 30 万ウォンへ引き上げ ・付加給付の引き上げ
基礎年金	65 歳以上の高齢者のうち所得下位 70%(現行制度と同様)	・現在の 10–20 万ウォンから 30 万ウォン定額へ引き上げ
国民基礎生活保障	所得認定額が一定基準以下の世帯	・生計給付や医療給付などの選定基準の緩和および給付水準の引き上げ ・扶養義務者基準の段階的廃止

出典：共に民主党(2017).

障政策」を示したものである。普遍的な児童手当や青年求職手当の導入、障がい者年金や基礎年金の拡大、日本の生活保護にあたる国民基礎生活保障の拡大などいずれも現金給付分野での改革案である。もちろん「包容的福祉」の全体のなかには、現金給付だけでなく、保育所や保育サービスの拡大および介護施設や介護サービスの拡大などサービス給付のさらなる拡大も含まれているが、それらのサービス給付は、前政権からの続きであり目新しいことはない。現金給付を中心とした「五大所得保障政策」が文在寅政権の「包容的福祉」の核心政策であることは、それを批判する野党側から「現金バラマキのポピュリズム」といわれる状況からも窺われる。

「五大所得保障政策」は改革案の段階であり、財源確保や法改正および制定などとかかわって国会で承認が得られるか否かはわからない。しかし少なくとも、文在寅政権が以上のような現金給付の拡大を「包容的福祉」の核心政策としたことから、前節でとりあげた人びとの経済的な生活基盤の深刻な不安定化の状況において、これまでのサービス給付を中心とした社会的投資戦略の展開のなかで軽視されてきた所得保障制度の拡大が強く求められている政策的現実を確認することができよう。

新しい政策構想と社会的投資戦略の展望

以上のような韓国の経験は、所得保障制度の不十分な整備状況における社会的投資戦略をいかに評価できるかという事例を示しているものといえる。すなわち、所得保障制度をある程度整備している先発福祉国家とは異なり、そうではない後発福祉国家としての韓国において、サービス給付を中心とした社会的投資戦略の展開のためには、その前提として、あるいはそれと合わせて、現金給付を中心とした所得保障制度の拡大が求められることである。所得保障制度を随伴しないかぎり、社会的投資戦略に対する政策効果は十分に見いだせないであろう。

ただし、所得保障制度が求められるといっても、それは、かつて先発福祉国家が整備してきた所得保障制度とは異なるものでなければならないことを指摘しなければならない。

すなわち、かつての所得保障制度は、多くの場合、男性稼ぎ主モデル、つまり夫が外で働き、妻が家庭内で家事全般から子育て、老親の介護を行うという性別役割分担を前提に構築されていた。当時、完全雇用がいわれたように、夫に対しては安定した雇用が保障されるが、病気やケガ、障がいや加齢、失業などによって一時的あるいは永久にその雇用が維持できなくなった場合に、その夫に対して所得を保障する仕組みであった。一言でいうと、家族を単位とした世帯主への所得保障制度であったといえる。

問題は、今日、韓国ではそのような男性稼ぎ主モデルがすでに崩れており、そこで新しく構想されるべき所得保障制度は、家族ではなく〈個人〉を単位とした制度でなければならないことである。実際、上で提示した文在寅政権の「五大所得保障政策」のうち、普遍的な児童手当や青年求職手当の導入および基礎年金の拡大にはそのような考え方が反映されている。何より、国民基礎生活保障の拡大、とくに扶養義務者基準の廃止案には、まさに家族ではなく個々人を単位とした制度改変の試みがみられるといえる。

この点とかかわってさらに付け加えるならば、現実の政策として議論されることは少ないが、最近、韓国でベーシック・インカムに関する議論が活発化していることも同様の文脈で捉えられる。ベーシック・インカムとは、周知の通り、「政府がすべての国民に対して最低限の生活を送るのに必要とされる額の現金を無条件で支給する制度」(山森二〇〇九：二一─二三)で、個々人を単位とした究極の所得保障といえる。二〇一〇年半ばから韓国でこのベーシック・インカムに関する議論が、アカデミックな世界だけでなく政治や政策の現場でも活発に行われている(金成垣二〇一七b)。その背景には、家族を前提とした従来の所得保障制度が、前節でみたような人びとの貧困や不平等の問題に適切に対応できないという状況認識があるといえる。そこで、「ベーシック・インカムが、韓国社会が直面した問題を解決するための有力な代案になりうる」(ユン・ホンシク二〇一六：九九六)という考え方のもとで、従来とは異なる新しい政策構想として、ベーシック・インカムが注目されているのである。

最後に、重要なのは、文在寅政権の制度改革案であれ、ベーシック・インカムの構想であれ、その新しい所得保障制度が、家族ではなく〈個人〉を単位とするものであれば、それはいうまでもなく、これまで家庭内で妻が行っていた育児や介護の社会化は欠かせない条件となる。そして、その育児や介護の社会化を考えると、それとかかわるサービス給付の拡大を中心とした社会的投資戦略の重要性がふたたび浮かび上がる。本稿では、社会的投資戦略の展開のなかで相対的に軽視されてきた所得保障制度が強く求められている韓国の現状を浮き彫りにしたが、そこで求められている所得保障制度が、かつてとは異なり、個々人を単位とした新しい所得保障制度でなければならないことからすると、韓国で今後、その新しい所得保障制度の構築と社会的投資戦略の展開が一つのセットとして行われていくことが期待されるといえる。

このような韓国の経験が、世界でもっとも典型的に男性稼ぎ主モデルを前提にさまざまな制度・政策を構築してきた日本に対して示す示唆点はけっして少なくないであろう。この点を念頭におきつつ、今後、韓国における新しい所得保障制度の構築と社会的投資戦略の展開に関するさらなる分析を課題として指摘し、ここで本稿を閉じることにしたい。

参考文献

【日本語】

金成垣(二〇〇八)『後発福祉国家論――比較のなかの韓国と東アジア』東京大学出版会

金成垣編(二〇一〇)『現代の比較福祉国家論』ミネルヴァ書房

金成垣(二〇一四)「福祉国家化以降の韓国福祉国家」末廣昭編著『東アジアの雇用保障と新たなリスクへの対応』東京大学社会科学研究所リサーチシリーズ五六号

金成垣(二〇一七a)「現役世代の生活基盤から考える韓国の年金問題」『現代韓国朝鮮研究』一七号

金成垣（二〇一七b）「韓国におけるベーシック・インカム論の展開に関する試論的考察」『週刊社会保障』二九五〇号
金成垣・大泉啓一郎・松江暁子（二〇一七）『アジアにおける高齢者の生活保障――持続可能な福祉社会を求めて』明石書店
武川正吾・金淵明編（二〇〇五）『韓国の福祉国家・日本の福祉国家』東信堂
水島治郎（二〇一四）「オランダ――社会的投資戦略への華麗なる転換？」『生活経済政策』二一四号
山森亮（二〇〇九）『ベーシック・インカム入門』光文社

【英　語】

Esping-Andersen, G.(1999) *Social Foundations of Postindustrial Economies*, Oxford University Press.
Higo, M. and Thomas R. K. eds.(2015) *Retirement in Japan and South Korea*, Routledge.
OECD(2015) *Pensions at a Glance 2015*, OECD.
Pierson, P. ed.(2001) *The New Politics of the Welfare State*, Oxford University Press.
Taylor-Gooby, P. ed.(2004) *New Risk, New Welfare*, Oxford University Press.

【韓国語】

イ・ビョンヒほか（二〇一六）『自営業者問題と社会的保護』韓国労働研究院〔이병희 외（二〇一六）『자영업자 문제와 사회적 보호』한국 노동연구원〕
オ・ジュンホ（二〇一七）「基本所得は福祉をいかに変えるか」（韓国労働社会研究員第一三一回フォーラム発表資料）〔오준호（二〇一七）「기본소득은 복지를 어떻게 바꿀까?」（한국 노동사회연구원 제一三一 회 포럼 발표자료）〕
キム・ウォンソブ、ナム・ヨンチョル（二〇一一）「李明博政府における社会政策の発展――韓国福祉国家の拡大の終焉？」『亜細亜研究』五四（一）〔김원섭・남윤철（二〇一一）「이명박 정부 사회정책의 발전：한국복지국가 확대의 끝?」『아세아연구』五四（一）〕
キム・キョソン、キム・ソンウク（二〇一二）「福祉の量的拡大と体系的縮小――李明博政府の福祉政策に対す

る評価」『社会福祉政策』三九(三)〔김교성・김성욱(二〇一二)「복지의 양적 대와 체계적 축소：이명박 정부의 복지정책에 대한 평가」『사회복지정책』三九(三)〕

キム・ヨンスン(二〇〇九)「社会投資国家が我々の代案か――韓国における社会投資国家論とその問題点」キム・ヨンミョン編『社会投資と韓国社会政策の未来――社会投資論の韓国的適用可能性をめぐる論争』人間と福祉〔김영순(二〇〇九)「사회투자국가가 우리의 대안인가?：최근 한국의 사회투자국가 논의와 그 문제점」김연명편『사회투자와 한국사회정책의 미래：사회투자론의 한국적 적용가능성을 둘러싼 논쟁』인간과 복지〕

キム・ヨンミョン(二〇〇九a)「李明博政府における所得保障政策の争点」『福祉動向』一二五(四―八)〔김연명(二〇〇九a)「이명박 정부의 소득보장정책의 쟁점」『복지동향』一二五(四―八)〕

キム・ヨンミョン編(二〇〇九b)『社会投資と韓国社会政策の未来――社会投資論の韓国的適用可能性をめぐる論争』人間と福祉〔김연명편(二〇〇九b)『사회투자와 한국사회정책의 미래：사회투자론의 한국적 적용가능성을 둘러싼 논쟁』인간과 복지〕

国民経済諮問会議(二〇〇六)『同伴成長のための新しいビジョンと戦略』国民経済諮問会議〔국민경제자문회의(二〇〇六)『동반성장을 위한 새로운 비전과 전략』국민경제자문회의〕

政府・民間合同作業団(二〇〇六)『共に行く希望韓国VISION二〇三〇』政府・民間合同作業団〔정부・민간합동작업단(二〇〇六)『함께 가는 희망한국 VISION 2030』정부・민간합동작업단〕

ソ・ジョンヒ、ペク・スンホ(二〇一四)「社会保険の法的死角地帯――賃金勤労者の適用除外の規定と規模の変化」『労働政策研究』一四(三)〔서정희・백승호(二〇一四)「사회보험의 법적 사각지대：임금근로자 적용제외의 규정과 규모의 변화」『노동정책연구』一四(三)〕

ソン・ウンミ(二〇〇九)「韓国における社会投資戦略の三つの傾向と問題点」キム・ヨンミョン編『社会投資と韓国社会政策の未来――社会投資論の韓国的適用可能性をめぐる論争』人間と福祉〔성은미(二〇〇九)「한국 사회투자전략의 세 가지 경향과 문제점」김연명편『사회투자와 한국사회정책의 미래：사회투자론의 한국적 적용가능성을 둘러싼 논쟁』인간과 복지〕

大統領諮問政策企画委員会（二〇〇六）『先進福祉韓国のビジョンと戦略』大統領諮問政策企画委員会〔대통령자문정책기획위원회（二〇〇六）『선진복지한국의 비전과 전략』대통령자문정책기획위원회〕

チ・ウンジョン（二〇一五）『高齢者就労および社会活動支援事業の改編方向に関する研究』韓国老人人力開発院〔지은정（二〇一五）『노인일자리 및 사회활동 지원사업 개편방향 연구』한국 노인인력개발원〕

チャン・ジヨン（二〇一七）「雇用形態の多様化と労働市場の不平等」『雇用・労働ブリーフ』六九〔장지연（二〇一七）「고용형태의 다양화와 노동시장의 불평등」『고용・노동브리프』六九〕

チュ・ウンソン（二〇〇八）「李明博政府時代の社会福祉――福祉市場の全面化」『瑞石社会科学論叢』一（二）〔주은선（二〇〇八）「이명박 정부 지대 사회복지：복지시장의 전면화」『서석사회과학 논총』一（二）〕

チョ・フンシク（二〇一一）「成長の侍女に転落した福祉」『黄海文化』七三〔조흥（二〇一一）「성장의 시녀로 전락한 복지」『황해문화』七三〕

共に民主党（二〇一七）『第一九代大統領選挙政策公約集――国らしく国を作る』共に民主党〔더불어민주당（二〇一七）『제一九대 대통령선거 정책공약집：나라를 나라답게 더불어민주당』더불어민주당〕

ナム・ユンヒョン（二〇一六）『小商工人の回転門創業の実態と解法の手がかり』中小企業研究院〔남윤형（二〇一六）『소상공인 회전문창업 실태와 해법의 실마리』중소기업연구원〕

保健福祉部（二〇一七）『二〇一六年保健福祉白書』保健福祉部〔보건복지부（二〇一七）『二〇一六년 보건복지 백서』보건복지부〕

保健福祉部・賢都社会福祉大学（二〇〇三）『福祉と経済の好循環関係に関する研究』保健福祉部・賢都社会福祉大学〔보건복지부・현도사회복지대학（二〇〇三）『복지와 경제의 선순환관계 연구』보건복지부・현도 사회복지대학〕

ヤン・ジェジン、チョ・アラ（二〇〇九）「社会投資国家論と経済・社会的成果分析――イギリス、スウェーデン、そしてデンマークの比較分析と韓国への含意」キム・ヨンミョン編『社会投資と韓国社会政策の未来――社会投資論の韓国的適用可能性をめぐる論争』人間と福祉〔양재진・조아라（二〇〇九）「사회투자국가론과 경제・사회적 성과분석：영국、스웨덴、그리고 덴마크의 비교분석과 한국에의 함의」김연명편

『사회투자와 한국사회정책의 미래: 사회투자론의 한국적 적용가능성을 둘러싼 논쟁』 인간과 복지〕
ユン・ホンシク(二〇〇九)「家族・女性政策の社会投資と韓国の福祉国家」キム・ヨンミョン編『社会投資と韓国社会政策の未来——社会投資論の韓国的適用可能性をめぐる論争』人間と福祉〔윤홍식(二〇〇九)「가족・여성정책의 사회투자와 한국의 복지국가」 김연명편 『사회투자와 한국사회정책의 미래: 사회투자론의 한국적 적용가능성을 둘러싼 논쟁』 인간과 복지〕
ユン・ホンシク(二〇一六)「基本所得、福祉国家の代案になりうるのか?」(二〇一六社会政策連合共同学術大会発表資料)〔윤홍식(二〇一六)「기본소득、 복지국가의 대안이 될 수 있을까?」(二〇一六 한국사회정책연합공동학술대회 발표자료)〕

6　日本における社会的投資戦略の静かな浸透？

三浦まり
濵田江里子

はじめに

「社会的投資」という言葉はヨーロッパや韓国で浸透し、程度の差はあるにせよ一定の政策転換をもたらしてきた。日本ではその言葉自体はあまり知られていないものの、「未来への投資」や「人への投資」というスローガンは政府文書や政党マニフェストに何度も登場し、それらは社会的投資の論理にほぼ近い意味と文脈で使われている。パラダイム転換というような華々しいかたちではないものの、日本においても静かに社会的投資の考え方が広がっているといえるだろう。

本章では、日本において社会的投資の言説がどのような文脈のなかで出現したのかをたどり、ヨーロッパや韓国の経験と比較しながら日本の特徴を探っていく。すなわち、日本の「未来への投資」や「明日への投資」は社会サービスのニーズ拡大に応えるために、また増税を正当化するものとして導入された点が特徴的で、知識基盤型経済への対応や新たな社会的リスクへの対処という位置づけではなかったことを明らかにしていきたい。近年では、第四次産業革命が起きているという認識の下に人材育成への投資が強調されるようになっているが、生産性向上に寄与する人材の育成に主眼が置かれ、社会的見返りへの関心はない。社会での分かち合いという観点が欠落している点で、本書が提示する「社会への投資」とは異なるものとなっている。

本書が提示する「社会への投資」の意義をはっきりとさせるためにも、日本でのこれまでの議論を振り返り、その限定性と問題点を示していきたい。

一　少子化対策と「未来への投資」

社会的投資戦略は何よりも子育て支援政策と就学前教育を拡充させる（第4章参照）。実際に日本でも、二〇〇〇年代中頃から「投資」という言葉が政府文書に登場するが、その契機は少子化問題だった。日本にとって少子化は一九九〇年以降三〇年近くにわたり解決されない課題であるため、少子化対策が講じられてきたことに疑問を抱かないかもしれない。ところが、日本と先進諸国では同じ「投資」という言葉を用いても、それが使われる文脈が異なることに留意が必要だ。文脈が違えば、政策の目標も中身も違ってくるからである。少子化対策を自明視せず、その政策目標と手段の整合性を検討しながら、「投資」という言葉の使われ方とその意味を見ていくと、知識基盤型経済や「新しい社会的リスク」への問題意識が薄いという日本の特色が浮き彫りになってくる（「新しい社会的リスク」については第1章参照）。

少子化対策と「未来への投資」

児童を対象とする児童福祉政策では、政策対象となる児童観の変遷に応じて政策内容が変容してきたことが指摘されている。児童を社会秩序への「脅威」と見るのか、社会問題の「犠牲者」として位置づけるのか、あるいは「投資」として捉えるのかで、必要となる政策対応は異なり、図式的に整理すると、「脅威」であれば「罰」が、「犠牲者」であれば「保護」が、「投資」であれば「教育」が政策対応の主軸を占める。日本の児童福祉政策は戦後の長い間「保護」を必要とする児童を中心に実施されてきた。それが「投資」の側面を強めていくのは、二〇〇〇年代に次世代育成支援が展開されるようになってからだ（古川・田澤二〇〇八）。

直接の契機は少子化への危機感だった。二〇〇三年に少子化社会対策基本法と次世代育成支援対策推進法が成立し、二〇〇五年から少子化社会対策大綱に基づく「子ども・子育て応援プラン」が始まる。この延長線上に二〇〇七年の「「子どもと家族を応援する日本」重点戦略検討会議」の取りまとめが出され、この時に初めて「未来への投資」として次世代育成支援を位置づけることが明確に打ち出された。「女性の労働市場参加の実現を前提に……働き方の見直しによる仕事と生活の調和の実現に向けた取組とあわせて、社会全体でこの次世代育成支援のためのコストを負担していくことが必要であり、女性の労働市場参加と未来の社会の担い手となる子どもの健やかな育成の基盤を整えることは、まさに「未来への投資」である」。

この文章からは、社会的投資の論理に基づいて政策の合理性を説明していることが確認できる。次世代育成支援にはコストがかかり、増税が不可避であることから、「未来への投資」という言い方で納税者や事業主からの支持を取り付けようとする姿が窺える。実際、この時に示された追加所要額の推計は一・五―二・四兆円と大きい。二〇一四年に消費税が八％に引き上げられた時に、子育てに回った予算は〇・七兆円である。その二―三倍の予算規模を実現するには、子育て支援が「投資」であり、見返りが見込めることを打ち出す必要があったのは当然のことといえよう。ここでの見返りは「女性の労働市場参加の実現」と「将来の労働力人口の減少の緩和」であり、もっぱら経済的見返りを強調している。女性就労に関しては、安倍政権下での女性活躍政策のような積極的な就労促進の姿勢はまだ見えない。むしろ働きたい女性が増えていることを前提として、「両立支援」を行うことで少子化を緩和したい希望が述べられている。両立支援には、保育サービスの整備とともに、仕事と生活の調和（ワーク・ライフ・バランス）が含まれ、重点戦略取りまとめと同時に「仕事と生活の調和（ワーク・ライフ・バランス）」憲章と「仕事と生活の調和推進のための行動指針」が発表された。

少子化への危機感は、遡れば一九九〇年に前年の合計特殊出生率が一・五七となったいわゆる「一・五七ショック」がきっかけとなって政府関係者に広がった。出生率は一九四九年以降基本的に下がり続けてきたが、丙午《ひのえうま》の一九六六年の一・五八よりもさらに下がったことが危機感を醸成した。保育サービスの拡充は一九九四年のエンゼル・プランより展開され、少子化対策であるという言い方を慎重に避け、産むことを奨励されるのではないかと警戒する女性たちと、子育ては母親が行うべきだと考える保守層の両方の納得を得るために、「少子化と子育て支援の関係はあえて曖昧なまま」（椋野二〇一二：一六）、基本的方向性は子育てと仕事の両立であることが打ち立てられた。

一九九七年の人口問題審議会の報告書でも、少子化対策としては経済支援よりも保育サービスの充実が効果的であることが示され、同年に大幅改正された児童福祉法は保育所の入所をそれまでの行政による「措置」から利用者による「契約」へと転換し、保育サービスの量的拡大を可能にする法的基盤が整備された。一九九九年には新エンゼル・プランが開始し、この年に漸く保育所定員が増加に転じる。実は、保育所定員は一九八一年の二一六万人を頂点に減り続け、増加が始まる一九九九年には一九一万人にまで減っていたのである(二〇一六年には二二七万人、こども園等を足し合わせると二六三万人まで拡大した)。

しかしながら待機児童問題は現在に至るまで解決していない。小泉純一郎内閣は二〇〇一年に「待機児童ゼロ作戦」を掲げ保育所整備を加速させる一方で、働き方の見直しや、家庭や地域における子育てを支援する観点から、次世代育成支援対策推進法を二〇〇三年に策定した。もっとも、保育サービスの拡大に主たる力点が置かれたわけではなく、共働き型への転換を促しているわけではない。増え続ける女性の労働参加が少子化を加速させないよう両立支援を行い、かつ専業主婦世帯への支援も打ち出し、全体として均衡が取れるよう配慮している。

一・五七ショックから一七年、エンゼル・プランから一三年が経ち、前年の合計特殊出生率が一・三二にまで下がった二〇〇七年に社会的投資の観点から政策転換を促す方向性が打ち出される。それが前述の「「子どもと家族を応援する日本」重点戦略検討会議」の取りまとめであった。同時に策定されたワーク・ライフ・バランス憲章には、仕事と生活の調和の実現もまた「明日への投資」であると位置づけられ、「仕事と生活の調和推進のための行動指針」には女性就業率の数値目標が初めて書き込まれた。この時点で漸く女性就労が明示的に政策目標となったのである。出生率の低下が続くなか、問題設定の枠組みが少子化から人口減少へと移行したことで、女性や高齢者の就労が明示的な政策目標となった。

とりわけ女性の就労支援のためには、保育サービスだけではなく仕事と生活の調和が不可欠であることから、この施策も社会的投資として位置づけを与えられた（日本では女性の就労支援に先立ち少子化対策が政策課題となった点は第9章参照）。

ワーク・ライフ・バランス憲章は、以下のように「投資」を位置づける。

仕事と生活の調和の実現に向けた取組は、人口減少時代において、企業の活力や競争力の源泉である有能な人材の確保・育成・定着の可能性を高めるものである。とりわけ現状でも人材確保が困難な中小企業において、その取組の利点は大きく、これを契機とした業務の見直し等により生産性向上につなげることも可能である。こうした取組は、企業にとって「コスト」としてではなく、「明日への投資」として積極的にとらえるべきである。

少子化に代わり人口減少が問題設定の枠組みを形成し、したがって人材確保が企業にとっての喫緊の課題であることを指摘している。女性を労働力として見込むためには仕事と生活の調和が不可欠であり、それは短期的には企業に負担を強いるが、生産性を向上することで中長期的には競争力を改善できると利点を説いている。ここでの見返りは競争力強化である。

続いて社会保障審議会少子化対策特別部会で次世代育成支援が具体化されていく。ここでは、現時点での労働力の確保（女性）と将来における労働力の確保（子育ちの支援）から児童福祉が捉えられ、児童福祉の伝統であった特別な支援（あるいは保護）を必要とする子どもたちへの施策は二次的に包含されるものとなっている（古川・田澤二〇〇八）。児童福祉の力点が「保護」から「投資」へと移るのである。

少子化対策特別部会の二〇〇八年五月の基本的考え方、および二〇〇九年の一次報告書では以下のように「未来への投資」が位置づけられた。

次世代育成支援が、良好な育成環境の実現により、子どもの成長に大きな意義を有するとともに、社会問題の減少など長期的な社会的コストの低減も期待され、また、将来の我が国の担い手の育成の基礎となるものであり、「未来への投資」であるという視点を共有する必要がある。

次世代支援が、将来の我が国の担い手の育成を通じた社会経済の発展の礎（未来への投資）という側面を有することを踏まえ、社会全体（国、地方公共団体、事業主、個人）で重層的に支え合う仕組みが求められる。

このように報告書は「未来への投資」を社会経済の発展の礎として位置づけ、経済的見返りを強調した。「我が国の担い手」というのは労働力であり、また社会保障費用の負担を期待されているのだろう。「社会問題の減少など長期的な社会的コストの低減」が具体的に何を意味するかは書かれていないが、先進諸国での社会的投資戦略では、貧困が要因となる犯罪が減り刑務所費用が削減されたり、生活保護費用が節約できたりすることが想定されている。

ここまでの「未来への投資」は、あくまで労働力人口の減少を問題と捉え、社会保障の持続性を保つために少子化対策として次世代支援を位置づけるものである。知識基盤型経済への対応を意識しているわけではないため、保育の質や発達保障に対する問題関心は薄く、保育サービスの量的拡大が何よりもめざされている。イギリスで重視された子どもの貧困の解消という視点も欠落している。二〇〇八年というのは貧困や格差の存在が漸く可視化されるようになった時期だが、貧困解消の視点は政策過程にはまだ浸透していなかったことが窺える。

二　さまざまな「〜への投資」

これまで政府文書における政策転換を見てきたが、政党はこの間どのように社会的投資のアイディアを摂取あるいは主導したのだろうか。

二〇〇五年の総選挙に向けて作成された民主党のマニフェストは「コンクリートからヒト、ヒト、ヒトへ」という見出しを用いて、ムダづかいを一掃し、人材育成に「投資」し未来に備えることを提言している。具体的には子ども手当(月額一万六〇〇〇円)の創設とともに、人材立国をめざしてライフステージに応じた訓練・学習の機会を保障するとある。「投資」や「ライフステージ」という言葉は、まさしく社会的投資の発想である。公共投資偏重の財政では財政再建も難しいことから、ハコモノ行政を脱することで財源を人材育成に回し、そのことが経済を活性化するという文脈において人材投資を語っている。

もっとも、二〇〇七年の参院選マニフェストでは経済活性化の文脈は後景に退き、安心して子育てできること自体が目的となる。子ども手当は倍近い二万六〇〇〇円となり、「日本の未来を担う宝物」である子どもたちを社会みんなで支えることを強調する。二〇〇九年の総選挙のマニフェストでも、鳩山由紀夫代表の言葉として「私は、コンクリートではなく、人間を大事にする政治にしたい」「縦に結びつく利権社会ではなく、横につながり合う「きずな」の社会をつくりたい」「すべての人が、互いに役に立ち、居場所を見出すことのできる社会をつくりたい」と、人間を大切にすることの価値観を強調している。二〇〇五年と二〇〇七／二〇〇九年の間に、力点が経済的見返りから社会的見返りに移行したことが見て取れる。

興味深いことに、自民党もまた二〇〇九年総選挙のマニフェストで「未来への投資」という言葉を用いている。しかしながら、その中身は民主党とは真逆であり、積極的な財政出動を訴えた。二〇一四年総選挙のマニフェストにも「未来への投資」という言葉が登場し、地方の良質な建設産業を守ることを訴えているので、自民党にとっての「未来への投資」は基本的に公共投資を意味していることがわかる。先で見たように、自公政権下では少子化対策の文脈において「未来への投資」が政府文書で使われたが、政権交代以降の自民党はその意味を転換させ、公共事業の拡大を正当化する理屈としてこの言葉を用いた。

この動きに対して、民主党は「人への投資」という言葉で対抗軸を提示している。菅直人と野田佳彦が党代表時代のマニフェストには投資という言葉は登場しないが、海江田万里代表の下での二〇一三年参院選と二〇一四年総選挙のマニフェストには「人への投資」という言葉が出てくる。参院選では女性の能力発揮、子ども・子育て支援の予算倍増、貧困の世代間連鎖の解消などを訴え、翌年の総選挙ではアベノミクスからの転換として、「バラマキ財政」から「人への投資」を主張し、その内容には子育て支援や雇用の安定、老後の安心によって可処分所得を増やすことなどが含まれる。

政策の中身やそれを正当化する理屈は異なるにせよ、「投資」という概念が未来への希望を引き出すポジティブな意味で使われるようになったとはいえるだろう。日本共産党もまた「投資」という言葉をそのような文脈で用いている。日本共産党の東京都委員会が二〇一三年に「若者への投資」で、東京から日本の未来開きましょう」という政策提言を行い、最低賃金の引き上げ、若者が使い捨てにされる働き方の根絶、家賃補助などの生活支援に言及している。社会的投資というよりも労働者保護や所得保障を訴える内容ではあるが、日本の最低保障が低い水準にあることを考えれば、社会的投資の前提条件の整備もまた「若者への投資」である。

民主党政権の政策転換と社会保障と税の一体改革

「コンクリートから人へ」を打ち出した民主党が二〇〇九年に政権に就いたときに、社会的投資の視点は政策として具体化したのだろうか。

自公政権下で検討されてきた少子化対策の制度改革は、チルドレン・ファーストを掲げた民主党により子ども・子育て支援政策として実現していく。子ども・子育て新システム検討会議(二〇一〇―一二年)でも「未来への投資」という観点は共有され、乳幼児期の教育は生涯にわたる人格形成の基礎を培うものので、子どもの健やかな育ちは「人」作りの基礎であるとし、子どもの育ちと子育てを支援することは「未来への投資」であると位置づけている。従来通りに「未来への投資」を踏襲しつつも、さらに人格形成に言及し社会的投資の要素を強めたことが確認できる。

さらに社会保障改革に関する有識者検討会報告(二〇一〇年)では踏み込んだ形で社会的投資の発想に言及している。五つの原則の一つに、「未来への投資としての社会保障」を掲げ、「子ども・子育て支援や、若者層の就労・能力開発支援を中心に、社会保障は未来への保障という性格を強めていく。少子化の進行はまさに「静かな有事」であり、次世代が生まれ育っていくことは、日本社会の持続可能性を高める上で不可欠である。さらには、次世代の能力が高まりその貧困リスクが減少することは、未来への投資としても大きな意味がある」と述べる。

目新しい点は、能力開発が未来の投資と位置づけられたことである。また貧困リスクにも言及している。さらに〈子ども・子育て支援〉の項目では、「子どもたちが就学前において、その基本的な認知能力や共に生きていく力を身につけることは、知識社会における人材育成という意味で、大きな意義をもつ」とあり、知識基盤型経済への問題意識が見て取れる。それまでの少子化対策とは異なり、まさに社会的投資の観点から子ども・子育て支援を位置付けた点が画期的である(有識者検討会では本書の執筆者の宮本太郎が座長を務め、駒村康平、大沢真理も参加した)。

有識者検討会が打ち出した方向性は平成二二年度版の「厚生労働白書」に明確に現れる。「社会保障の役割の再定義——消費型・保護型社会保障から参加型社会保障(ポジティブ・ウェルフェア)へ」というタイトルに表明されているのは、福祉国家のパラダイム・シフトである。従来型の社会保障を「消費型・保護型」とし、今後のめざすべき姿を「参加型」と提示する。参加型社会保障の定義には、「社会的包摂の考え方に立って、労働市場、地域社会、家庭への参加を保障することを目指すものである」とあるように社会的包摂を強調しているが、他方で「国民が自らの可能性を引き出し、発揮することを支援すること」や「本人の自己決定(自律)を支援すること」という目標には社会的投資の観点が埋め込まれている。さらには、「参加型社会保障(ポジティブ・ウェルフェア)は、経済成長の足を引っ張るものではなく、経済成長の基盤を作る未来への投資である」点を赤字で強調している。

もっとも、投資の見返りとして経済成長そのものではなく、「経済成長の基盤」と一歩下がった形で提示する。人的資本投資には言及せず、社会保障にお金を使うことは公共事業よりも経済効果が高いことを示すなど、社会保障関係事業が生産額や雇用に与える影響を指摘するにとどまっている。白書という性格上、厚生労働省の管轄内での政策提言しか行い得ないという制約があるとはいえ、ここでの問題枠組みは社会的投資国家パラダイムの観点からは部分的だ。

民主党はマニフェストでもそうであったように、経済的見返りと社会的見返りの間で揺らぎが見られ、二〇〇七/二〇〇九年以降は軸足が社会的見返りに移った結果、成長戦略との連携が見えにくくなっている。

それでも有識者検討会が打ち出した方向性は、社会保障と税の一体改革のなかで現実化が模索された。実際には消費税増税が既定路線となり、三%の消費税増税とそのうちの〇・七兆円が子ども・子育て支援に使われることで決着し、さらに〇・三兆円を他の財源から投入することが確認された。計一兆円の予算増は大きな変化であるが、「未来への投資」という言葉で二〇〇七年当時に構想された予算規模は一・五—二・四兆円程度であったことを考えると、限定的な投資規模にとどまった。

三　就労支援と人材育成

子育て支援と並び社会的投資の中核を占めるのが人的資本への投資である。幼児期に関しては、これまで見てきた通り、少子化に伴う労働力人口の減少への危機感から「少子化」対策が展開し、保育サービスの拡大が図られたものの、保育の質を人的資本形成の観点から強化する問題意識は希薄であった。では、成人に関してはどのような議論と政策が打ち出されたのだろうか。

就労支援や人材育成に関する政策は成長戦略の一環として近年展開してきている。資源が乏しい日本にとり経済成長の源となるのは人的資源であり、労働力を流動化することで高付加価値を生み出す産業へと人材の移動を促し、労働生産性と産業競争力を高めるというのが政策論理となっている。

個人の能力開発を行い、就労を通じた経済社会への参加促進とそれを通じた経済社会の発展を導くという考え方は民主党政権も提唱したが、人的資本への投資の視点が本格的に強化されるのは二〇一二年末に発足した第二次安倍晋三政権になってからだ。その特徴は人材育成や就労支援が社会政策としてではなく、あくまでも経済成長を成し遂げることを主目的とした成長戦略の一環として位置づけられている点にある。

ヨーロッパでは雇用と社会保障をつなぎ直し、福祉国家のアップデートを正当化するために社会的投資戦略が登場し、「人的資本への投資」と「社会的な保護(補償)」をどう組み合わせるかが政策論議の中心にあった。これに対し、日本の場合、特に第二次安倍政権以降、人的資本への投資は経済成長を成し遂げる手段として導入された。そのため日本の人的資本への「投資」は、常にいかにして人材を「活用」ないしは「活躍」させるのかとセットになる形で論じられる。つまり、人的資本への「投資」とは、「投資」を受けた人材が労働生産性の向上と経済成長という「経済的な見返り」を生み出す活動に貢献することを期待して展開されている。そこには働くことを通じた良質な生活の保障や誰もが「支える側」と「支えられる側」になれる社会をつくるという視点は抜け落ちている。加えて「投資」と「補償」が補完的な関係としても、代替的な関係としても捉えられていない点がヨーロッパとも韓国とも異なる。

グローバルな経済競争の拡大と能力開発

人的資本への投資の視点が打ち出されるようになった背景には、少子高齢化に伴う労働力人口の減少とグローバルな経済競争が拡大するなかで日本が安定的な成長を成し遂げていくためには、経済社会構造の変化に適応できる人材を確保しなければならないという危機意識が財界や官僚の間で広まっていることがある。長期雇用を前提とし、男性稼ぎ主の雇用の維持を中心に据えてきた日本では、人材育成は各企業が自社の労働者に対して行う企業内訓練(OJT)が主流となってきた。しかし企業内訓練の対象となる正規雇用は一九九〇年代半ば以降減少しており、代わりに増加した非正規雇用はOJTの対象とされずキャリア形成の機会が乏しい。さらに離転職者や失業者、若年無業者が増加したことから、企業外の人材育成機能、就労支援が重要性を増すようになった。

二〇〇一年には雇用対策法と職業能力開発促進法が改正され、キャリア形成を支える法的基盤整備の転換点となった。能力開発は失業者等の短期的かつ対症療法的な施策から脱皮し、個々の労働者が職業キャリアを自ら選びとることを基本理念とし、職業生活の全期間を通じて労働者の能力開発の発展が図られることになった(諏訪二〇一七)。日本においても国家が個人の能力開発を促す「能力開発国家」への変容が見て取れる(三浦・濵田二〇一二)。

さらには、若者、女性、育児や介護を行っている者、中高齢者、障がい者、生活困窮者といった従来は労働市場への参加が限定的だったさまざまな人びとを対象とした就労支援政策が二〇〇〇年代初頭より展開する。労働者には正規・非正規を問わず市場のニーズを汲み取ることができ、継続的に自己変革を行い続ける能力が求められるようになった(本田二〇〇五)。これまで労働市場に参加していなかった者たちの潜在能力を高め、労働市場への参加を促すことが政策課題として浮上した結果、多様な支援メニューが政策プログラムとして用意されるようになったのだが、それらは特定の技能の習得や向上をめざすことよりも、就労意欲やコミュニケーション能力といった対人社会スキルの育成を重視するものだった。こうした傾向は特に若年層を対象とした就労支援プログラムにおいて顕著であり、それが表れているのが二〇〇〇年代初頭に登場した「人間力」という言葉だ。二〇〇二年には内閣府に人間力戦略研究会が、二〇〇五年には同じく内閣府に若者の人間力を高めるための国民会議が設置され、「社会を構成し運営するとともに、自立した一人の人間として力強く生きていくための総合的な力」である「人間力」を備えた人材育成への取り組みが進んだ。

企業内特殊技能に頼る日本的経営の下では、ＯＪＴ以外の能力開発手段が限られ、必要とされる技能やその評価方法および取得手段に関して社会的な議論の蓄積も少ない。人的資本の持つ具体的な技能に関する理解が深まらないまま、「人間力」という曖昧な言葉で企業社会への適応を求めるものとなっている。経済社会構造の変化に適応できる人材はいかなる技能を持つのかに関する問題関心を欠落させたまま、人材育成の必要性だけが突出している。

ものづくりからヒトづくりへ

個人に対する能力開発が人的資本への「投資」として明確に位置づけられていく様子は、二〇一二年一二月に第二次安倍政権が発足した直後に官邸に設置された日本経済再生本部が取りまとめ、毎年発表している「日本再興戦略」において一層際立つ。当初は民主党政権下でも用いられていた「全員参加型社会」の実現を掲げ、産業競争力の強化を支えるための労働力の流動化政策を提起していたが、その後二〇一五年には「一億総活躍社会」、二〇一六年には「働き方改革」、二〇一七年には「人づくり革命」とスローガンを変化させながら、従来とは根本的に異なる高度情報技術に基づいた産業構造の構築とそれを支える人材を育成する必要があるとして、人的資本への投資の強化を打ち出した。

生産性の向上と人的資本への投資を強化する路線は、「『日本再興戦略』改訂二〇一五――未来への投資・生産性革命」から明確となっていく。そこでは「持続的な成長路線を辿っていけるかどうかは、……個人一人一人が、そして地方の一つ一つがその潜在力を開花する「生産性革命」を成し遂げられるかどうかにかかっている」と謳う。そして「生産性を高めるための鍵は、何と言っても投資である。将来の発展に向けた、設備、技術、人材への投資である。……日本が新たな産業群を作り出し、再び世界のフロントランナーとなるためには、将来投資を行う「民間の出番」であり……英断をもって過去の成功体験と決別し、未知なる世界に新たな一歩を踏み出す時である」と高らかに宣言する。

二〇一六年に発表した「日本再興戦略二〇一六――第四次産業革命に向けて」では、成長戦略の第二のステージとして「企業が、豊富な内部留保を設備・イノベーション・人材といった未来への投資に積極果敢に振り向けることが不可欠である。このため、①新たな「有望成長市場」の戦略的創出、②人口減少に伴う供給制約や人手不足を克服する「生産性革命」、③新たな産業構造を支える「人材強化」、の三つの課題に向けて、更なる改革に取り組むことが求められる」としている。そして今後の生産性革命を主導するものとして、ビッグデータや人工知能といった高度情報技術を用いて、消費者の潜在的なニーズを呼び起こす新たなビジネスの創出と社会的な課題の解決に向けた第四次産業革命を先導し、その実現の鍵はオープンイノベーションと人材だと提唱する。

二〇一七年には「未来投資戦略二〇一七――Society 5.0 の実現に向けた改革」と名称を変え、第四次産業革命がもたらすイノベーションをあらゆる産業や社会生活に取り入れることで、従来の経済システムとは根本的に異なる Society 5.0 の実現が目標に掲げられる。Society 5.0 とは①狩猟社会、②農耕社会、③工業社会、④情報社会に続く、人類史上五番目の新しい社会を指し、新しい価値やサービスが次々と生み出され、社会の主体たる人びとに豊かさをもたらすとされる。付加価値を生み出す競争力の源泉は、従来のカネとモノからヒトとデータへと移っているという認識を示した上で、第四次産業革命と Society 5.0 に対応できる人材への投資と労働移動の円滑を進めること、生産性の向上と新しい価値創出力の強化に結びつく働き方改革を進めることを提言する。

人的資本への投資を構造改革と生産性向上に結びつける議論は、経済財政諮問会議の「経済財政運営と改革の基本方針二〇一七――人材への投資を通じた生産性向上」においても確認できる。そこでは「「人材への投資による生産性向上」を改革に向けた取組の中心に据え」るとし、潜在成長力の伸び悩みという課題に対処するために、人的資本の質を高めることで潜在成長力を引き上げていく必要があると述べる。

経済システムの牽引役が人工知能やビッグデータによって担われるようになっていること、新たな高度情報技術を使いこなすことができる人材が必要であり、そのためには人的資本への投資を行い、新しい付加価値を創出できる人材を育成しなければならないという議論は、社会的投資戦略の論理に合致する。今までとは異なる経済社会が到来し、モノではなくヒト（人財）が付加価値を生み出す源となり、そのためには人的資本への投資が不可欠となるという認識は、一見すると日本でも社会的投資戦略が展開しているように見受けられる。しかし、人的資本への投資を通じてめざされるのは潜在成長力の引き上げや生産性の向上であり、経済的な見返りへの関心しか払われていない。

自公政権下では人的資本への投資が生産性の向上と成長のために不可欠だという認識が広く共有されるようになった一方、誰がどのような形で人材育成を行うのかに関しては企業と労働者本人に一任する形で進んでおり、長期的な人材育成のビジョンに欠ける。企業による正規雇用を対象とするOJTを享受できない労働者が増加しており、そうした状況は人的資本の適切な形成に問題を生じさせているとの認識はありながらも、非正規のキャリア形成は労働者自らが主体的に行うことが前提となっている。

こうした方向性は、二〇一三年に内閣府の有識者会議である成長のための人的資源活用検討専門チームがまとめた報告書「成長のための人的資源の活用の今後の方向性について」で確認できる。「個人や企業による若者への人的投資を、未来への投資の観点から公的にも重点的に支援する必要がある」としているものの、具体的な施策は乏しい。「職業能力は実際の仕事を通じて身につく部分が大きいことから、ＯＪＴ機会の確保も含め検討する必要がある」とされ、引き続き企業によるＯＪＴが中心となることが示唆されている。非正規雇用の人的資本形成については、従来型の正規雇用への移行支援と共にジョブ型労働市場の整備への言及も見られる。ジョブ型労働市場とは、職務や勤務条件が詳細に明記された雇用契約を結んだ労働者を中心とした労働市場を意味する（濱口二〇〇九）。ジョブ型労働市場を渡ることが可能な専門能力を有した労働者を育成するだけでなく、職業能力を評価する仕組みづくりの必要性も挙げられている。ジョブカードの積極的な活用が提案されているが、ジョブカードは、導入当初の目標だった二〇一二年度末までに取得者を一〇〇万人、二〇二〇年までに三〇〇万人を達成できる見込みが薄いとして、制度の見直しが進んでいる。

新卒の若者に関しては、新卒時に非正規雇用となるとその後のキャリア形成の機会がないことが人的資本形成の観点から問題であるとし、中小企業の人材ニーズに応える形で人材投資を進めることを提唱している。中小企業と学生のマッチングを強化し、中小企業においても教育訓練が受けられる環境の整備の必要性を述べている。人的資本への投資が必要だという社会的投資戦略に則った発想は見られるものの、実施手法としては従来の企業が行うＯＪＴに依存していることが窺える。

人材育成の焦点がものづくりを担う者の育成から人的資本形成一般へとシフトしている様子は、五年ごとに改定される厚生労働省の職業能力開発基本計画にも現れている。第七次（二〇〇一—〇五年）、第八次（二〇〇六—一〇年）、第九次（二〇一一—一五年）までの職業能力開発基本計画では、ものづくりを担う人材育成を重視する姿勢が見られた。だが、二〇一六年に策定された「第一〇次職業能力開発基本計画——生産性向上に向けた人材育成戦略」(二〇一六―二〇年)では、人的資本を重視する方向へと計画の焦点が移っている。「我が国の経済の基盤であるものづくり産業における人材育成の取組の強化はもとより、対人サービス分野をはじめとしたものづくり以外の分野においても取組の重点化を図る必要がある」とあるように、製造業だけではなく、対人サービス業を含めた人的資本形成一般へと力点が移行している。

その一方で、いかなる形で人材育成を行うのかについては、依然として企業を主体とするものを想定している様子が窺える。「企業の人材育成投資がより限定的になっていくことが懸念される中、我が国の人材育成においては引き続き企業の役割が大きいことを踏まえると、特に企業内の人材育成投資を促進する取組の強化が求められる」とあり、具体的な施策としては、キャリア形成促進助成金やキャリアアップ助成金による訓練機会確保などを言及するにとどまっている。

政府内での議論は、人的資本は経済成長の源だという認識を出発点とするため、労働生産性を向上させることが至上目的となっている。他方、人材育成は企業の役割だとし、企業内の人材育成を推奨する方針が示されている。つまり、人的資本への投資が必要だという認識は示されているが、誰が投資を行うのかについては、国は民間(企業)が行うものだとし、企業は対象を限定した企業内特殊技能形成に注力している。政府の役割は限定的・補完的である。

四　国際比較と日本の特色

日本においても「未来への投資」や「明日への投資」、近年では「人への投資」や「未来投資戦略」という言葉が使われ、子育て支援や人材育成に関する政策が進展してきたことを確認した。今一度整理すると、少子化対策の文脈のなかで予算増額を正当化するものとして、二〇〇七年に「未来への投資」が登場する。労働力減少への対応と社会保障の持続性確保のために次世代支援が政策課題として浮上し、二兆円近い予算を「未来への投資」として位置づけ、経営者や納税者の支持を取りつけようとした。次世代支援だけではなく、現役世代の能力開発を「未来投資戦略」として重点化する方針を打ち出すのは第二・三次安倍政権である。もっとも従来の自民党のマニフェストでは「未来への投資」は公共事業を意味しており、「人への投資」を謳う民主党と好対照をなしていた。自民党は政党としては従来型の公共投資を訴え支持層へアピールする一方で、政権としては同じ言葉を用いて人材投資を通じた生産性向上をめざすとしており、矛盾が生じていた。ところが二〇一七年の総選挙になると、選挙公約に就学前教育・保育の無償化や待機児童解消を掲げ、「子育て世代への投資を集中」させ、二兆円規模の予算で「人づくり革命」を断行すると訴え、矛盾は解消される。

もっとも、安倍政権の未来投資は経済的見返りのみを目標としており、民主党との差異が際立つ。安倍首相は女性活躍政策も社会政策ではなく経済政策として行うと明言しているように、「投資」＋「活用（活躍）」がセットになり、「投資」を受けた人たちがどれだけ「活躍」する（させることができる）かに力点が置かれ、個人の尊厳の保障という視点は皆無である。他方、民主党は公共投資から「人への投資」への移行を訴え、ここでの中身は再分配の強化や子ども・子育て支援であり、自民党とは異なり社会的見返りを打ち出しているが、経済的見返りとの関係は不明瞭である。

このように日本での展開は、極めて興味深いことに「公共投資」対「人材投資」で対立軸が引かれ、ヨーロッパのように福祉国家の役割をめぐって「投資」対「補償」という対立軸が生じているわけではない。日本は福祉国家ではなく「土建国家」だといわれることもあるが、そうした日本の福祉国家のあり方に強く規定された議論展開だといえよう。さらに人材投資の政策目標をめぐっては、「経済的見返り」と「社会的見返り」が対立する状況になっており、両者を統合的に推進する言説は見あたらない。

二〇〇七年ごろより「投資」という言葉が頻出することによって財政拡大が正当化され、実際に家族関係社会支出は急増した。「未来への投資」が政府文書に登場した二〇〇七年には、家族関係社会支出の対GDP比は〇・八%だったのが、二〇一五年には一・三%にまで伸びている(国立社会保障・人口問題研究所「社会保障費統計」)。もっとも、社会的投資の先進国であるスウェーデンやフランス、ドイツなどがGDPの三%近くを家族関連政策に費やしていることと比べると、日本は半分以下の規模でしかない。労働力人口の確保に力点が置かれ、貧困対策や子どもの発達保障の観点から支出拡大が正当化されてこなかったことが、限定的な伸びにとどまった一つの要因なのかもしれない。

「経済的見返り」と「社会的見返り」が対立する状況は日本の政党対立を反映するものでもある。経済政策と社会政策は相互に密接に関連することから、社会的投資は相乗効果を引き出すことを狙っており、経済的見返りと社会的見返りは同時に追求される。ヨーロッパにおいても、経済的見返りが優勢になっているのではないか、教育投資の恩恵を受けるのは所得の高い層ではないかという批判はあるものの、貧困問題の解決は社会的投資の重要な政策目標となっている。他方、日本では保守政権下で進められる社会的投資は経済的見返り一色となり、リベラル色の強い民主党政権下においては社会的見返りに軸足が移り、経済政策と社会政策の関連性は希薄であった。貧困問題が深刻化し、再分配がほとんど機能していない状況においてリベラル政権がそれを強化させるのは当然のことであるが、それはむしろ「補償」に相当するものである。

「投資」の見返りといっても、経済指標においても社会指標においても因果関係は複雑である。投資の効果はすぐには出ず、効果が現れたとしても投資の結果なのかを証明することは簡単ではない。それにもかかわらず、投資という言葉が使われるのは、税金や予算使途に対して有権者や事業主の向ける眼差しが厳しく、費用対効果をある程度示さなければ納得してもらえない状況があるからである。日本で強調されてきた投資効果は生産性向上と人口確保にほぼ限定されているが、それは日本の低い生産性と出生率を反映するものであった。生産と再生産の双方の向上に焦点が当たる一方で、資本主義経済の変容や技術革新を踏まえて必要とされる技能を割りだし、ライフコースの全段階においてそれを習得させるという発想は乏しい(第1章参照)。このことが幼児期における教育への無関心にもつながっているのではないだろうか。

企業内特殊技能に依存する日本的経営の下では、必要とされる技能に関して見通しが立てにくく、社会的投資と企業内特殊技能形成は嚙み合わない可能性がある。社会にとって必要な技能がある程度客観的に把握されないのであれば、政府の役割は企業内特殊技能が形成される企業への支援という形を取らざるを得ない。しかし企業内特殊技能の蓄積を測る手段を政府は持ち得ないため、技能形成の観点から支援対象の企業を選別することはできず、不良企業を延命させることにもなり、また高付加価値産業への人材移動を促すことにはつながらないだろう。逆に、高度で専門的な技能を社会的に養成するのであれば、日本的経営は根本的な変革を余儀なくされる。「人材投資」という言葉は耳触りがいいが、誰にどのような技能をどうやって身につけさせるのかという具体論なしには意味のない題目である。

おわりに

本章は、日本でも社会的投資の言説と実践が見られることを確認してきた。福祉国家のパラダイム転換という華々しい位置づけではないが、静かに浸透しつつあるとはいえるだろう。しかしながら、日本でこれまで展開されてきた投資はヨーロッパや韓国のそれと比較すると極めて部分的である。人口減少の危機に対応する「未来への投資」には貧困問題や新しい社会的リスクへの対処という視点が欠落している。経済社会構造の変化に対応する「人材投資」は日本の労働市場とキャリア形成の特性を踏まえたものではなく、具体性と効果の見通しを欠いた空疎なスローガンでしかない。ましてや、日本は学校教育も職業訓練も公的支出の対GDP比がOECDの最低水準か下位群にある。人材投資を政府の責任で進めるのではなく、あくまで個人に責任を帰して鼓舞するに過ぎない。経済的見返りが突出し社会的見返りが考慮されないばかりか、経済的見返りも得られるものであるのか不透明なのだ。

なぜこのような経済的側面に偏った片翼の社会的投資が進められてきたのだろうか。一つには女性の就労支援が積極的に推進されるタイミングが遅く、少子化対策として保育サービスの拡充が進められてきたことがある（詳細は第9章）。公的保育の「ニーズ」への対応は取られても、待機児童問題によって退職を迫られるという「社会的リスク」への対応としては捉えられてこなかった。リスクであればもう少し早急に保育所整備が進んだかもしれないが、女性たちのニーズは過小評価され不可視化されてしまった。近年では、イギリスを参考に「社会的インパクト投資」を政府が推進しているが、これも個別支援ニーズに応えるものであり、「社会的リスク」全体に向き合う「社会への投資」とは発想が異なる（社会的投資の市場化については第4章参照）。

また、貧困削減が政策課題化しておらず、社会的投資戦略との関係性が希薄なこともある（詳細は第7章）。さらには人的資本への投資の中身に具体性がなく、それは必要とされる技能に関する社会的議論や合意が存在しないことにも一因がある（技能形成については第8章参照）。つまりは、日本社会が抱える社会的リスクを洗い出して福祉国家を再構築する視点がなくては、社会的投資戦略は総合戦略として意味あるものとならないことを示しているのではないだろうか。

経済的見返りが強調されるのは、長期にわたる保守政権下で政策が形成されてきたことを反映している。もっとも、経済的見返りにおいても自己責任と社会的分断の発想が日本では一層強い。経済成長がすべての人に恩恵をもたらすのであれば、社会全体への還元となるが、富の偏在が進むのであればその限りではない。自公政権下で進められてきた人材投資は、社会全体への還元よりも、強い個人と企業が恩恵を受けることを重視している。すなわち経済活動における「社会」の観点を欠落させているといえるだろう（教育投資の社会的見返りについては第7章、第8章）。

社会的投資ではなく「未来への投資」や「人への投資」という言葉が日本で使われてきたのも、社会全体で恩恵を分かち合う発想に立てていなかったことを裏書きするのではないだろうか。「社会」という言葉を巧妙に避け、〈個人〉の利益につながることを強調する語彙選択を続ける限り、私たちが人びとの〈つながり〉を想起することを困難にしてしまう。

本書が「社会への投資」と呼ぶのは、人びとの〈つながり〉を強化する社会関係資本への投資を強め、そのことによって〈個人〉の尊厳と安心できる社会を構築するべきであるという社会ビジョンに基づくが、それだけではなく、個人の人的資本への投資は社会全体に波及するものであることを意識するからである。本書がめざそうとする「社会への投資」に向けて、抜本的な発想の転換が求められている。

引用文献

諏訪康雄(二〇一七)『雇用政策とキャリア権――キャリア法学への模索』弘文社
濱口桂一郎(二〇〇九)『新しい労働社会――雇用システムの再構築へ』岩波新書
古川孝順・田澤あけみ編(二〇〇八)『現代の児童福祉』有斐閣
本田由紀(二〇〇五)『多元化する「能力」と日本社会――ハイパー・メリトクラシー化のなかで』NTT出版
三浦まり・濱田江里子(二〇一二)「能力開発国家への道――ワークフェア/アクティベーションによる福祉国家の再編」『上智法学論集』五六(二・三)、一―三六頁
椋野美智子(二〇一二)「保育政策の政治・政策的文脈――国際比較からみえる日本の特徴」椋野美智子・藪長千代編『世界の保育保障――幼保一体改革への示唆』法律文化社

第Ⅱ部　日本はどうするべきか

7 「社会への投資」としての貧困削減

大沢真理

はじめに

本稿は、欧州連合(EU)が取り組んでいる社会的投資戦略を参照し、日本の文脈にそくして、貧困削減に努めることが、社会的投資ないし後述する「社会への投資」として重要であると論じる。貧困削減とは、すでに貧困状態に陥った人が、すくなくとも最低限の生活を営めるように、支援(典型的には社会保障の現金給付)することや、貧困状態の手前にいるような人びとが、稼得を増して生活のゆとりを得るように支援することを含む。というと、とくに前者のような施策は、「投資」という語感にそぐわないと感じる読者もすくなくないだろう。実際、本書の第1章で紹介されるように、イギリスのブレア労働党政権のブレーンは、失業時の所得補償などは非生産的な支出だと論じていた。しかし、以下で見るように、そうした考えかたはEUの社会的投資戦略の主流ではない。まず、EUの社会的投資が、時間的経緯としても幅としても深い概念であることを確認しよう。

一　二〇一三年の社会的投資パッケージと『欧州二〇二〇』

社会的投資パッケージの発出

ＥＵの行政府である欧州委員会は二〇一三年二月二〇日に、『成長と結束のための社会的投資』と題する政策文書（コミュニケーション）を発出した（European Commission 2013a）。この政策文書は、欧州委員会の勧告『子どもに投資する――不利の循環を打ち破る』（European Commission 2013b）および一連のスタッフ・ワーキング文書とともに、「社会的投資パッケージ」を構成している（European Commission 2013a: 2-3）。以下では、その政策文書を『社会的投資政策文書』、勧告を『子どもに投資する勧告』と呼ぼう。

では、特殊に社会的投資パッケージにおける社会的投資とはなんだろうか。二〇一三年初めに社会的投資パッケージが発出された文脈はどのようなものだろうか。

『社会的投資政策文書』でまず目につくのは、その冒頭に『欧州二〇二〇』戦略を引いていることである。すなわち、すくなくとも二〇〇〇万人の欧州の人びとを貧困と社会的排除の状態から脱出させること、および二〇―六四歳の就業率を七五％まで引き上げること、という目標を強調している。『欧州二〇二〇』は、ＥＵが二〇一〇年六月に策定したもので、「知的で持続可能で包摂的な成長への戦略」を副題とする（大沢二〇一一）。二〇一三年の社会的投資パッケージは、二〇一〇年前後からのグローバルな経済・社会情勢を踏まえて、『欧州二〇二〇』に代表されるＥＵの目標を推進する政策枠組みを、加盟国に提供するものである。

社会的投資パッケージが踏まえた情勢とは、二〇〇八年からの世界金融経済危機の所産であり、人口高齢化である。金融経済危機は、二〇〇八年九月一五日にアメリカの大手投資銀行(証券会社)リーマン・ブラザースが倒産申請したことをきっかけに、「一〇〇年に一度のツナミ」と呼ばれる規模で波及した。貿易は崩落し主要国の国内総生産(GDP)は落ち込んだ。また危機に対応する財政出動や不況による税収低下などにより、各国の財政は逼迫した。とくにギリシャやポルトガル、アイルランド、イタリア、スペインなどの政府債務危機(国債価格の急落と国債利回りの急上昇)は、共通通貨ユーロの信認を揺るがすに至った。ユーロ危機やソブリン危機といわれる事態であり、二〇一〇年五月には欧州の金融安定化のための仕組みが急遽導入されている(持田二〇一四)。

『欧州二〇二〇』の主要目標

『欧州二〇二〇』が策定されたのは、このようなタイミングだった。欧州委員会によるその「まえがき」によれば、世界金融経済危機は、「いつもどおりにやる」のでは欧州は衰退を避けられない、という教訓をもたらした。そこでこの戦略は、危機以前に見込まれた成長シナリオを超える成長を、「持続可能な」回復と呼んで目標に据える。そのカギが、より「知的(スマート)」になることと、「包摂的」になることであるとされる(濱口二〇一〇:大沢二〇一一)。

知的、持続可能、包摂的という三つのキーワードの意味は、欧州委員会が打ち出したつぎの五つの主要目標に示されている。すなわち、二〇二〇年までに、

1　二〇―六四歳人口の就業率を七五％以上とする（二〇一〇年は六九％）。
2　EUのGDPの三％以上を研究開発に投資する（二〇一〇年は二％に満たない）。
3　「二〇／二〇／二〇」気候・エネルギー目標を達成する（温室効果ガスの排出を一九九〇年レベルにたいして二〇％以上削減し、再生可能エネルギーのシェアを二〇％にし、エネルギー効率を二〇％高める）。
4　「早期離学者」、すなわち一八―二四歳で前期中等教育のみを受け、直近の四週間に教育も訓練も受けなかった者の比率を一〇％以下とし（二〇一〇年は一五％）、三〇―三四歳人口に占める高等教育修了者の比率を四〇％以上にする（二〇一〇年は三一％）。
5　「国の貧困線」以下で生活する人びとの数を二五％削減し、二〇〇〇万人以上を貧困状態から脱出させる。

うち第五と第一の目標が、二〇一三年の『社会的投資政策文書』の冒頭で打ち出されたのである。『欧州二〇二〇』の三つのキーワードの一つである「包摂」は、もちろん「社会的排除」の対語である。EUは二〇〇〇年代の初頭以来、共通の指標をもちいて社会的排除および貧困と闘うことを、主要目標の一つとしてきた。本書の第1章が紹介するように、二〇〇〇年三月にはリスボンでの欧州理事会で「リスボン戦略」が策定されたが、そこでは、二〇一〇年までに欧州が、「世界で最も競争力のある知識基盤経済」となること、持続可能な経済成長とともに雇用の量と質を高め社会的結束を強めることが、目標とされていた。主要項目に含まれたのが、人間に投資し「積極的な福祉国家」を構築することである。そこに、貧困を除去し「社会的包摂」を推進するという課題が位置づけられていた（大沢二〇一一）。

なお上記の「国の貧困線」については、可処分所得の中央値の六〇%が加盟各国で定められており、「貧困の恐れがある」人びとの比率とも呼ばれる(European Commission 2010)。一般的には「相対的貧困率」と呼ばれる指標であり、以下では貧困率と略称しよう。

ちなみに可処分所得は、雇用されて得る賃金収入や事業を営んで得る収入など(当初所得または市場所得と呼ばれる)から、直接税と社会保障への拠出をさし引き、社会保障の現金給付を加えたものである。市場所得から可処分所得への変換を所得再分配と呼ぶ(所得移転とも呼ぶ)。つまり所得再分配には、負担面では付加価値税・消費税などの間接税負担を含まず、給付面ではサービス給付を含まない。所得のデータは世帯単位で収集されるため、貧困率の計測のためには世帯の規模を均す必要がある。通常、世帯員数の平方根で割ることで世帯規模を均しており、この操作を「等価」にする、という。EUでは等価可処分所得の中央値の六〇%が貧困線とされているが、経済協力開発機構(OECD)などの国際機関では、五〇%を用いることが多い(四〇%や六〇%も計測されている)。

『社会的投資政策文書』と『子どもに投資する勧告』の強調点

リスボン戦略から『欧州二〇二〇』戦略へのこうした展開をうけて、二〇一三年の『社会的投資政策文書』は、今後とも人的資本(教育訓練や経験によって蓄積される能力のストック)に投資する必要があると述べる。すなわち、福祉システムが果たすべき機能として、「社会的投資」、「社会的保護」、「経済の安定化」の三つがあるという。いわく、社会政策は、応急的な効果とともに、継続的に経済的・社会的な「見返り(リターン)」、たとえば雇用の見通しや労働所得をもたらすものである。とくに社会的投資は、人びとがたんに生活上のリスクの結果について「補償(リペア)」されるだけでなく、リスクに「備える(プリペア)」ことに資する。社会政策に想定されるのは、上記の三つの機能の二つ以上を果たし、相互に強めあうことである。そこでたとえば社会的支援の政策手段も「出口戦略」(後述)を提供するべきである、という(European Commission 2013a: 3)。

『欧州二〇二〇』の主要目標にそくして解釈すると、マクロの研究開発投資における目標(第二)は、青少年および若い成人が教育を受ける年数を延ばすこと(目標第四)、つまりミクロの人的資本への投資と連動するべきであり、第一目標として引き上げをめざす就業率でも、より高スキルで高賃金の就業といった内実が軽視されてはならず、それが第五の貧困削減の目標にも資する、などの相互補強の関連である。『社会的投資政策文書』で着目したいのは、当面の貧困にたいして保護を提供する政策手段にも、耐乏生活を送るうちに人的資本が減耗することを防ぐ意味があり、適切な「出口戦略」を備えることで投資効果をあげる、という言及である。なお出口戦略は、支援施策が原則として「一時的」であるべきことと換言され、特定の適切な目標の達成(たとえば訓練への参加)を条件づけることは、その一部であるとされた(European Commission 2013a: 3)。

つまり、保護か投資か、補償か備えかという二者択一ではないのであり、社会的投資としての貧困削減という本章の課題設定は、EUのアプローチに包含されるものである。とはいえ、カギは具体的にどのような政策が推進されるかにある。

『社会的投資政策文書』ではまた、生涯を通じて人的資本に投資し、充分な生活を保障する必要、ジェンダーの次元を打ち出す必要、民間セクターやサードセクターの資源で公的努力を補完する必要、社会政策を効率化する余地などが、課題として掲げられた。ジェンダーの次元とは、男女の労働力率の差、女性のパートタイム比率の高さによる就業時間の男女差、そして賃金率の男女差（平均で一六・二％）があいまって、収入の男女格差と女性の貧困率の高さをもたらしていることである（European Commission 2013a: 4-8）。

社会的投資パッケージを構成する『子どもに投資する勧告』では、カギとなる柱が三つ提案されている。それは、①「充分な資源へのアクセス」、②「良質で賄いやすいサービスへのアクセス」、そして③「子どもの参加権」、である。①の項目は、親の労働市場参加を支援する、給付を組み合わせて充分な生活水準を提供する、である。②にあげられたのは、幼児の教育とケアに投資することで年少期の不平等を削減する、機会均等にたいする教育システムのインパクトを改善する、不利な子どもたちのニーズに応答できるよう保健医療システムを改善する、などである。勧告の付録には、子どもの貧困および社会的排除と闘い子どもの福祉を増進するという総合目標のもとに、三二の指標が、政策モニタリングの枠組みとして表示された（European Commission 2013b）。

『子どもに投資する戦略』では、戦略の目標が貧困の解消と不平等の縮減にあることが、明確である。では、どのような政策で社会的投資を進めるのか。これにかんして手がかりとなるのは、『社会的投資政策文書』で、二〇〇八年の『積極的包摂』政策文書の実施が強く求められている点である（European Commission 2013a:10-11）。そこで二〇〇八年の政策文書も見ておこう。

『積極的包摂』の実施が肝心

二〇〇八年の政策文書では、「積極的包摂」の共通原則として、「充分な所得保障」、「包摂的な労働市場」、そして「良質なサービスへのアクセス」が勧告された(European Union 2008)。最低所得保障の「充分性」として着目されたのは、社会扶助の給付が世帯の純所得を貧困線以上に引き上げるかどうかであり、同時に社会扶助等の捕捉率、すなわち制度が該当者によって実際にどの程度利用されているかも、問題にされた。二〇一三年の社会的投資パッケージがくりかえし求める「充分な」生活の保障は、社会的支援の面では貧困線をクリアするに足る給付水準と適切な捕捉率の確保を意味することになろう。

また「包摂的な労働市場」の意味は、いっぽうでは、市場への参入をサポートする保育サービス(とくにひとり親にたいして)や健康・住居の保障である。同時に他方で、労働市場への参入を促し支援する積極的労働市場政策と税・社会保障制度との整合性も肝要だとされた。たとえば、働いて稼得を増した場合に、なんらかの社会保障給付を失い、かつ税・社会保障負担が不釣合いに重くなるなら、「働けば報われる」ことにならず、就労への誘因は低迷するからである(European Commission 2008)。二〇一三年の『社会的投資政策文書』が強調する「出口戦略」は、労働市場への参入の保障とともに「働けば報われる」ための制度整備を含むわけである。この関連で、『社会的投資政策文書』が労働市場の分断と分極化に注目し、就労貧困の問題に言及した点は、重要である。すなわち就労貧困者(ワーキング・プア)は成人の労働年齢貧困者の三分の一を占めると指摘している(European Commission 2013a: 7)。フルタイムで就労しても貧困を免れないなら、就労への誘因は高いはずもない。ここからも、社会的投資としての貧困削減という課題設定が要請されると考える。

二　社会的投資パッケージの進展にかんする第一回報告

三つのグループに分けられる

さて二〇一五年になると、欧州委員会と欧州社会政策ネットワーク(ESPN)の連名で報告書『欧州における社会的投資——各国の政策の研究　二〇一五年』が発表された。欧州委員会の依頼で、ESPNに加入する諸国の独立専門家によって国別報告が三五本作成され、本報告書はその総括にあたる(以下『二〇一五年総括報告』と略称)。本書の第1章が紹介するように、『二〇一五年総括報告』と国別報告は、社会的投資への全般的アプローチの進展を総合評価して、諸国を三つのグループに分けた(Bouget et al. 2015: 6-7)。

ちなみに『二〇一五年総括報告』の付録A5では、「社会的保護の原理と社会的投資の原理とのあいだの緊張」を安易に否定するべきではないという研究者からの批判も紹介されている。そのうえで、EUの社会的投資アプローチは、学界での議論と整合性がある、と述べている(学界の議論動向については本書の第1章を参照)。批判論は、〈保護から投資へ〉という転換を警戒するコメントであろう。学界での議論よりもEUが強調してつけ加えているのは、社会政策の効率性と有効性、人口構造と社会の変化といった次元であるという(Bouget et al. 2015: A126)。

その指標は何か

では評価をともなうグループ分けは、どのような指標でおこなわれたのだろうか。『二〇一五年総括報告』の付録A3によれば、その指標は、つぎの三つの群からなる(Bouget et al. 2015: A17)。

A　幼児の発達の支援

B　親の労働市場参加の支援

C　社会的排除・労働市場排除にたいする政策手段

うちA群には一〇の表(および五つの図)、B群には七つの表、C群には一七の表が掲げられ、二〇〇八年から二〇一三年の数値が表示されている。

さらに付録A4では、社会的支出の指向、失業、家族という三つの領域について、それぞれ七つから一〇の指標を使い、国別に、二〇〇九年と二〇一二年の数値、および二〇一二年のEU二八カ国のスコアを、レーダーチャートに描いて対比している(Bouget et al. 2015: A67–124)。しかし、三つのレーダーチャートのスコアをまとめる総合評点は設けられていない。

『二〇一五年総括報告』は、評価を伴うグループ分けが国別報告に依拠しているというが、たとえば第一のグループ(すでに社会的投資アプローチが確立された諸国)に分類されたドイツの報告書を見ると、定量的な評価ではなく、二〇〇〇年代はじめからの諸改革を社会的投資を指向するものと特徴づけている。若干の数値もあげられているものの、定性的な評価と見てよい(Hanesch, Bäcker, and Trabert 2015)。ただ

表1　概観のための指標

Ⅰ　社会的支出の指向	Ⅱ　失　業	Ⅲ　家　族
支出総額の対GDP比	積極的労働市場政策支出の対GDP比	家族向け現金給付支出の対GDP比(0-19歳)
年金支出の対GDP比	失業給付のカバレッジ	家族向け現金給付支出の対GDP比(0-19歳)
医療・障害支出の対GDP比	純代替率(2カ月，単身者)	子どもがいる世帯の相対所得
失業支出の対GDP比	純代替率(12カ月，単身者)	社会移転による貧困削減，子ども
家族支出の対GDP比(0-19歳)	失業の罠(単身者)	子どもの貧困率
社会的排除支出の対GDP比	失業者の貧困率	子どもの深刻な物質的剝奪
住居支出の対GDP比	生涯学習を受ける失業者	保育サービスの利用(0-3歳)，総合
	15歳以上の失業率	保育サービスの利用(3歳—義務教育)，総合
	長期失業率	母親の就業率
		女性の不本意パートタイム(パート雇用者に占める比率)

出典：Bouget et al.(2015: 付録A4).

し、最低賃金制度の導入や保育施設の拡充、育児休業補償の拡充といった家族政策の面で、メルケル政権は社会民主主義的であるという評価(野田二〇一六)、あるいは二〇一四年頃のドイツは若者の教育や女性の雇用の面で社会民主主義のクラスターに属するという分析結果もあり(Ferragina, Seeleib-Kaiser, and Spreckelsen 2015)、上記のドイツの報告書での特徴づけと整合的である。

ともあれ、レーダーチャートに使われた指標は**表1**のとおりである。うち「失業の罠」は、失業手当を受けていた状態から就業(平均賃金の六七％の職と想定)した際に、給付がなくなり税・社会保障負担が増えることの複合的な結果として生じる限界実効税率をさす(「参入税率(PTR)」と呼ばれる)。また子どもにおける(所得移転による)貧困削減率は、社会移転(所得移転から年金を除いたもの）以前の貧困率と移転後の貧困率の差を、比率にしたものである（Bouget et al. 2015: A68）。

二〇一三年の社会的投資パッケージが強調していることに照らして、表1に欠落していると思われるのが、就労貧困や男女の賃金率格差の指標であり、政策の効率性の指標も見当たらない。ちなみに『二〇一五年総括報告』の付録A3には、労働年齢の就業者の貧困率が掲示されている（C15a表。欧州所得・生活水準統計EU-SILCによる）。それがレーダーチャートには使われていないことにかんがみると、社会的投資パッケージは〈保護から投資へ〉切り替えるものだという批判も、あながち的はずれとはいえないだろう。

総じて、レーダーチャートに使われている指標では、政策サイクルのうえで異なる位置にあるものが混在していることも、実態の把握をむずかしくしていると思われる。政策サイクルとは、政策課題の把握―政策目標と手段の決定―政策資源（予算と人員など）の投入―政策手段の帰着（政策のアウトプット）―政策のアウトカム（―つぎの段階の政策課題の把握）というサイクルをさす。

たとえば社会的支出の規模は政策資源の投入を表し、その規模が上昇することは、当該政策分野を重視するという政府の意図（政策目標）を反映すると見てよい（意図せざる政策環境の悪化も反映）。また失業給付のカバレッジや失業給付の従前所得代替率、また保育サービスの使用度は、政策のアウトプットである。そして「失業の罠」は、税・社会保障制度と労働市場との不整合による副次的な（意図せざる）アウトプットであろう。

アウトカム（成果）は、政策目標が達成された度合いにあたるので、なにが目標かによって異なる。保育サービスの使用度は、子どもどうしや子どもと保育士等との交流による社会関係資本（信頼関係やネットワーク）の形成や、発達を促すようなサービスによる子どもの人的資本の形成そのものを目標とするなら、子どもの社会的包摂というアウトカムを示すと見てよい。投資の見返りにあたるのは子どもの教育達成や職業達成であろう。ちなみに二〇一三年の『子どもに投資する勧告』の付録には、ＯＥＣＤの一五歳児学習到達度調査（ＰＩＳＡ）において五段階スコアで最低となった児童の比率が含まれているが、『二〇一五年総括報告』の付録には含まれていない。

いっぽう子どもの貧困削減を政策目標とするなら、母親の就業率を高めることは、その就業の条件（賃金率・労働時間）が充分な場合に（のみ）、目標に資する政策手段でありうる。政策アウトカムといえるのは、子どもや失業者の貧困率であるが、就労貧困も考えるなら、貧困率を失業者だけについて見る意義は小さい。ＥＵ以外の諸国について就労貧困のデータは得にくいため、労働年齢人口の貧困率とともに、最低賃金の水準や男女の収入格差（賃金率の格差と就業率の格差の積）を合わせて見ることによって、実態にアプローチできるだろう。

三　アウトカムの評価の試み

以上を踏まえ、また日本の文脈に照らして、この節では、社会的投資のアウトカムを国際的に対比しよう。指標としては、子どもがいる世帯の人口の貧困率、保育サービスの使用度をとり、また就労貧困と関連する最低賃金の水準を見よう（より包括的な指標による対比は第９章を参照）。日本のほか、統計が得られるかぎりアメリカと韓国を含める。上記のように、すでに二〇〇〇年のリスボン戦略に〝人間に投

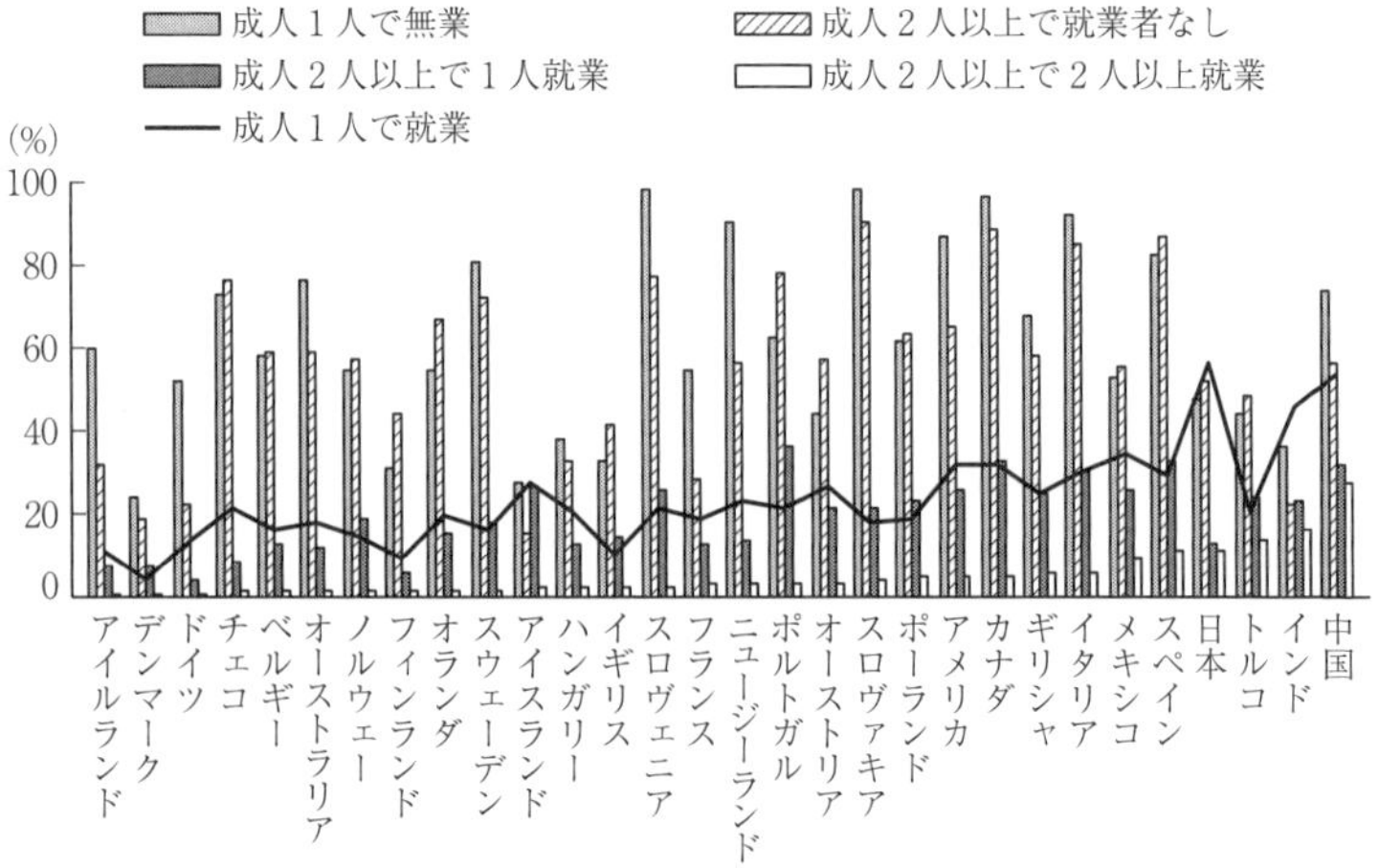

注：諸国は，世帯に成人が２人以上いて，２人以上が就業しているケースの貧困率が低い順に左から配列されている．日本のデータは2012年が最新であり，他国は2014年の数値．
出典：OECD Family Database: CO2.2(http://www.oecd.org/els/family/database.htm(2018年1月18日閲覧))より作成．

図１　子どもがいる世帯の人口の貧困率，成人の数と就業状態別(2012年または14年)

資する〟という要素が含まれていたことに照らせば、二〇〇〇年以来の変化を見ることが適当であろう。

子どもがいる世帯の貧困の状況

上述のように社会的投資パッケージでは、子どもの貧困削減という目標がくり返し強調されている。子どもの貧困とは子どもが生活する世帯の成人の貧困でもある。まず**図1**により、日本を含む国際比較ができる最新の年次である二〇一二年または一四年について、世帯の成人の数とその就業状態別に、子どもがいる世帯の人口の貧困率を見よう。日本の特徴は第一に、成人が一人(ひとり親と略称)で就業している場合の貧困率が、最高である点にある。第二に、ひとり親のなかでも、そのひとり親が無業の場合のほうが、就業している場合よりも、貧困率が低い。二〇〇九年には日本でも無業のひとり親のほうが貧困率が高かったが、二〇一二年に逆転した。そうした事態は、図示された諸国のなかで日本とインドにのみ見られる。じつは日本のシングル・マザーの就業率はOECD諸国でもトップクラスの高さで、デンマークがこれについでいるが、最近の日本では、ひとり親が働いていないほうが貧困を免れる確率が高いわけである（デンマークでは働くひとり親の貧困率は無業のひとり親よりも断然低い）。特徴の第三に、成人が二人以上いる世帯で、就業者が一人の場合と、二人以上が就業している場合で、貧困率にほとんど差がない。就業者が一人のみの場合（たとえば男性稼ぎ主世帯）の貧困率が比較的低いためでもあるが、同時に二番目の稼ぎ手の貧困抑止効果が低いためといえよう。二番目の稼ぎ手の効果が低いという事態は、日本以外ではインドと中国に見られる。日本がOECDの一員であることに首をかしげたくなる状況である。

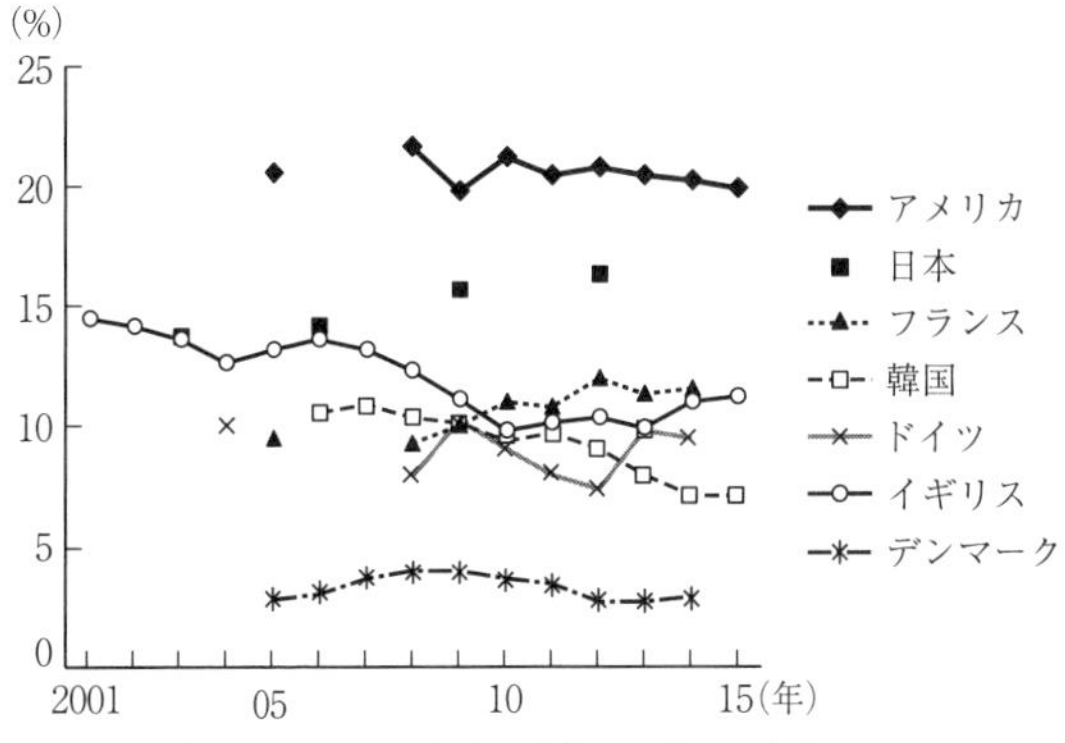

注：2011 年ないし 2012 年以降の数値は，新しい定義による．
出典：OECD.Stat より作成．

図 2　子どもの相対的貧困率の推移（50% 基準）

つぎに、二〇〇〇年代初めからの子どもの貧困率の推移を示すと、**図2**のとおりである。

アメリカでは高止まりしており、二〇一二年の二〇・八%は、OECD諸国でもトルコ、メキシコ、ギリシャ、スペインについで高い。日本では一貫して上昇しており、イギリス・韓国・ドイツで低下していることと、対比される。デンマークの子どもの貧困率は、二〇一二年時点でOECD諸国のなかで最も低いが、図2で傾向を見ると一貫して低い。またイギリスでは、第4章でも指摘されているように二〇〇〇年代後半の低下が顕著であり、二〇一三年から上昇気味である。この間、労働年齢人口の貧困率は、フランスと韓国以外の諸国で上昇してきたので、イギリスとドイツで子どもの貧困率が低下したことは、注目に値する。なお欧州の国について六〇%基準での数値を見ると、イギリスで二〇一〇年から上昇気味であるほかは、図2の五〇%基準での傾向と大きな乖離はない(図示はしない)。

相対的貧困率という指標の意義

ところで、相対的貧困率で貧困を捉えることには欠点もあると指摘されている。なかでも社会学者のレーン・ケンワージーは、経時的な変化を検討するうえで、相対的貧困率には重大な欠陥があると指摘している。最低所得層の所得の絶対値が改善しているあいだにも、中位所得がそれ以上に上昇すれば、その五〇%にあたる貧困線も上方にシフトし、貧困率は高まることになるからだ(Kenworthy 2011: 2)。

この指摘はもっともであるとはいえ、日本に視座を据えるならば、貧困率を参照して経時的な検討をおこなうことにも問題は少ないと考えられる。なぜなら、日本の貧困基準は、一九九〇年代の末から名目でも実質でも低下してきたからである(厚生労働省二〇一四;厚生労働省二〇一七;総務省統計局二〇一六)。またケンワージー自身のより新しい著作によれば、一九八〇年代の初め以来、統計がとれる二一カ国のうち、たいていの国で貧困基準が上昇したのにたいして(二〇〇〇年代末にアメリカを含む数カ国で低下)、日本でのみ一九九〇年代半ばから一五年以上にわたって貧困基準が低下してきた(Kenworthy 2015: Figure 2)。なお韓国でも、統計が存在する二〇〇六年以来、名目の貧困基準は上昇している。ケンワージーの指摘どおり、貧困基準の上昇は貧困率を高める方向に作用し、実際に多くの国で貧困率は上昇した。したがって韓国で子どもの貧困率が低下したことは、貧困線以下の近傍に位置していた有子世帯の等価可処分所得が、中位所得以上に上昇したことを意味する。逆に基準の低下は貧困率を低める方向に作用するため、日本で貧困基準が長期的に低下しながら貧困率が上昇してきたことは、ゆゆしいというべきだろう。

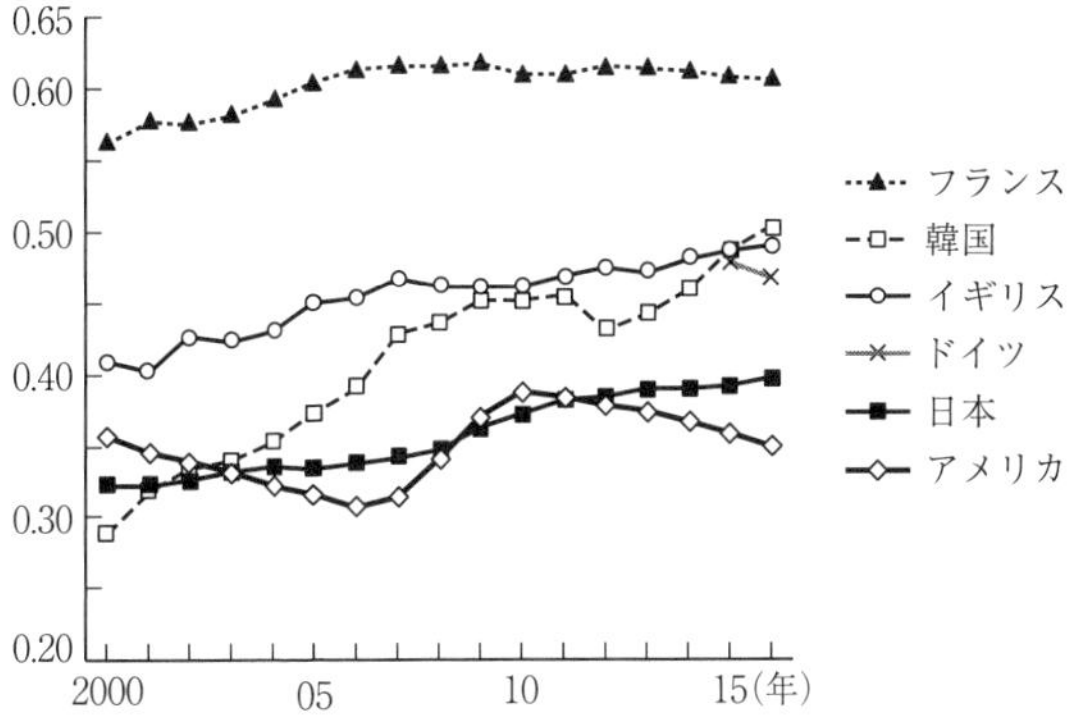

出典：OECD.Stat より作成.

図３　最低賃金の水準(フルタイム労働者の中位賃金比)

就労貧困の防止による就労促進

つぎに最低賃金の水準を検討しよう(図３)。最低賃金は、フルタイムで就労すれば貧困基準をクリアできるレベルにあるなら、就労意欲を高めるように作用する政策手段といえるだろう。なお母親の就業が子どもの貧困を抑える程度に関連して、男女の賃金率格差や女性の就業率は第9章で検討されている。図3は、フルタイム労働者の中位賃金にたいする最低賃金の比率を示す。ちなみにドイツで法定最低賃金が導入されたのは二〇一五年であり、デンマークは最低賃金制度をもたないと見られる。このデータの中位賃金には超過勤務手当とボーナスが含まれており(OECD.Stat の注)、直接税と社会保険料負担をさし引く以前である。粗い近似であるが、中位賃金を単身の就業者の貧困基準(中位可処分所得の半額)の代理指標と見るなら、最低賃金による稼得がその〇・五程度を確保していなければ、フルタイムで働いても貧困を免れない恐れが強い。図3によれば韓国での最低賃金の上昇は著しく、他方で日本とアメリカ、とくにアメリカは憂慮すべき状況にある。

ところで、上記の意味の参入税率を数カ国について検討してみると、それが相当に高くても就業率や労働力率が高い国は稀ではない(たとえばデンマーク)。参入税率が社会的投資戦略の進展にかんする指標となりうるのか、疑問である。

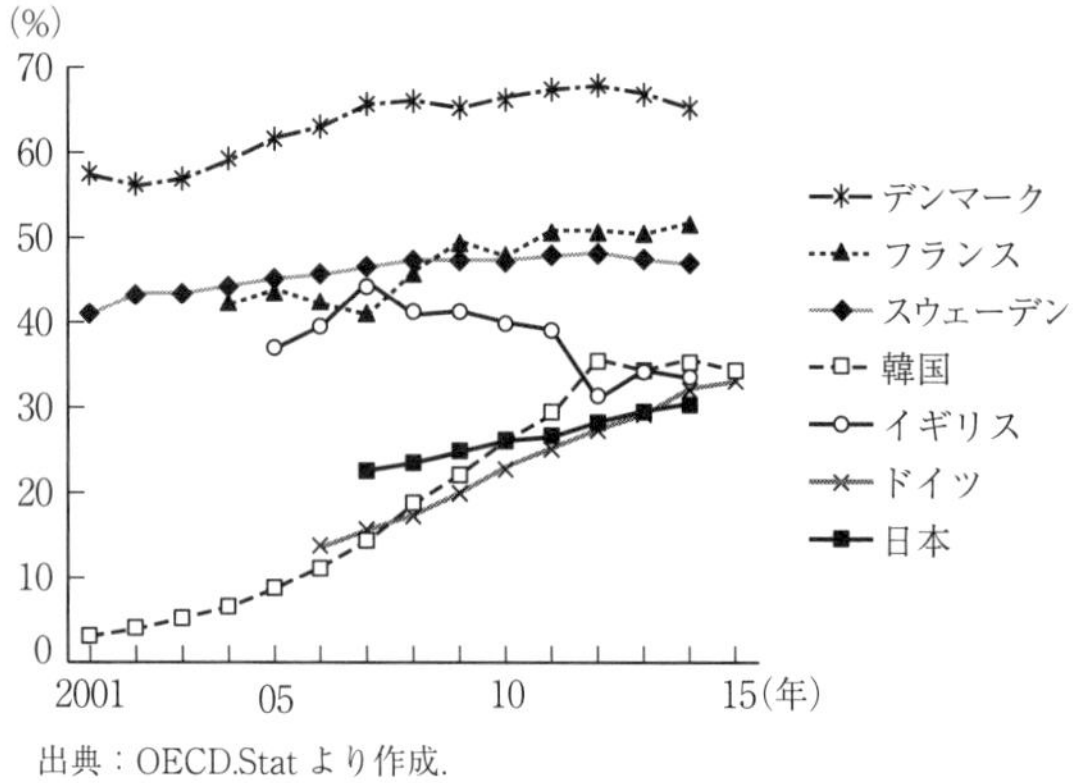

出典：OECD.Stat より作成.

図4　公式の保育サービスないし就学前教育を受ける幼児(0–2 歳)の比率

保育サービスと就学前教育

最後に、公式の保育サービスないし就学前教育を受ける幼児(〇―二歳)の比率を見よう(図4)。これは親の労働市場への包摂を支援するとともに、幼児自身の社会関係資本と人的資本の蓄積という社会的投資のアウトカムを示唆する指標である。アメリカの数値は連続しておらず、二〇〇二年の二四%から微動して二〇一一年には二八%である。デンマークでは二〇〇〇年代初めから隔絶して高い水準にあり、しかも上昇している。ついでフランスとスウェーデンが高い。イギリスは二〇〇〇年代の後半にスウェーデンとフランスに並ぶと見えたが、以後低下して韓国・ドイツと並んだ。韓国とドイツの上昇は急であり(韓国は二〇一二年から停滞)、韓国は二〇一〇年に、ドイツは二〇一四年に、日本を抜いている。

小　括

指標によって国の位置は一貫していないが、以上のようなアウトカムに照らして、日本、アメリカ、韓国は社会的投資戦略のうえで近い位置にあり、イギリスは、その三カ国よりは、スウェーデン、フランス、ドイツなどに近いと見るべきだろう。韓国では、貧困基準が上昇したあいだに子どもの貧困率は低下気味であり、労働年齢人口の貧困率は上昇していないこともあって、それらの貧困率は、アメリカ・日本よりも有意に低い(ただし高齢者の貧困率が突出)。韓国では保育サービスの利用度の急伸(二〇一二年から停滞)、最低賃金の水準の急伸などが、就労促進を通じた貧困削減につながっていると推測することができる。韓国は、アメリカと日本に近い位置からイギリス・ドイツに近づいている可能性がある。

ところで『二〇一五年総括報告』は、イギリスを、北欧やドイツとは区別される第二グループにあると評価した(Bouget et al. 2015)。くり返しになるが、これは定量的な評価とはいえない。イギリスを担当した専門家が、二〇一〇年以来の保守党政権が財政健全化を優先して社会政策を縮減した点に、大きなウェイトを置いたことによる評価と思われる(Bradshaw et al. 2015)。実際には『二〇一五年総括報告』

でも、子どもの貧困の指標(六〇%基準)において、二〇一二年のイギリスのスコアは第一グループのフランスと遜色ない(Bouget et al. 2015: Annex A4)。

四　貧困率と関連する諸条件

「再分配のパラドクス」を再確認

では、国や時期による貧困率の違いは、どのような状況と関連しており、社会的投資戦略とどうかかわるのか。公的社会支出の規模は、『二〇一五年総括報告』でも社会的投資への指向を表す指標として扱われているが、公的社会支出や所得再分配の規模が大きい諸国では、所得格差が小さく、相対的貧困率が低い、などの傾向があることが、明らかにされてきた。たとえば、デーヴィッド・ブレイディとアミー・ボスティックの近年の論文は、欧米と日本などの「豊かな民主主義国」二一カ国について、二〇〇〇年代半ばのデータセットを用いて、等価可処分所得に占める移転所得の比率の平均と相対的貧困率の関係を分析している。結果は移転所得が厚い(比率が高い)と貧困率は低くなるというマイナスの相関が強く、日本は二一カ国のなかで移転所得の比率が最も低かったが、貧困率は一一%程度で高いほうであるものの、移転所得の比率が低い割には高くない(Brady and Bostic 2015)。なおブレイディとボスティックが用いたデータセットでは、日本の貧困率はOECDデータよりも数%低くなっている。

ブレイディとボスティックの同論文の主旨は、「再分配のパラドクス」を再確認することにある。再分配のパラドクスとは、ウォルター・コルピとヨアヒム・パルメの一九九八年の論文で主張され、国際的に大きな論議を呼んだ論点である。彼らは、社会政策の給付を低所得層に絞る（ターゲティング）国ほど、再分配による不平等の縮小効果が低いという分析結果をえた。これをパラドクスと呼び、その理由として、再分配への（中間層の）支持が得られにくいために、再分配予算の規模が抑制されるという関連をあげた（Korpi and Palme 1998）。

これにたいしてブレイディとボスティックは、第一に、所得移転の規模（等価可処分所得に占める移転所得の比率の平均）が大きいほど、また移転が「普遍主義的」な国ほど、貧困率が低いこと、第二に、低所得ターゲティングの度合いが強いほど、再分配への支持が低くなることを見出し、コルピとパルメの論点を再確認した。しかし彼らは同時に、第三に、再分配への支持が高い国でも、所得移転の規模が大きいとは限らず、移転の普遍主義の度合いとも相関しないこと、第四に、低所得ターゲティングは、貧困率とも所得移転の規模とも相関しないことも、見出した。第三と第四の点は、コルピとパルメの主張とは異なる結果である。

なおコルピとパルメ以来の論者は、普遍主義と低所得ターゲティングを同じ尺度のうえの両端のように扱ったが、ブレイディとボスティックはその点を批判し、両者を性質の異なる指標として構築した。すなわち普遍主義の度合いは、受けとられた給付の変動係数（給付額のばらつきを表す値）の逆として計測されており、コルピとパルメの指標とは異なる。他方で低所得ターゲティングの度合いは、コルピとパルメと同じく、等価当初所得の分配において移転所得が低所得層に集中している係数で計測される（Brady and Bostic 2015: 274, 278）。

日本ははずれ値？

ちなみに日本は、所得移転の規模も普遍主義の度合いも、そして低所得ターゲティングの度合いも、「豊かな民主主義国」二一カ国で最も低い。所得移転の規模と普遍主義の度合いが低いことは、日本の貧困率が二一カ国のなかで高いほうであることと整合する。また低所得ターゲティングの度合いが弱いと、再分配への支持は高くなる傾向にあるが、日本での再分配への支持は、二一カ国のなかでそのデータがとれる一六カ国のうち四番目くらいに低い。日本では低所得ターゲティングの度合いが二一カ国で最も低いにもかかわらず、再分配への支持はかなり弱いのである(Brady and Bostic 2015: Figures 1, 3)。

日本で低所得ターゲティングの度合いが低いと述べると、違和感を招くかもしれない。日本では、たとえば民主党政権時の「子ども手当」のように、所得の高低にかかわらず(所得制限なしに)支給されるという意味で普遍主義的な現金給付は、「ばらまき」と批判されることがすくなくない。援助はそれを真に必要とするケースに集中するべきという言説が、賛同を得やすいともいえるだろうが、所得制限つき給付の代表格である生活保護や児童扶養手当の受給者へのまなざしも温かいとはいえない。上記のようにブレイディとボスティックは普遍主義の対極は低所得ターゲティングではないという点に注意を促していた。日本での言説で、普遍主義が支持されにくく、しかも低所得ターゲティングも受容されていないという状況は、彼らの注意点を裏打ちしているようでもある。

ここで所得の第1五分位、すなわち最も所得が低い二〇%に注目すると、二〇一〇年頃のＯＥＣＤ諸国のなかで、日本の第1五分位は受けとる現金給付はすくなく、支払う税・社会保険料は重い。つまり日本では最低所得層への純移転は薄く、貧困率は高い。これにたいしてたとえばアイスランドでは、日本と同程度の純移転で、貧困率は日本の三分の一程度である(大沢二〇一七)。韓国では、最低所得層への純移転は日本より薄いが、貧困率は日本より低い。韓国では社会保障の給付よりも就労促進をつうじて貧困が削減されているという上記の推測とも符合する。

しかし日本の問題は、所得最下層への純移転が薄いから貧困率が高い、というに止まらない。じつは、近年の実証研究が明らかにしてきたように、子ども(阿部二〇〇六；阿部二〇一四)、共稼ぎ世帯、就業するひとり親、就業する単身者(OECD 2009: Figure 3.9)、就業者全般(駒村ほか二〇一〇)というような区分で見ると、日本ではそれらの人びとにとっての貧困削減率がマイナスになるという重大な特徴がある。失業者や無業の高齢者にかんしては貧困削減率はプラスである(値は大きくないが)。

共稼ぎ世帯と就業するひとり親および就業する単身者について貧困削減率がマイナスというのは、OECDが二〇〇五年頃のデータを分析した結果であり、マイナスの数値が見られたのは、OECD諸国で日本だけだった。子どもについては、日本における三年ごとの国民生活基礎調査を阿部彩が分析した結果であり、一九八五年から二〇〇九年までマイナスである。就業者全般にかんしては、日本家計パネル調査の二〇〇九年のデータを駒村康平ほかが分析した結果である。貧困削減率がマイナスとは、政府の所得再分配がかえって貧困を深めていることを意味する。駒村ほかの分析によれば、そこには社会保険料負担がかかわっている(駒村ほか二〇一〇)。

ようするに税・社会保障制度が総体として、子どもを生み育てることや就業することにたいして、誘因を与えるのとは正反対に、罰を与えているに等しい事態である。就業状態別の貧困削減率をより新しい年次で国際比較することは、今後の課題としたいが、労働力人口の減少を懸念している社会として日本の状況はまさに不合理であり、社会的投資戦略とは遠い地点にあるといわざるをえない。日本の社会政策ひいては生活保障システムが、社会的投資への指向をそなえ、ふさわしいアウトカムをもたらすには、所得再分配が貧困を深めるという転倒した事態の解消をはじめ、克服すべき課題が大きい。

五　結論に代えて

以上ではEUの社会的投資戦略を参照しながら、日本を含む諸国の政策アウトカムを対比した。ただし、本書での社会的投資の理解は、EUの把握とくらべても、含意が大きい。『社会的投資政策文書』が社会政策による社会的投資の見返りとして論じるところからは、人的資本を維持(減耗の回避)し雇用機会や労働所得を増進するというように、個人に帰着するものおよび税収が想起される。社会的見返りという表現も見られるが、さほど明示的ではない。これにたいして本書の「社会への投資」では、社会的投資を社会的公正や連帯の構築として捉えている。

社会的見返りとは、経済学的には、投資(過少投資)の外部(不)経済の問題といえるだろう。教育を受けて人的資本を蓄積することは、その個人にとって時間(機会費用)と努力を投入する投資である。その見返りがすべて当該個人の生涯所得の増加分として回収されるなら、個人は融資を受けてでも投資する(教育年数を延ばし学業に励む)はずであり、あえてその投資を「社会的」と呼ぶには当たらない。政府による投資(学校増設や奨学金の拡充)の見返りが、教育を受けた当該個人の生涯所得の増加による税収増につきるなら、政府と当該個人のあいだの受け払いであり、「社会的」とはいいにくい。しかし人的資本の高い人びとが層として輩出されることは、経済成長や社会の質を高め、投資をしなかった不特定多数の人びとにも利益をもたらす（外部経済）。逆に過少投資は、投資を惜しんだ個人以外の不特定多数の人びとに損失を及ぼす。それが社会的費用という外部不経済である。

こうしたことを端的に論じているのが、イエスタ・エスピン＝アンデルセンの二〇〇九年の著書やOECDの二〇一四年のワーキングペーパーである。日本でも日本財団が二〇一五年に『子どもの貧困の社会的損失推計レポート』を発表した。

エスピン＝アンデルセンは二〇〇〇年代半ばのアメリカについて、子どもの貧困の社会的費用にたいして貧困解消のために必要な政府支出を比較する。すなわち貧困なまま子ども時代を送った人が、充分に教育を受けることができず、また、健康状態もよくないために所得を逸失し、犯罪に手を染めがちであること（他者の生命・財産を毀損）などにより、GDP四％分の損失を招くのにたいして、貧困な子どもの全員に貧困線をクリアするだけの現金給付をおこなっても、政府支出はGDPの〇・四％にすぎないと指摘する（エスピン＝アンデルセン二〇一一：一三五）。貧困と社会的排除を放置することによる外部不経済に注意を喚起しているのである。それと同様の発想にもとづくのが、日本財団の二〇一五年の報告書である。すなわち、日本の諸条件のもとで子どもの貧困を放置することにより、所得総額は二・九兆円減少し、税・社会保障の純拠出額は一・一兆円減少すると推計された（日本財団二〇一五）。

また、二〇一四年のOECDのワーキングペーパー「所得不平等の動向と経済成長へのインパクト」の論点は、同年一二月に要約版「格差と成長」を通じて広く周知された（OECD 2014）。それは、大半のOECD諸国（日本を含む）で所得格差が拡大してきたことが、経済成長を大幅に抑制したとする分析結果である。経済成長の足を引っぱるおもな回路は、低所得の人びとが教育に投資をしないことであり、過少投資は貧困層だけでなく下位四〇％の所得層に当てはまる、というのである。

本章では貧困と社会的信頼の関連について図5を掲げて、結語に代えたい。社会的信頼は社会関係資本の重要な指標の一つとされるもので、経済成長を促す効果をもつことが経済学者と社会学者のあいだで合意されている（三隅二〇一三：六五）。

社会関係資本は災害レジリエンス（抵抗力および回復力）との関連でも注目されるようになった。政治学者ダニエル・オルドリッチによる先駆的な研究は、関東大震災や阪神・淡路大震災を含む三カ国の四つの大災害にそくして、地域の社会的ネットワークないし社会関係資本の多寡が、災害後の人口回復の度合いと明確に相関していることを見出した（地域の社会関係資本の指標とされるのは、ボランタリー組織の数や選挙での投票率、政治的集会やデモの頻度、地域の自治組織への参加、地元の冠婚葬祭への参加など）（Aldrich 2012）。さらに、オルドリッチと澤田康幸による東日本大震災の被災一三三市町村別死亡率の要因分析では、津波の高さと人口高齢化率のほかに社

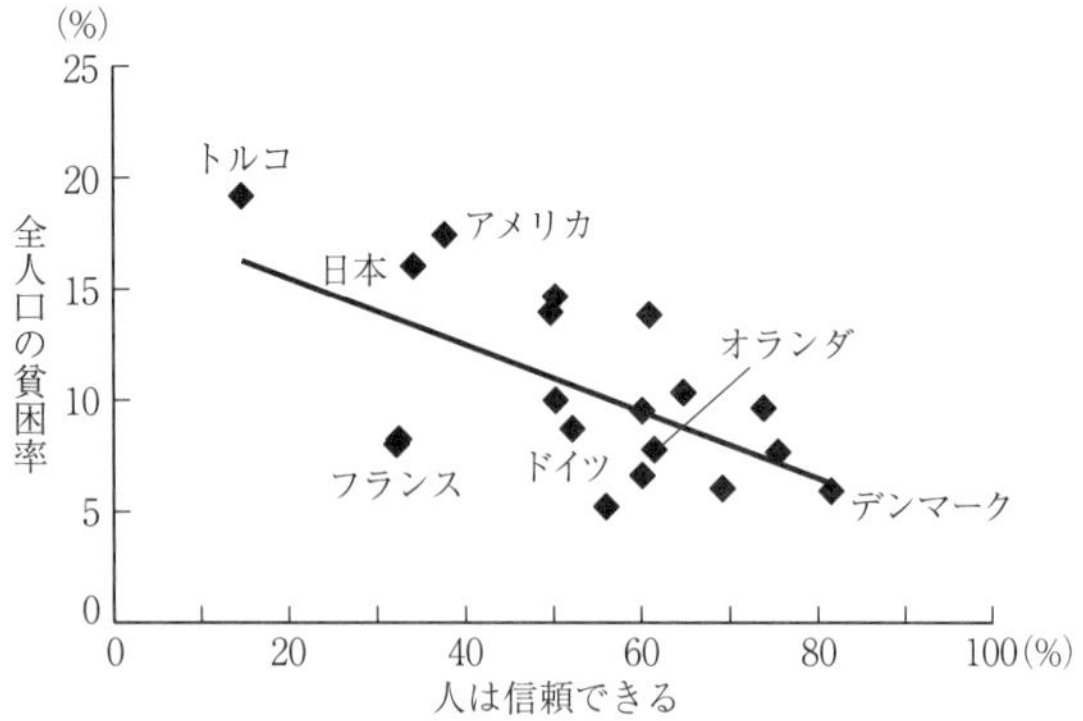

注：横軸は，「他人と接する時，相手を信頼できるか，用心する方がいいか」という質問にたいして，「いつも信頼できる」と「たいてい信頼できる」と回答した者の比率の合計．角能《かどよく》氏（東京大学人文社会系研究科特任研究員）より数値を提供していただいた．

出典：信頼は，International Social Survey Program, “Citizenship 2014,” Q48, 相対的貧困率は OECD.Stat の 2012 年の数値．．

図5　全人口の貧困率（2012 年）と社会的信頼（2014 年）

会関係資本の多寡が、死亡率を左右する要因だった（地域の社会関係資本の指標は人口一〇〇〇人当たり犯罪件数）（Aldrich and Sawada 2015）。

そのような社会関係資本は、地域活動やボランティア活動に（手弁当で）参加したり、集会等で候補者の政見を聞きくらべて投票するなど、テマヒマを含めた費用負担による投資を通じて蓄積される。そうした投資が災害レジリエンスを高め、経済成長に資するとすれば、見返りはまさに不特定多数に及ぶ（均霑《きんてん》しないとしても）。図5が示唆するのは、貧困率を高いままに放置するならば、社会的信頼の醸成はむずかしいという点であろう。貧困削減は、不利な状況に陥った個人を保護すると同時に、社会的な見返りをもたらす投資といえるのである。

引用文献

阿部彩（二〇〇六）「貧困の現状とその要因――一九八〇年代―二〇〇〇年代の貧困率上昇の要因分析」小塩隆士・田近栄治・府川哲夫編『日本の所得分配――格差拡大と政策の役割』東京大学出版会、一一一―一三七頁

阿部彩（二〇一四）『子どもの貧困Ⅱ――解決策を考える』岩波新書

エスピン＝アンデルセン、イエスタ（二〇一一）『平等と効率の福祉革命――新しい女性の役割』大沢真理監訳、岩波書店

大沢真理（二〇一一）「社会的経済の戦略的意義――EUと日本の二〇〇〇年代経済社会ガバナンスを対比して」大沢真理編『社会的経済が拓く未来――危機の時代に「包摂する社会」を求めて』ミネルヴァ書房、一三―四四頁

大沢真理（二〇一七）「税・社会保障の純負担を比較ジェンダー分析すると」『社会政策』九（一）、一二―二八

頁
厚生労働省（二〇一四）「平成二五年　国民生活基礎調査の概況」http://www.mhlw.go.jp/toukei/saikin/hw/k-tyosa/k-tyosa13/index.html（二〇一八年一月一八日閲覧）
厚生労働省（二〇一七）「平成二八年　国民生活基礎調査の概況」http://www.mhlw.go.jp/toukei/saikin/hw/k-tyosa/k-tyosa16/index.html（二〇一八年一月一八日閲覧）
駒村康平・山田篤裕・四方理人・田中聡一郎（二〇一〇）「社会移転が相対的貧困率に与える影響」樋口美雄・宮内環・C. R. McKenzie・慶應義塾大学パネルデータ設計・解析センター編『貧困のダイナミズム――日本の税社会保障・雇用政策と家計行動』慶応義塾大学出版会、八一―一〇一頁
総務省統計局（二〇一六）「平成二六年全国消費実態調査　所得分布等に関する結果　結果の概要　平成二八年一〇月三一日」http://www.stat.go.jp/data/zensho/2014/pdf/gaiyo5.pdf（二〇一八年一月一八日閲覧）
日本財団（二〇一五）『子どもの貧困の社会的損失推計レポート』
野田昌吾（二〇一六）「ドイツ保守政治空間の変容――キリスト教民主・社会同盟の「復活」とその背景」水島治郎編『保守の比較政治学――欧州・日本の保守政党とポピュリズム』岩波書店、一九五―二一七頁
濱口桂一郎（二〇一〇）「EUの新成長戦略――知的で持続可能で包摂的な成長」『生活経済政策』二〇一〇年四月号、三五―四〇頁
三隅一人（二〇一三）『社会関係資本――理論統合の挑戦』ミネルヴァ書房
持田信樹（二〇一四）「ソブリン危機と福祉国家財政」持田信樹・今井勝人編『ソブリン危機と福祉国家財政』東京大学出版会、一―二〇頁

Aldrich, D. (2012) *Building Resilience: Social Capital in Post-Disaster Recovery*, University of Chicago Press.
Aldrich, D. and Y. Sawada (2015) "The Physical and Social Determinants of Mortality in the 3.11 Tsunami," *Social Science & Medicine*, 124, 66–75.
Bouget, D., H. Frazer, E. Marlier, S. Sabato, and B. Vanhercke (2015) Social Investment in Europe, A Study of

National Policies 2015, European Commission, European Social Policy Network (ESPN).

Bradshaw, J., C. Glendinning, A. Maynard, and F. Bennet (2015) ESPN Thematic Report on Social Investment, United Kingdom 2015, European Commission, European Social Policy Network (ESPN).

Brady, D. and A. Bostic (2015) "Paradoxes of Social Policy: Welfare Transfers, Relative Poverty, and Redistribution Preferences," *American Sociological Review*, 80 (2), 268–298.

European Commission (2008) Communication from the Commission to the Council, the European Parliament, the European Economic and Social Committee and the Committee of the Regions on a Commission Recommendation on the Active Inclusion of People Excluded from the Labour Market, SEC (2008) 2589, SEC (2008) 2590.

European Commission (2010) *Europe 2020 A European Strategy for Smart, Sustainable and Inclusive Growth*, COM (2010) 2020.

European Commission (2013a) Communication from the Commission to the European parliament, the Council, the European Economic and Social Committee and the Committee of the Regions, Towards Social Investment for Growth and Cohesion—Including Implementing the European Social Fund 2014–2020. Com (2013) 83.

European Commission (2013b) Commission Recommendation of 20.2.2013 Investing in Children: Breaking the Cycle of Disadvantage. C (2013) 778.

European Union (2008) Commission Recommendation of 3 October 2008 on the Active Inclusion of People Excluded from the Labour Market, C (2008) 5737, *Official Journal of the European Union*, 18.11.2008.

Ferragina, E., M. Seeleib-Kaiser, and T. Spreckelsen (2015) "The Four Worlds of 'Welfare Reality'—Social Risks and Outcomes in Europe," *Social Policy and Society*, 14 (02), 287–307.

Hanesch, W., G. Bäcker, and G. Trabert (2015) ESPN Thematic Report on Social Investment Germany 2015, European Commission, European Social Policy Network (ESPN).

Kenworthy, Lane (2011) *Progress for the Poor*, Oxford University Press.
Kenworthy, Lane (2015) "A Decent and Rising Income Floor." https://lanekenworthy.net/thegoodsociety/（二〇一八年一月一八日閲覧）
Korpi, Walter and Joakim Palme (1998) "The Paradox of Redistribution and Strategies of Equality: Welfare State Institutions, Inequality and Poverty in the Western Countries," *American Sociological Review*, 63, 661–687.
OECD (2009) *Employment Outlook, Tackling the Jobs Crisis*, OECD.
OECD (2014) FOCUS on Inequality and Growth, OECD.

8　長寿社会における基盤整備としての人的資本政策

駒村康平

はじめに

二〇一七年四月に政府から新しい人口推計が公表され、日本人の寿命は継続的に延びていることが確認された。新しい人口推計によれば、今後も寿命は伸長し、二〇六五年には男性の寿命は約八五歳、女性の寿命は約九一歳になるとされ、人生九〇年の時代が目の前にきている。さらに今後の医療技術などの進歩を考慮すると人生一〇〇年の時代の可能性がある。現在の若い世代は長い人生を過ごすことになり、長期にわたる健康、認知・非認知能力、健在な精神状態といった人的資本が重要になる。しかし、実際には貧困、格差の拡大により次世代の健康、認知機能の格差が拡大している。特に、子ども時代の貧困、格差は生涯にわたって大きな影響を与えるため、子どもに対する「社会への投資」はますます重要になる。

本章では、人生一〇〇年の時代に向けての社会経済システムの見直しと子どものセーフティネット、就学前教育、公教育の充実、高等教育のアクセス保障という視点から「社会への投資」としての人的資本投資の拡充を議論する。

一　長寿社会の進展と社会経済システムの課題

継続する寿命の伸張

人類の歴史を振り返ると、産業革命以前は、高い乳幼児死亡率のため寿命は延び悩んでいたが、産業革命以降、急激な乳幼児死亡率の改善により寿命は延びた。

図1は三世紀からの年齢別の生存率の動向であるが、三世紀のローマと一八世紀初頭のロンドンがほぼ重なっている。一八世紀初頭のロンドンの不衛生さを割り引いても、人類は寿命の伸長という点では、一五〇〇年にわたって足踏みをしてきたことになる。しかし、産業革命以後、二〇世紀半ばにかけて、医療・薬剤の進歩、技術革新、食料、栄養、衛生の改善により急激に子どもの死亡率は低下した。続いて、二〇世紀後半からは中高年の死亡率の改善も見られ、継続的に寿命の伸長が続いている。

人類の寿命がどこまで延びるかは専門家のなかでも意見が分かれている。ジム・オッペンらによると一八四〇年以降、当時、最も寿命が長かったノルウェーなど世界各国のなかで最も長寿の進んだ国の寿命の延びを見ると、ほぼ四年で一年延びていることが確認されている(Oeppen and Vaupel(2002)参照)。

日本では、国勢調査に基づいて、概ね五年に一度の間隔で、国立社会保障・人口問題研究所が人口推計の改定を行っている。二〇一七年四月には新しい人口推計が発表され、二〇六五年で男性は八五歳、女性は九一歳になることが予測されている。しかし、人口推計を行ってきた国立社会保障・人口問題研究所のこれまでの寿命見通しを確認すると、現実の寿命の延びのほうが予測を上回っており、二〇六五年の日本人の寿命は人口推計の予測よりさらに延びる可能性が高い。

寿命予測の際に使われるのが生命表であるが、寿命には期間生命表から算出される期間寿命とコーホート生命表から計算されるコーホート寿命の二種類がある。

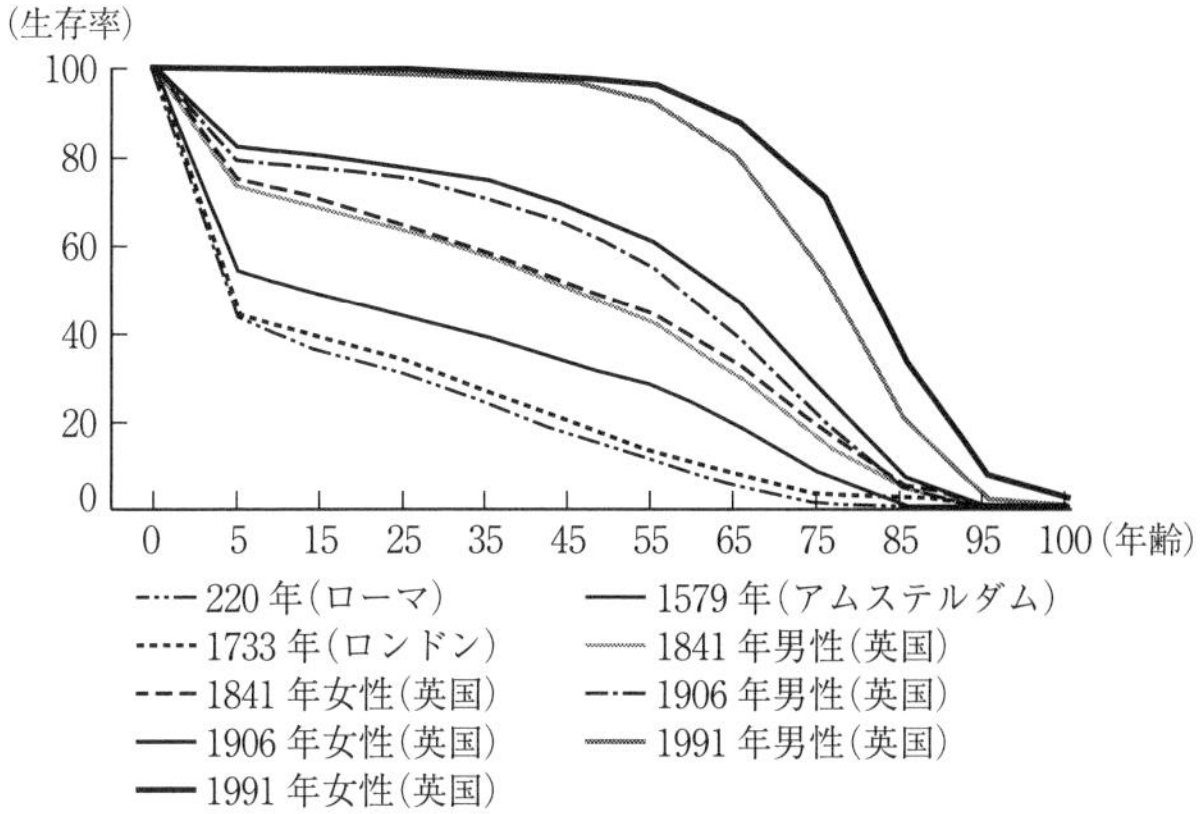

出典：Teugels and Sundt(2004).

図1　人類の生存率の伸長

人口推計における寿命推計に使われる寿命は、期間生命表から計算される「期間寿命」であり、巷間よくいわれる「男性の寿命約八〇・七九年、女性の寿命は八七・〇五年」(二〇一五年簡易生命表)は〇歳時の余命である。この寿命の意味するものは、「現在の〇歳(二〇一五年生まれ)が、たとえば「二〇八〇年に六五歳」になった時、その平均余命は「二〇一五年の六五歳」と同じ」という前提で計算されている。

他方、コーホート平均寿命は、コーホート生命表(世代生命表)に基づく、特定世代の生存率・死亡率である。もちろん実際のコーホート生命表は、そのコーホートに属した人が全員死亡しないと確定しない。また戦争や大災害を経験し、特定の世代が多数死亡すると大きく変化する。コーホート平均寿命での考え方は、「現在の〇歳(二〇一五年生まれ)が六五歳(二〇八〇年)になった時の平

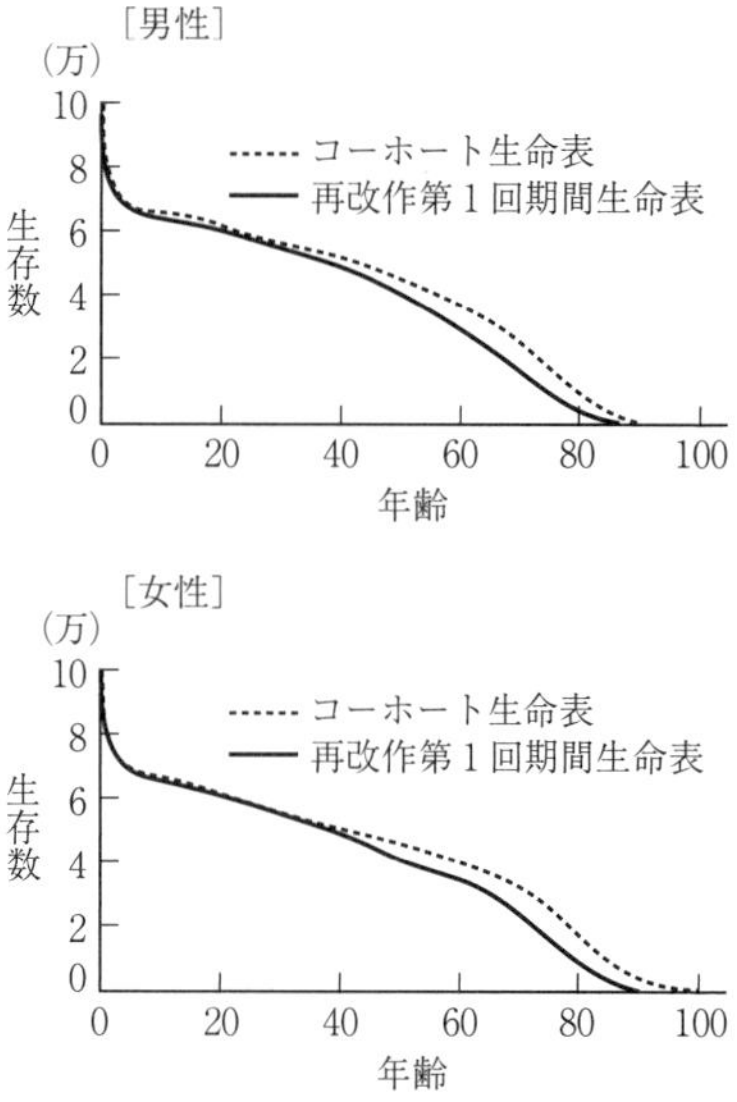

出典：南条(1966)に一部加筆.

図2　期間生命表とコーホート生命表の比較

均余命は「二〇一五年の六五歳より」も延びる」と想定していることになる。過去の世代で期間生命表とコーホート生命表を比較すると、コーホート生命表のほうの生存率が高いことが確認されている(図2)。

今後、医療技術、科学技術、医療知識の普及などがさらなる長寿を可能にするという見方もあり、こうした長寿要因を考慮すると、先進国において二一世紀生まれの世代の半数が一〇〇歳以上に到達するという見方もある(グラットン、スコット(二〇一六)参照)。

人生の年齢区分の見直しと人への社会的投資の拡充

以上のように、現代の若い世代は、今後さらなる超長寿社会を生きる可能性があり、「人生一〇〇年時代」というキーワードで、現在、様々な議論が行われている。

「人生一〇〇年時代」において、最も本質的な課題は、社会経済の諸制度が長寿に対応できていない点である。今日の人生八〇年を前提にした社会経済制度の基本的な部分、すなわち、「〇から二〇歳前後まで教育の期間、二〇歳前後から六〇歳前後まで就労期間、六〇歳前後以降が引退期間」という年齢で人生のステージを三つに区分したライフ・ステージの基本は、産業革命以後の福祉国家の枠組みのなかで確立されたものであり、二〇世紀を通じてその微調整によって維持されてきた。具体的には、一九世紀前半、資本家による工場労働とその後の産業革命のなかで、①管理された教室単位での教育制度が確立し、②同様に時間による管理された大規模な工場、会社が定着し、さらに③肉体労働が中心であったため、五〇代後半には労働者としては生産性が低下するために定年制が導入され、④定年後の生活を保障するために年金制度が導入された。産業革命・福祉国家以前の農業社会では、人々の人生は年齢で一律管理されるものではなく、健康が許す限り生涯現役社会であったが、産業革命という産業構造の大転換や技術革新とそれが生み出す社会矛盾に対応した福祉国家という仕組みのなかで、年齢規範と年齢による組織化された社会が成立した（チュダコフ（一九九四）参照）。

しかし、二一世紀の今日、後述するようなＡＩやロボティックなどによる第四次産業革命ともいわれる新しい経済状況と超長寿社会が到来するなかで、年齢で一律に区分、管理、組織化する社会経済構造の見直しが必要になっている。長い人生を送るためには、健康、認知・非認知能力、健全な精神の維持は極めて重要になり、このため生涯にわたって〈個人〉を支援する「社会への投資」がますます必要になる。

労働市場における知能の構成の変化と技術革新

日本では急激な少子化により毎年の出生数は二〇一六年には一〇〇万人を下回り、二〇五〇年前後には約六〇万人を下回ると見込まれる。他方、毎年の死亡者数は二〇一六年で約一三〇万人を超え、二〇五〇年に約一七〇万人に接近すると見込まれる。海外からの流入・流出を考えないと、二〇五〇年頃には人口は毎年約一〇〇万人から一一〇万人減少することになる。

現在の出生数の減少は、その二〇年後の若年労働者の減少に直結する。すでに労働力人口の減少が始まり、労働市場の人手不足は深刻になってきている。

労働力人口の減少への対応方法は、六〇歳代の労働力率の引き上げと技術革新である。仮に二〇三〇年までに、六九歳までほとんどの人が就労を続ける社会を確立できた場合、労働力人口の減少は比較的小規模に抑えることが可能である。ただし、この場合、労働力人口全体に占める四〇歳未満の若年労働者の割合は三〇％程度まで下がり、労働者の大半が四〇歳以上の中高年によって構成される。一般に少子化の課題としては、労働者数のみが議論になるが、労働者の年齢構成の変化の影響にも注目する必要がある。その際には、四〇歳未満の労働者と四〇歳以上の労働者では認知機能(知能)の構成に違いがある点に着目すべきである。

老年学によると、人間の認知機能は大きく流動性知能と結晶性知能の二種類によって構成される。流動性知能とは、新しい知識の吸収や計算力、抽象的なものへの理解力である。結晶性知能は、経験値といわれるように、外見から相手の気持ちを推測する能力、言語能力、対人対応能力である。両者は年齢とともに変化し、前者は若い時代に高く、加齢とともに低下し、後者は年齢とともに高まるとされ、流動性知能と結晶性知能のバランスは四〇歳前後で逆転するとされている。高齢化社会は、対人対応能力の優れた労働者が増加する社会になる。

もう一つ労働力人口の減少を補うものとして期待されるのがＡＩ、ロボティックといった技術革新である。しかし、ＡＩ、ロボティックの普及は人間から雇用の場を奪い、失業者を増加させ賃金を引き下げることが不安視されている。先行したＩＴの発展、普及は「スキル偏向型技術革新」と呼ばれ、ＩＴの技術者やＩＴの開発に関わる労働者の賃金は上昇する一方で、ルーティンワークの労働者はＩＴに仕事を奪われた。他方で、対人サービスのようなルーティン化されにくい低賃金の仕事は増加し、雇用の二極化が、アメリカや日本で発生したとされる。

今後、予想されるＡＩやロボティックなどの技術の進歩は、より一層、ルーティンワークを奪うだけではなく、ノンルーティンの仕事を奪うという見方もある。野村総合研究所とオックスフォード大学のマイケル・オズボーン氏による推計では、現在の労働の半数がＡＩやロボティックに代替されるとしている。しかし、こうした見方については疑問視する指摘もあり、ＯＥＣＤの推計では、日本ではＡＩなどによる職業代替は一〇％以下にとどまるとしている。また現在の議論は必要以上にＡＩによる労働代替が煽られているという見方もある。Ｄ・アセモグルとＰ・レストレポ（Acemoglu and Restrepo 2017）は、①技術革新に必要な資本が人件費よりも安くなる場合、人間の仕事が奪われる速度が高まる、その一方で、②複雑な仕事が新たに誕生するため、技術革新の導入と新しい仕事が誕生することのどちらが速いかにより、就業者数が減少するかどうかが決まる、③やみくもに技術革新が進むわけではなく、ＡＩ導入の費用が人件費や費用対効果と比べて低いことが必要になる、④技術革新の導入により新しく誕生した仕事は複雑であるために賃金が上昇し、さらに単純な仕事は賃金が必ずしも低くなるわけではなく、新たに生まれた複雑な仕事の賃金に影響を受けて、大きくは下がらない可能性もある、というものである。ＡＩの拡大から直ちに失業拡大、所得格差の拡大につながるというわけではない（Lawrence and

Josh 2017; 労働政策研究・研修機構二〇一七)。

このＡＩやロボティックの技術革新は日本の労働市場にどのような影響を与えるのだろうか。様々な研究があるが、『労働経済白書』(厚生労働省二〇一七)によると、ＡＩ、ロボティックの普及で製造業を中心に一六一万人の雇用が減少する一方で、ＡＩ等の開発、普及に必要な雇用が三五万人増加し、ＡＩでは対応できないような、人間的な付加価値が求められる対人サービス業を中心に一九〇万人の雇用が発生するとしている。

すでに述べたように、今後、日本は労働力が不足する社会になる。それを補うために七〇歳まで就労継続できる社会を確立した場合、流動性知能を持った若い労働者が減少し、結晶性知能を持った中高年の労働者が増加することになる。少数になる若い労働者はＡＩ開発のノウハウを学び、その開発の推進を担う。結晶性知能を持った中高年の労働者は、ＡＩを使い、対人サービスの質や生産性を高めることができれば、労働力の減少を補うこともできる。ＡＩの技術とこうした労働者の知能分布の変化をどのようにうまく組み合わせていくのかが重要な点になる。長期にわたる人への社会投資を充実させつつ、高齢化社会における知能構成の変化にも留意した企業組織の改革も必要になる。

二　格差拡大と長寿社会に対応した基盤整備としての次世代支援政策

寿命の伸長は社会経済システム次第では、人類の可能性を広げる。しかし、同時に格差や貧困の拡大にも留意する必要がある。これまでのＩＴの拡大によって発生した雇用の二極化は格差拡大の一つの要因になっている。格差の放置は様々な社会問題を引き起こす。すでに米国では、所得階層間での寿命の格差の拡大が確認されており、英国においてもホワイトホール調査により所得階層間の健康、寿命の差が確認されている(マーモット二〇一七)。日本においては、寿命格差までは確認されていないが、所得階層間での健康状態の格差の拡大が確認されている。

所得格差の動き――パルマ指数での把握

まず、日本の所得格差の動向をパルマ指数で把握しよう。パルマ指数はケンブリッジ大学のホセ・ガブリエル・パルマ氏が考案したもので、ジニ係数に代わる所得格差の動向を把握する格差の尺度で、世界銀行などの報告書でも採用されている。

パルマ指数は「上位一〇%の所得構成比(所得シェア)」÷「下位四〇%の所得構成比(所得シェア)」で計算される。所得構成比(以下所得シェア)とは、全体の所得におけるその所得層の構成割合である。中位層五〇%の所得シェアは安定していることから、下位と上位の所得シェアの変化を見た指数であり、簡単にいうと「上位一〇%層と下位四〇%層の所得の取り分の比率」である。この数字は、ジニ係数と異なり、上下の所得シェアの変化に敏感に動く。下位層の所得シェアが低下し、上位層の所得シェアが上昇するようなタイプの格差が拡大すれば、パルマ指数は上昇することになる。

そこで厚生労働省「所得再分配調査」(一九六二年から二〇一四年、世帯所得の再分配前所得、再分配後所得)を使ってパルマ指数を計算した。

下位四〇%層の所得シェアは一九八〇年代前半まで再分配前、後いずれも安定していたが、八〇年代後半から低下を開始し、特に再分配前のシェアは急低下した（図3）。

上位一〇％層のシェアはこれに相反して、一九八〇年代後半から再分配前、再分配後いずれも上昇し、再分配前は急上昇、再分配後も緩やかに上昇していることがわかる（図4）。

下位四〇％層の所得シェアが低下し、上位一〇％層の所得シェアが上昇しているため、パルマ指数も再分配前は急激に上昇し、再分配後も上昇傾向となっている（図5）。

このことは、一九八〇年代後半より低所得者から高所得者に所得の「シェア（取り分）」が動いている

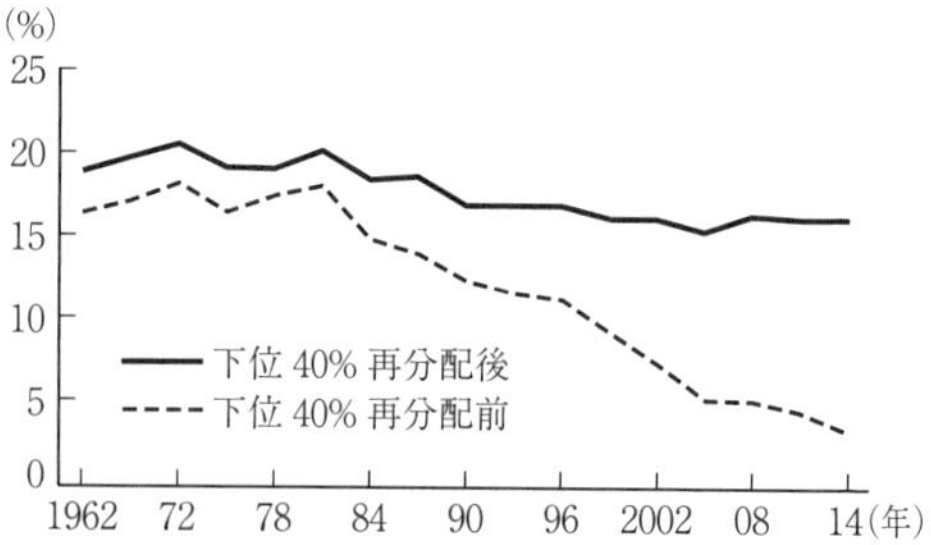

図3　下位40％層の所得シェアの動き（再分配前と再分配後）

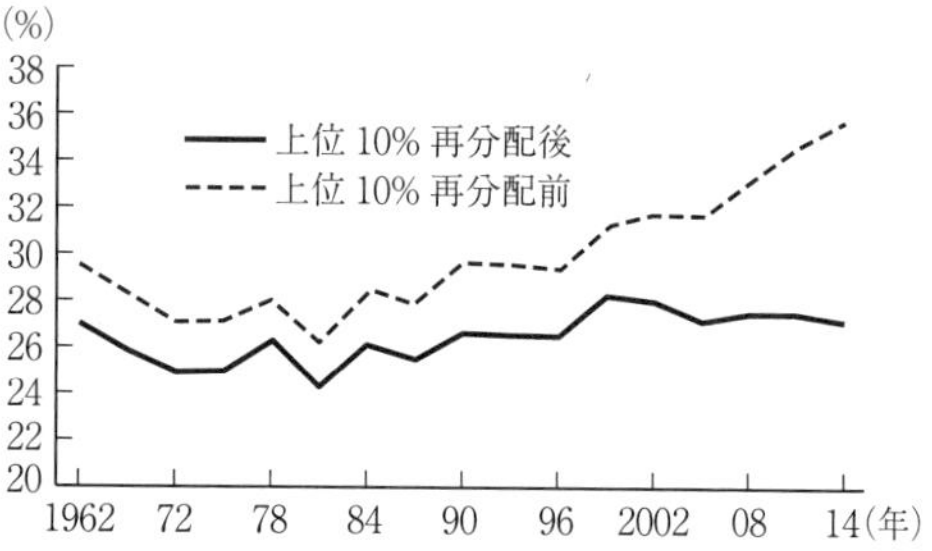

図4　上位10％層の所得シェアの動き（再分配前と再分配後）

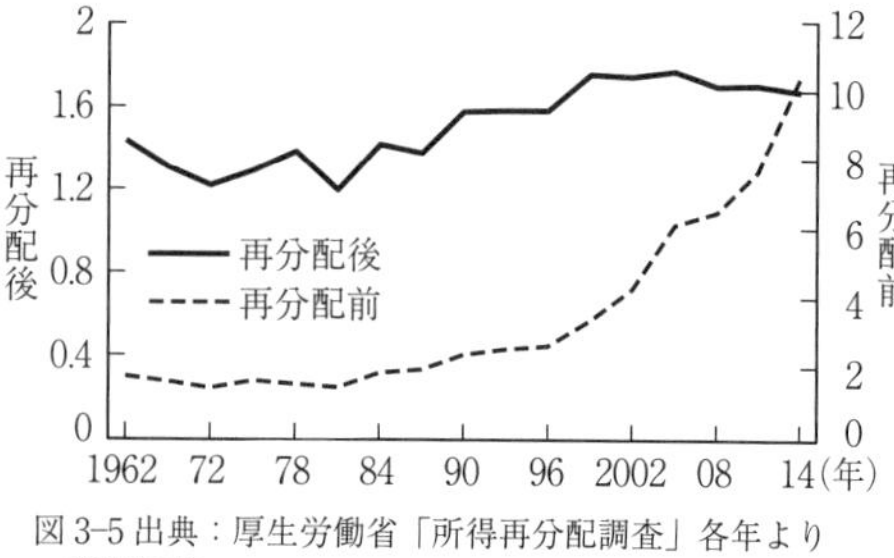

図3–5 出典：厚生労働省「所得再分配調査」各年より筆者作成.

図5　パルマ指数の動き

ことを示している。もちろん、この背景には、人口高齢化と世帯規模の縮小という人口・世帯構造の変化が存在する可能性がある。特に、人口高齢化は就労収入ゼロの高齢者数を増やすために、所得ゼロ層が増加し、下位四〇%層の再分配前所得シェアを引き下げる。しかし、そうであれば、再分配前のパルマ指数は高齢化の進展に応じて安定的に上昇するはずであるが、再分配前のパルマ指数の前年度変化率を見ると上下しており、景気の影響、雇用や賃金分布の影響も推察できる(図6)。

再分配前のパルマ指数は一九九〇年代後半から二〇一四年までは上昇を続けており、再分配後のパルマ指数は緩やかに上昇している。格差の拡大を再分配政策によってなんとか押しとどめている状態を確認できる(図5)。

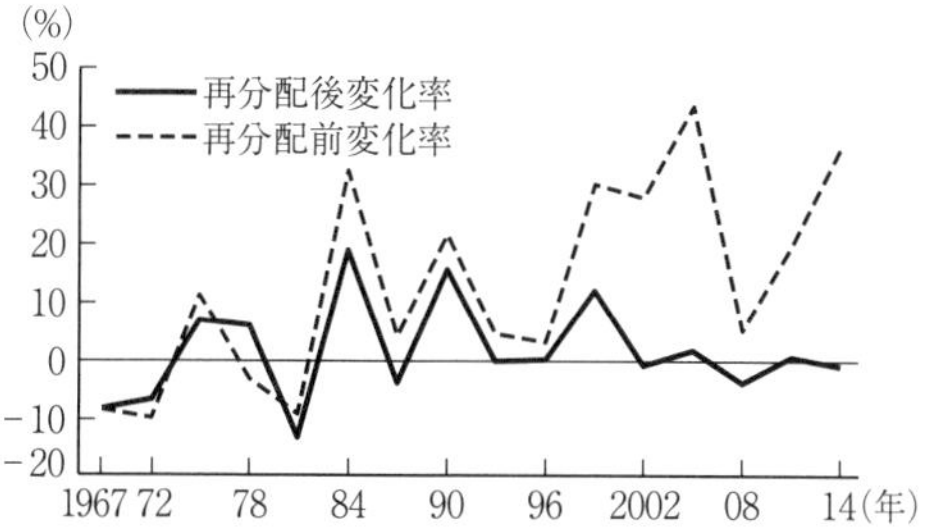

出典：厚生労働省「所得再分配調査」各年より筆者作成.

図6　パルマ指数の動き

格差・貧困の拡大が子どもの発達に与える影響

団塊ジュニア世代が就労し始めた一九九〇年代半ばの日本経済は、バブル崩壊の影響もあり、非正規労働者が増加した時期に重なる。図7は、全国消費実態調査で見た年齢階級別の貧困率の動きであるが、第5章の韓国での貧困者の動向で見たように、日本でも高齢者の貧困率が高いことは同様であるが、一九九〇年代より高齢者の貧困率は低下し、逆に現役世代の貧困率が上昇していることがわかる。

すでに団塊ジュニア世代は子育て期に入っているが、団塊ジュニア等、現役世代の貧困率上昇の結果、貧困世帯で暮らす子どもが増加し、

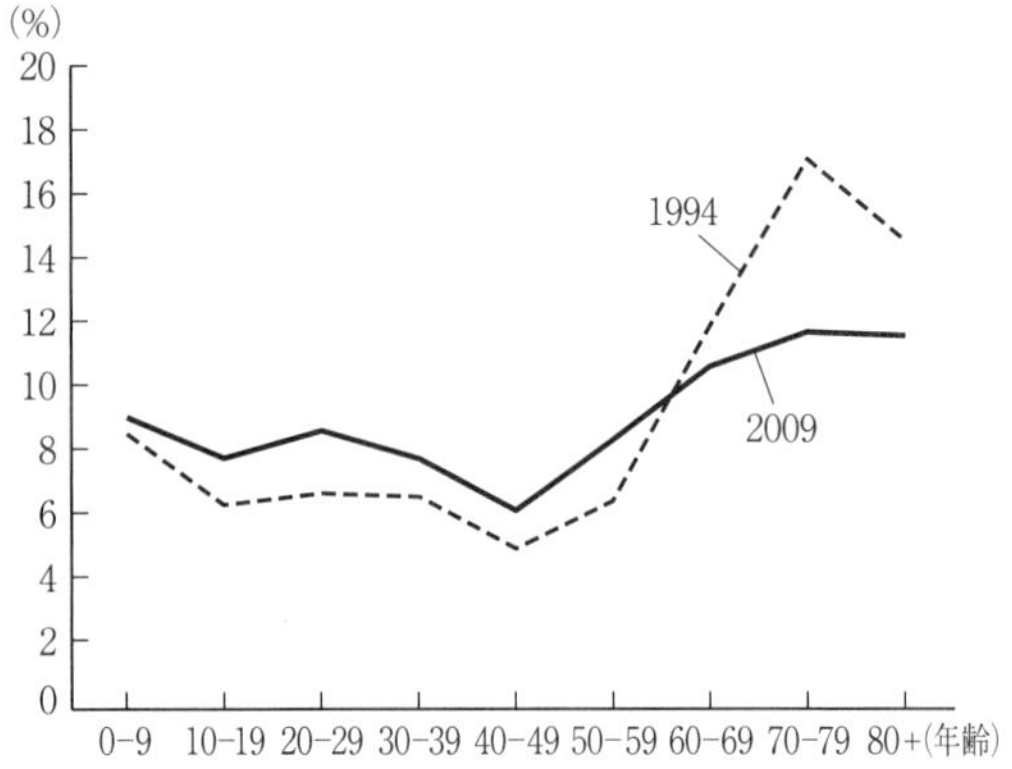

出典：駒村・渡辺・田中・四方(2017).

図7　年齢階級別貧困率の動き

子どもの貧困率も上昇した。

団塊ジュニアとその子どもの貧困経験は、長期的に人生に大きな影響を与えるであろう。団塊ジュニア世代は非正規労働者の割合が高く、経済面のみならず健康面、心理面で多くの課題を抱えている可能性もある。そうした諸課題は、加齢とともに累積していく。団塊ジュニアが五〇歳代、六〇歳代に入る二〇二〇年代あるいは二〇三〇年代には表面化し、大きな政策課題になるであろう。またそうした団塊ジュニア世代の子どもも健康面、精神面で課題を抱えている可能性が高い。第7章では韓国の子どもの貧困率の改善を紹介しているが、日本の子どもの貧困問題は深刻なままであり、その放置は成人後にも大きな社会問題を生み出すことから早急な対策が必要である。

子どもの貧困と世代間連鎖の問題

(1)世代間の貧困連鎖とそのメカニズム

貧困、格差が子どもの成長に与える影響は大きい。子ども時代の貧困経験は、その時点での困窮のみならず、成人した後も、就労、健康、認知機能、非認知機能といった点で深刻な影響を与える。図8は、世代間の親子所得の関連性の国際比較を見たもので、「グレート・ギャッツビー・カーブ」として知られている。横軸に所得格差の大きさを示すジニ係数（一九八五年時点）、縦軸に世代間の所得弾性値を取っている。世代間の所得弾性値とは、親の世代の所得が一％上昇した場合に子どもの成人後の所得がどの程度影響を受けるかを示した指標であり、これが高いほど親子間で所得の相関が大きいとされる。逆に、子どもの世代の所得が親の世代の所得から独立であれば弾性値は低くなる。図８は、所得格差が大きい国ほど、親子間（父親と成人した息子）の所得の関係が強いことを示している。

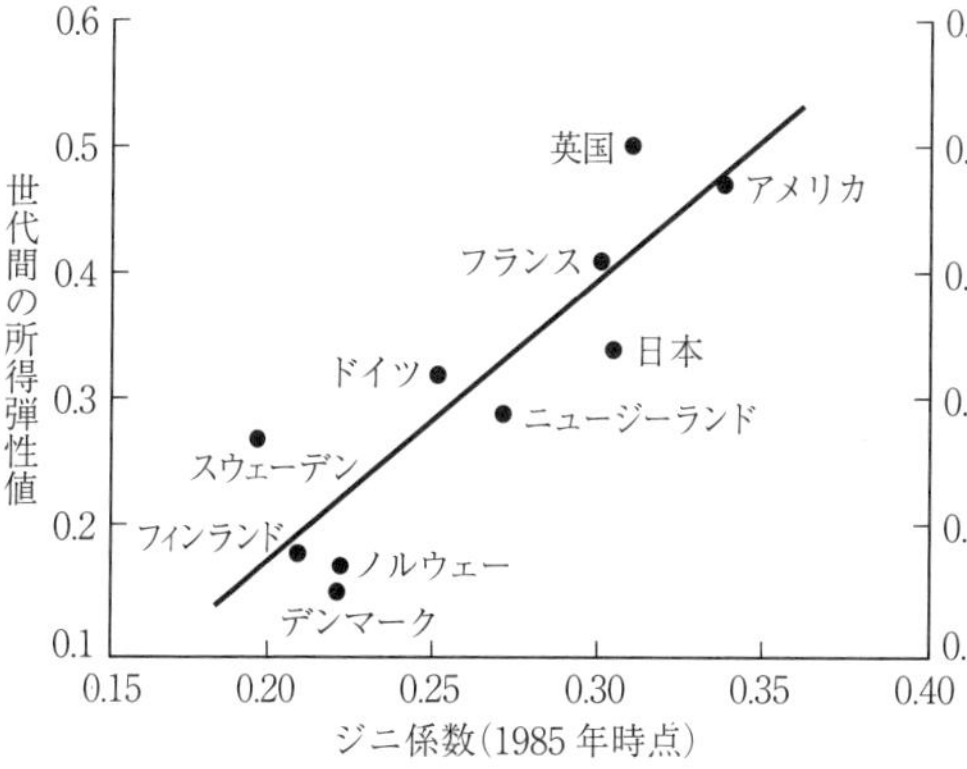

出典：Corak（2012）に一部加筆．

図８　ジニ係数と親子間の所得の相関性

　このような貧困の世代間連鎖については、ＩＱなどの親子間の遺伝的な影響以外に、①教育・就職、②健康、③成育環境、④価値観、生活習慣、非認知能力（達成心、社会的感受性、自制心、誠実性、情緒安定性）を通じたルートが考えられる。

　最初に確認しておくが、親子間の遺伝的な影響には、ＩＱや体格、健康、さらには遺伝性の疾患などもあり、こうした遺伝的な要素もまた子どもの可能性を左右するのは当然である。しかし、貧困や所得格差の連鎖要因として、過大視すべきではない。たとえば、ＩＱの影響であれば、親子間でＩＱに相関があるが、ＩＱと所得の相関は〇・二程度で、ＩＱは四％しか所得格差を説明することはできない。そこで、以下は遺伝的な要素以外で親の所得水準が子どもの成長に与える影響について考えてみよう。

まず①の教育と就職は親の所得が子どもの人生に直接的に影響を与える。低所得や貧困は子どもの進学機会を奪い、就労機会を左右することはよく知られている。次に②の健康も親の低所得、貧困の影響を受け、子どもの栄養、医療・保健サービスへのアクセスなどの問題を引き起こす。母親の妊娠時の栄養状態や出産時の健康状態、精神的な疾患も子どもの健康に大きな影響を与えることが確認されている。また③の貧困世帯、低所得世帯の子どもが直面する劣悪な成育環境も学力、健康、精神状態の双方に負の影響を与え、④の家族内の価値観、生活習慣、非認知能力も子どもの可能性や人生の選択に大きな影響を与える。

これらの要因は、相互に複雑に影響しあって貧困の世代間連鎖を強めることになる。特に貧困世帯が直面するストレス、劣悪な生育環境、社会的排除・孤立、虐待といった経験が、「毒性ストレス」として非認知能力、価値観・行動パターン、精神的課題に大きな影響を与える（パットナム（二〇一七）参照）。感情面での課題を持っている子どもは、そうでない子どもと比較して、①喫煙・ドラッグ依存、自傷行為などの問題の発生率は四倍高く、②子どもの頃に行為障害を持つ場合、そうでない子どもに比較して、成人後に暴力犯罪の確率が一〇倍、薬物依存、一〇代で親になる確率、自殺確率は四倍、生活保護利用率は三倍高い、③さらに身体的虐待を受けた子どもはそうでない子どもと比較して、虐待的な親になる確率は六倍高い、ということが確認されている（レイヤード、クラーク二〇一七）。

加えて、人生の初期における学業不振は攻撃的なライフ・スタイルと反社会的な行動を誘発する。さらに貧困世帯で多発する虐待・ネグレクトは子どもの心理面、認知機能に深刻な影響を与える。友田（二〇一一）は虐待・ネグレクトは脳の成長（脳の各部位における容積）に深刻なダメージを与えることを紹介している。

このように貧困や低所得は、教育や健康に与える影響以外に、貧困や低所得からくるストレス、劣等感、自己肯定感を低下させる。あるいは貧困世帯の子どもの多くが経験する虐待等が子どもの精神面、知能面に深刻な悪影響も与えている。長期の貧困とそこから派生するストレスが子どもの記憶力・一時メモリーを低下させるのである。貧困は、ストレスを経由し、子どもの認知機能、学力に負の影響を与え、自己肯定感を持てなくさせる。加えて毒性ストレスは、脳内の感情調整を司る部分の機能に障害を起こし、社会への信頼度を引き下げ、健康面でも免疫能力を下げる。

(2)英国のコーホート調査によって確認された貧困・格差がもたらす課題

貧困の世代間連鎖の要因については、日本の研究では十分確認されていないものが多い。遺伝的要因、所得要因、親の学歴など複雑な要因が相互に関わり合うために、子どもの発達に課題をもたらす要因を特定化して、克服する政策を提案するには、同じ人を長期に追跡するコーホート・データが不可欠であるが、日本では十分な参加者を出生時から追跡調査したコーホート・データは存在しない。世界的には、英国の一九四六年生まれの子どもたちを長期追跡しているコーホート・データが有名である（ピアソン二〇一七）。英国では、その後も一定の間隔で出生時からのコーホート・データを作成しており、健康や学力、経済状況に関する重要な事実を発見している。特に有名な研究が、一九七〇年代のコーホートで確認された知的発達と所得階層の関係を確認したファインスタイン・グラフ（図9）である。

図9は、一九七〇年生まれの子どもたちの生後二二カ月、四二カ月、六〇カ月、一二〇カ月の時点の知能テストの平均点を、親の社会経済的地位別に表している。四つの線は、①「生後二二カ月時点で親の社会経済的地位が高く、知能テストで最高点を取っていたグループ」、②「生後二二カ月時点で親の社会経済的地位が低く、知能テストで最高点を取っていたグループ」、③「生後二二カ月時点で親の社会経済的地位が高く、知能テストで低得点を取っていたグループ」、④「生後二二カ月時点で親の社会経済的地位が低く、知能テストで低得点を取っていたグループ」の四つにおいて、月齢の変化とともにどのように知能テストの得点が変化するかを観察したものである。このなかで注目されたのが、②と③の動きである。前者の知能テストのスコアは少しずつ低下し、後者は上昇し、七六カ月で逆転している。すなわち生まれた時に知能が高い子どもでも、低所得世帯で過ごすことにより、知能テストのスコアが低下し、他方で、生まれた時には知能が低かった高所得世帯の子どもに抜かれてしまうということになる。この研究は、さらに厳密な検討がなされて、部分的に修正が行われ

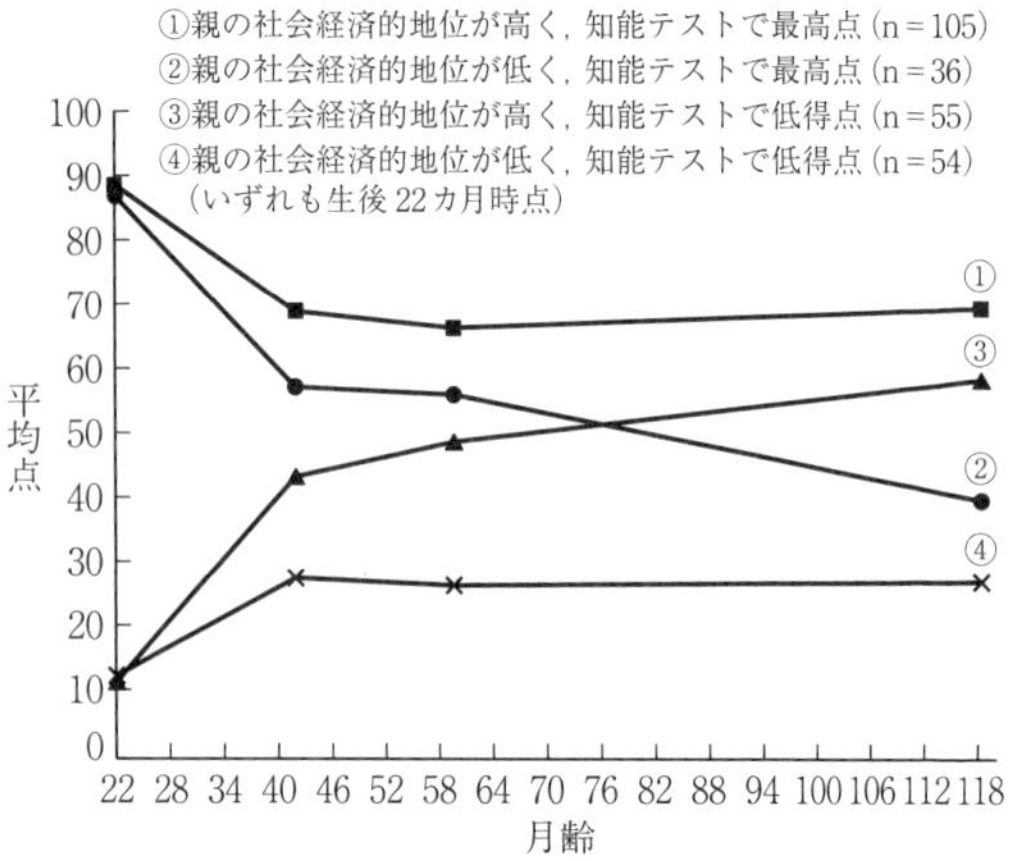

出典：Feinstein (2003).

図9　ファインスタイン・グラフ

「キラーチャート」と発表されたが、生来、優秀な可能性を持った子どもが貧困・低所得によってそれを生かしきれず、逆に優秀ではない高所得世帯の子どもに抜かれるという本質的な結論は変わらなかった(ピアソン二〇一七)。

(3)長寿社会の基盤整備としての次世代支援策

日本では、特定世代を長期追跡するコーホート・データや、同じ人を継続的に分析するパネル・データも不十分であり、世代間の貧困の連鎖要因を厳密に抽出することは難しい。しかし、上記のような他の先進国の調査では、貧困・格差が、学力、健康、精神、非認知能力に大きな影響を与え、子どもたちの可能性を左右することが明らかになっている。

今後、日本で、貧困や所得格差によって健康格差そして子どもたちの寿命に格差がでるかどうかは不明である。仮に貧困や格差が寿命の伸長に影響を与えなかったとしても、長い人生のなかで、子どもの格差・貧困の放置は、生涯にわたる不利さを蓄積していくことになる。

①子どものセーフティネットの確立と就学前教育と公教育の充実

これまで見てきたように、就学前の期間の子どもの育ちは認知能力、非認知能力を通じて人生に大きな影響を与えることが確認されている。したがって、特に劣悪な成育環境にある「不運な」子どもたちへの給付の充実が望まれる。すなわちネグレクトや虐待を受けている子どもたち、社会的養護とくに大規模児童養護施設で生活する子どもたち、そしてその施設から自立する際に大きなハンディに直面している子どもたちへの支援政策、すなわち「子どものセーフティネット」の充実がまず最優先である。身体、知的、精神、発達障害、難病（小児慢性疾患）を抱えた子どもたち、医療的ケアを必要とする子どもたちへの政策の充実、ひとり親世帯や生活保護世帯の子どもたちの大学等への進学機会の保障など、「子どもへのセーフティネット」は予算制約のために停滞している。

当然ながらこうした対象には待機児童も含まれる。加えて、表面化している待機児童の数倍は実質的な待機児童が存在し、劣悪な無認可保育所で過ごしている子どもも少なくない。また保育サービスが確保できず、就労継続を断念した親のストレスや貧困問題は、子どもの成育に悪影響を与える。質の高いユニバーサルな就学前教育・保育サービスの拡充は子どもたちに不可欠な「社会への投資」である。ただし、強調しておきたいことは、質の高いユニバーサルな就学前教育・保育サービスの拡充と、二〇一八年度予算にむけて政府が検討している「就学前教育・保育の無償化」とは全く別ものという点である。たしかにいくつかの先進国では就学前教育の無償化が進められている。しかし、その内容は、一定以上の質のサービスが、一元化され、十分なサービス供給量のもとで行われており、「供給」充実を前提にしている（渡邊二〇一五）。日本のように、保育所、幼稚園、認定こども園、無認可保育所など質の保証もされず、ばらばらな仕組みのままでの家計負担ゼロ＝無償化とは似て非なるものである。

つまり安倍政権が進めている「就学前教育・保育の無償化」とは、質に関係なく、ただ家計負担を軽減すればよいという安易な発想である。加えて、現在の応能保育料（所得比例）の仕組みを考えると、高所得世帯にはメリットがあるが低所得世帯にはメリットがない逆再分配的ばらまき政策となる。

必要なのは、需要サイドの家計支援ではなく、供給サイドへの支援であり、まず就学前教育・保育は、制度、カリキュラムの統合や質的・量的拡充が不可欠である。そのためには、供給サイドの支援である

「公教育の充実」が不可欠である。先進各国を比較しても、日本の教育への公費負担は最低水準である。格差を生まない公教育の拡充は「社会への投資」であり、就学前教育・保育、小・中・高等学校の量的、質的な拡充が急がれる。

②高等教育へのアクセス保障

高等教育へのアクセス保障——具体的には、大学等への進学の奨学金についてであるが——は、貸与型奨学金が一般的であるが、現在、大学生の半数近くが奨学金を利用し、特に低所得世帯での利用が拡大している。政府は二〇一七年度から児童養護施設の出身者や住民税非課税世帯の子どもたち二万人程度を対象とした給付型奨学金制度を導入した。しかし、日本の奨学金制度は先進国に遥かに見劣りする。また貸与型奨学金の返済が卒業後、利用者の大きな負担になっており、今後、経済成長の鈍化が続き、賃金が伸び悩むことになると、貸与型奨学金を利用した若い世代の負担はより大きくなる。

日本では大学教育は私的便益を高めるためであり、その費用は受益者負担、そして親負担が当然であるという意見は根強い。世論調査でも、医療、介護、年金などの高齢者給付の優先順位が高く、高等・大学教育への公費支援は劣位にある(矢野・濱中・小川二〇一六)。

この一方で、大学の進学率は五〇%を超えているものの、先進国のなかでは決して高い方ではない。また親の所得階層別に見ると、進学率の格差が大きく、樋口・萩原(二〇一七)が指摘するように、都市部と地方部では進学格差も拡大している。

他方で、高校生が減少するなか定員割れを起こした私立大学も増加しており、無試験に近いような大学等での学生の勉強意欲の低さや教育の劣化も指摘され、大学教育の意義も問われている。

大学教育の全面的な無償化に対する批判としては、就学意欲、能力のないものがモラトリアム的に大学を利用するといった指摘や、生活費に苦労する貧困世帯では学費無償化だけでは進学できないという課題もある。大学教育が賃金上昇などの個人的利益にとどまる限り、ただちに大学教育の全面的無償化を進めることは難しいだろう。現時点では、給付型奨学金は低所得世帯などに限定され、低利の所得連動返済型奨学金の拡大などにとどまるであろう。

ただし、この議論はより深く考えるべき点もある。すなわち大学教育が私的便益だけをもたらすものではなく、公共財的・社会的意義があれば、大学進学に公的支援を入れることは正当化できる。

かつて日本社会では、「読み書き計算」できるものはわずかで、一握りの貴族、僧、武士のみが「読み書き計算」という「高度な能力」を持っていた。しかし、行政、交易など、社会が発展するためには、多くの人が「読み書き計算」する能力が必要であった。江戸時代を通じて、寺子屋などの教育施設の普及によって次第に「読み書き計算」の能力が民衆に広がった。多くの人々が一定の「読み書き計算」能力があって初めて政治や経済が機能する。明治維新後、日本が急激な経済成長を達成できたのは、すでに国民の多くが「読み書き計算」の能力を持っていたためである。

教育の歴史を振り返ると、普遍的に必要となる教育水準とその価値は社会経済の変化のなかで決まる。明治維新以降、普遍的な教育の範囲は、小学校、中学校と拡大し、最近では九七％の子どもが高等学校に進学している。では今日、どのような点から大学教育が普遍的価値と公共性を持つだろうか。

そこで注目すべきは前述したＡＩ、ロボティック技術の進歩である。将来子どもたちの過ごす社会ではＡＩによって仕事の内容は大きく変化するであろう。

他方で二〇世紀に入って、先進国の子どもたちの知能指数(IQ)が長期にわたって上昇していることがジェームズ・フリン等によって確認されている(フリン効果)ように、人間の知能も次第に向上しており、現在は存在しない仕事や職業も生まれてくるであろう。

暦本(二〇一七)は人間とAIが協働することで、人間の能力がより拡張される可能性を指摘している。二一世紀では人間がAIと協働する能力が求められる。それは、かつての「読み書き計算」と同じように誰もが持ち、それがないと社会が機能しない公共財的価値を持つかもしれない。あるいは、AIが持ち得ない人間独自の知性、独創性を高め、それを生涯にわたって維持、発展させる能力は、誰もが求められる二一世紀の新しい普遍的能力になるかもしれない。

もちろん高等教育の価値は、技術開発や労働生産性の向上にとどまらない。これからのグローバル社会では子どもたちは世界市民としての素養も求められる。政府の見解、マスコミ、インターネット上に溢れる情報を批判的に評価でき、国籍・宗教も違う多様な人々と議論し、連帯するためのグローバルな「シチズンシップ教育」は民主主義を支えるすべての市民が持つべき普遍的知識である。

これからの大学教育が、個人的な便益を超えて、社会技術の進歩への貢献、グローバル社会における市民を育成する効果を持つならば、なるべく多くの子どもたちに大学進学の機会を保障するために公的補助を導入することが正当化できるであろう。これは今後、大学が提供する教育次第である。

人的資本を強化する「社会への投資」は、よい未来の形成に向けての投資を意味する。私たちは選択してよい社会、よい時代に生まれることはできないが、すべての人がその能力に応じて負担することで、「社会への投資」を行うことによって、「よい未来」、「よい社会」を作ることはできる。

子どもたちが直面する長寿社会とは、長い人生を意味し、長期にわたって健康で活動する必要がある。引退年齢を遅らせるためには、良好な就労条件の整備は不可欠である。その前提としては、子ども時代から貧困・格差の弊害を防止し、不利の蓄積を抑え、貧困格差の世代間連鎖を解消させることである。長寿社会では、子ども時代から、そして人生にわたる人的資本投資政策が重要な「社会への投資」となる。

参考文献

グラットン、リンダ、アンドリュー・スコット(二〇一六)『LIFE SHIFT――一〇〇年時代の人生戦略』池村千秋訳、東洋経済新報社
厚生労働省(二〇一七)『労働経済白書』
駒村康平・渡辺久里子・田中聡一郎・四方理人(二〇一七)「日本の所得格差と貧困――「全国消費実態調査」(一九九四―二〇〇九)を用いた検証」慶應義塾大学経済研究所
チュダコフ、ハワード・P(一九九四)『年齢意識の社会学』工藤政司・藤田永祐訳、法政大学出版局
友田明美(二〇一二)「子どもの脳に残る傷跡――癒やされない傷(子ども虐待)――被害の実態」『こころの科学』一五九号、六三―六七頁
南条善治(一九六六)「我が国の世代生命表」『民族衛生』三二(四)、一二二―一二七頁
パットナム、ロバート(二〇一七)『われらの子ども』柴内康文訳、創元社
ピアソン、ヘレン(二〇一七)『ライフ・プロジェクト』大田直子訳、みすず書房
樋口美雄・萩原里沙(二〇一七)「教育投資は所得階層を固定化するのか――国際比較と日本の動き」樋口美雄・萩原里沙編著『大学への教育投資と世代間所得移転――奨学金は救世主か』勁草書房、三―一一頁
マーモット、マイケル(二〇一七)『健康格差』栗林寛幸監訳、日本評論社
矢野眞和・濱中淳子・小川和孝(二〇一六)『教育劣位社会――教育費をめぐる世論の社会学』岩波書店

レイヤード、リチャード、デイヴィッド・M・クラーク(二〇一七)『心理療法がひらく未来　エビデンスにもとづく幸福改革』丹野義彦監訳、ちとせプレス

暦本純一(二〇一七)「人間の能力も拡張　AI普及仕事どうなる　東大・暦本教授に聞く」日本経済新聞二〇一七年八月七日

労働政策研究・研修機構(二〇一七)「産業ロボットと失業、賃金低下には政策と労使関係が歯止めに――経済政策研究所」http://www.jil.go.jp/foreign/jihou/2017/08/usa_04.html(二〇一七年一一月一日閲覧)

渡邊恵子(二〇一五)『諸外国における就学前教育の無償化制度に関する調査研究(初等中等教育の学校体系に関する研究報告書1)』平成二六年度プロジェクト研究報告書 https://www.nier.go.jp/05_kenkyu_seika/pdf_seika/h26/1-3_all.pdf(二〇一七年一一月一日閲覧)

Acemoglu, Daron and Pascual Restrepo (2017) "Robots and Jobs: Evidence from US Labor Markets," NBER Working paper No. 23285, National Bureau of Economic Research.

Corak, Miles (2012) "Inequality from Generation to Generation: The United States in Comparison," in Robert Rycroft ed., *The Economics of Inequality, Poverty, and Discrimination in the 21st Century*, Routledge, 107–126.

Feinstein, L. (2003) "Inequality in the Early Cognitive Development of British Children in the 1970 Cohort," *Economica*, 70, 73–97. doi:10.1111/1468-0335.t01-1-00272.

Lawrence, Mishel and Bivens Josh (2017) "The Zombie Robot Argument Lurches on There Is No Evidence that Automation Leads to Joblessness or Inequaity," *Economic Policy Institute*, May 24.

Oeppen, Jim and James W. Vaupel (2002) "Broken Limits to Life Expectancy," *Science*, 296 (5570), 1029–1031.

Teugels, Jef L. and Bjrn Sundt (2004) *Encyclopedia of Actuarial Science*, John Wiley and Sons.

9　変革の鍵としてのジェンダー平等とケア

三浦まり

はじめに

「社会への投資」を推進し、経済的そして社会的見返りが得られるような社会を実現するには、ジェンダー平等が変革の鍵を握っている。具体的には、性別役割分担がいまだに強固に維持されている現状下では、女性には「キャリア権」が、男性には「ケアする権利」を戦略的に保障すべきである。両者を組み合わせることがジェンダー平等を促進し、また「社会への投資」の実効性を高めることを論じたい。これまでの社会的投資も女性就労・子育て支援を推進するものではあったが、ジェンダー平等を明示的な政策目標とするというよりも、社会的投資の手段として位置づけられていた。本章ではむしろ逆に、ジェンダー平等の実現こそが「社会への投資」を意味あるものにする点を明らかにしていきたい。

女性の就労支援が社会的投資戦略の中核的政策となっているのは、女性労働力の増加が社会保障の支え手を増やし、社会保障の財政基盤の強化と高齢女性の貧困緩和をもたらすからである（エスピン＝アンデルセン二〇一一；Hemerijck 2013）。女性が働き続けられるようにするには、子育て支援とワーク・ライフ・バランスが不可欠なため、保育所と育児休業制度の整備も社会的投資として進められてきた。保育所整備は女性就労のみならず、就学前教育の観点からも社会的投資の柱となっている。質の高い保育には貧困の連鎖を防ぐ効果があり、また知識基盤型経済において重要となる非認知能力の発達には幼少期の集団保育が果たす役割も大きい(就学前教育の意義は第1章、第4章、第8章参照)。

ところが、社会的投資国家における女性就労・子育て支援策は必ずしもジェンダー平等を実現するものではないという批判がフェミニズムから寄せられている。家庭内の家事労働やケア責任に関して男女の平等な分担が進まない限り、女性は男性労働者と同じようには稼ぐことはできず、せいぜいのところフルタイムで働く父親(一・〇)とパートタイム的な働き(〇・五)と家事労働を担う母親からなる「一・五稼ぎモデル」にしかならないからだ。ケア(家事・育児・介護)が価値あるものとして捉えられるようにならない限り、社会的投資はジェンダー平等を実現し得ない。そうである以上、「社会への投資」は、ケアの価値を高めるようなものとして構想していく必要があるのではないだろうか。

一　社会的投資とジェンダー平等

社会的投資へのフェミニズムからの批判

社会的投資国家において家族政策は重要な位置を占める。ここでの家族政策の目的は、現役/次世代の労働者/納税者の確保と貧困の世代間連鎖の防止に置かれ、この目的を達成するために保育サービスの拡大と育児休業・時短労働が推進される。また、社会的投資国家においては勤労が社会的市民権の基礎をなすことから、専業主婦の社会保険料免除や配偶者控除は廃止される。こうした改革はさらなる共働きを進めるので、社会的投資国家においては「就労促進型の家族政策(共稼ぎ型の家族政策)」が展開されることになる。

社会的投資国家への移行は女性の経済的な自立度を高めるはずであるが、しかしながらジェンダー平等にはつながらないとするフェミニストからの批判が起きている。

第一に、社会的投資は女性就労を権利としてではなく、持続的な社会保障のための道具として推奨しているという批判がある。女性の就業率向上だけを強調する「就労至上主義」の政策では、女性が非正規雇用など低所得の領域に追いやられることを正当化し、既存の男女格差が是正されないというのだ。先進諸国では女性の就業率が上昇し共働きが一般的になりつつあるが、男女が対等な稼ぎ手になることは少なく、男性が主たる稼ぎ手で女性は就労と家事労働を担う「一・五稼ぎモデル」がどの国においても実態となっている(Ciccia and Bleijenbergh 2014; Morgan 2008; Daly 2011)。

第二に、社会的投資戦略による共働き奨励策は家庭内の性別役割分担にまで踏み込んでいない点が問題視される。「一・五稼ぎモデル」になってしまうのも、根本的原因は性別役割分担が解消されないことにあるからだ(以下では、生計を共にする男女カップルの分担に焦点を当てていく。同性カップルやひとり親、単身世帯には異なる枠組みで考える必要がある)。

フェミニスト思想家のナンシー・フレイザーは、生計を共にする男女が平等に働く「普遍的勤労モデル(共稼ぎ型)」ではジェンダー平等は達成されず、男女が平等にケア責任を分担する「普遍的ケアモデル」が最もジェンダー平等に近いと論じる(Fraser1994)。女性が外に働きに出るようになると、ケア(家事・育児・介護など)を誰かに代替してもらわなければならず、核家族が一般的となっている現在、国家による公的な社会サービスか市場を通じた私的なサービスに頼らざるを得なくなる。市場への依存が高まれば、サービスを購入できない低所得層の女性就労は抑制され格差は拡大するが、公的なサービスの割合が高まれば経済的格差は抑制される。しかしながら、いずれのモデルであってもケアの外部化には限度があり、家庭内に相当程度残る無償労働をカップルでどのように分担するのかという問題は存在し続ける。男性の役割が変革されず、無償労働の大部分を女性に依存する構造が温存されるのであれば、女性は有償・無償労働のダブル・シフト(二重の労働)に追われ、有償労働の世界では無償労働を免責されている男性と比べて不利な立場に立たされる。つまりは、男性稼ぎ主型から共稼ぎ型に移行したからといってジェンダー平等が自動的に達成されるものではなく、家庭内のケア分担がジェンダー平等実現の核心に位置することがわかる。

これらの指摘に対しては、社会的投資戦略の理論的支柱の一人であるアントン・ヘメレイクは、男性稼ぎ主モデルに依拠するケインズ型福祉国家やジェンダーに無頓着なネオリベラルな福祉改革と比べて、社会的投資国家のほうがジェンダー平等に親和的であるとし、フェミニストからの批判を退ける。育児休業、保育所整備、育児・介護休業中の社会保険料免除、病児看護休暇などは女性が職場や家庭内で自律性を確保することに貢献するからである(Hemerijck 2015)。もっとも、これらの政策が家庭内の性別役割分担を解消するものではないことは認め、それは女性就労支援が社会保障の持続性確保や出生率向上といった目的のための手段として位置づけられていることからくる限界であると指摘する。

ジェンダー平等とケアの価値化

社会的投資戦略の枠組みでは、果たして性別役割分担の解消は進まないのであろうか。

ケアを外部化し、家族への依存を減らすことは「脱家族化」と呼ばれるが、この概念は家庭内の性別役割分担を不問にしているため、脱家族化という指標だけではジェンダー平等を捉えることはできないという指摘がある(Saxonberg 2012)。例えば、外部化されるケアの引き受け手に着目すれば、「共働き+福祉国家によるケア」と「共働き+市場によるケア」の二つに区分することができるが、「共働き+福祉国家によるケア」型のフランスの方が「共働き+市場によるケア」型のイギリスよりも、女性のフルタイム就業率が高いにもかかわらず家事労働時間は長い。子育て支援が早くから発達したフランスでは男性の育児・家事参加がなくとも女性が仕事を継続できたのに対し、そうした支援の乏しいイギリスでは、女性が働くためには男性が育児・家事を担わなければならなかったという事情が指摘されている(Ciccia and Bleijenbergh 2014; Crompton 2006)。

このように考えると、ケアの担い手は家庭外では「(社会的投資)国家」か「市場」かという二区分に加えて、家庭内では女性によるダブル・シフトか男女のケア分担かの二区分に整理することができる(図1)。

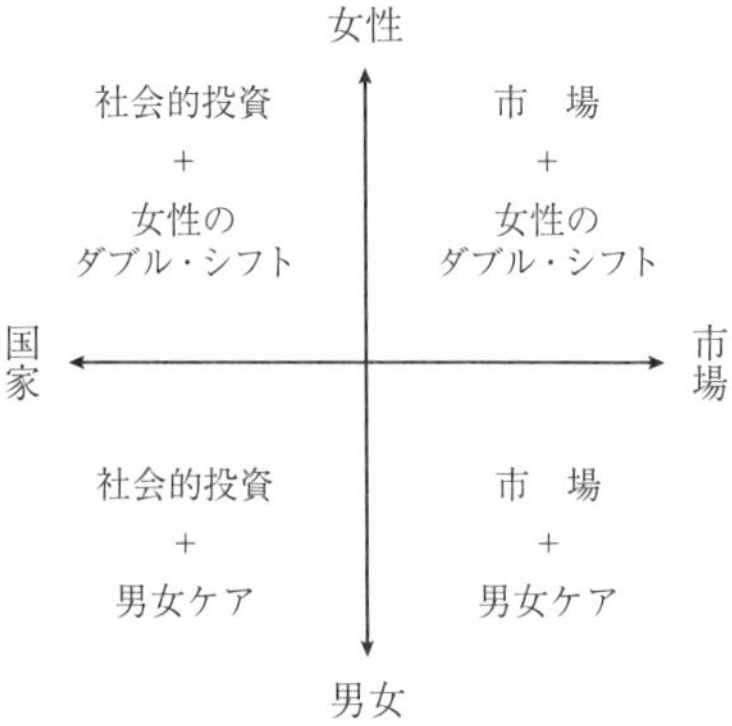

図1　ケアの担い手(家庭外・家庭内)

家庭外と家庭内のケアの担い手を二つの別次元として捉えると、社会的投資を進めるだけでは女性のケア負担が減るとは限らないことが明瞭になる。では、男女間の平等なケア分担はどうしたら可能になるのだろうか。政策としては子どもの年齢に応じた男女平等な労働時間の削減が重要になってくるが(Gornick and Meyers 2003)、そうした政策転換を支える社会の価値観の変容も必要だ。

この点を考える際に参考になるのが、社会的投資に対して向けられる、より根源的な批判だろう。それは、社会的投資がケアや無償労働の価値を毀損するものであるという主張だ(Saraceno 2015)。社会的投資国家において未就学児のケアや教育は将来の労働者を育むものとしてその必要性が強調されるのであり、普遍的な社会権(子どもの権利)として位置づけられていないという批判がある。ケアを権利ではなく道具的に位置づけることは、ケアに内在する価値を認めないことを意味してしまう。ケアに価値を見出さず、人材育成を経済にとって有益な人材を育てることに矮小化するならば、障がい児の人権が切り捨てられるなど、究極的には優生思想にもつながりかねない。

「社会への投資」は人的資本形成、すなわち〈個人〉の潜在能力の開花をめざすもので、その結果、活力ある経済が実現すると同時に、社会関係資本であるところの〈つながり〉を築くことをめざす。つまり、安心と信頼に基づく関係性を構築することへの投資が「社会への投資」である。そこではケアそのものに内在する価値、すなわちケアすることによって得られる喜びや承認、関係性に価値を見出すことになる。ケアの持つ価値は政治思想においては「ケアの倫理」として理論化が進められ(ブルジェール二〇一四)、民主主義論の文脈ではシチズンシップの根幹にケアを位置づける議論が展開され(Tronto 2013)、福祉国家論においては「ケア時間への権利」として議論されてきた視点である(Knijn and Kremer 1997)。

こうしたケアの価値化は、「社会への投資」が社会的見返り（連帯、信頼、安心感）をもたらすために不可欠の視点なのだ。

ケアの価値化はジェンダー平等を実現するためにもまた必要である。女性が仕事に専念できるようにケアを最大限に外部化しそれを社会的に支援することは、究極的にはケアは価値の低いものであるという価値観を再生産していく。価値が低い限り、経済力で格差のある男女が対等に分担することは難しい。したがって、ケアを男女が対等に分担するようになるには、ケア自体が価値の高いものであると認識を逆転させることが必要になってくる。

言い換えれば、「社会への投資」が社会的な見返りをもたらすためにはケアの価値化を組み入れなければならず、ケアの価値化はジェンダー平等の前提条件となる。このように整理すれば、ジェンダー平等、あるいはケア責任の男女平等分担は、「社会への投資」が効果をもたらすために正面に据えられるべき政策目標となるだろう。

より具体的な政策としては、現実には性別役割分担と男女賃金格差が存在することを踏まえ、男性には家庭で「ケアする権利」を、女性には職場での「キャリア権」を保障することを組み合わせていくことが戦略的に必要ではないだろうか。女性の人的資本形成は生産性向上を通じて経済的見返りをもたらし、男性のケア役割の促進は男性を職場から地域へと押し出し、新たな〈つながり〉を作ることにもなるだろう。

ケアを価値あるものとして捉えることは、それを権利として位置づけることでもある。「ケアする権利」を体現する具体的な制度としては、父親の育児休業の役割が大きい。日本を含む先進各国で男性の育児休業が整備されつつあるが、重要な点はその政策目標である。女性の人的資本に重きを置くのであれば、母親がなるべく早期に職場復帰できるよう父親が補完的に取得することがめざされる。しかしそれでは、女性のライフコースの「男性化」を推進するに過ぎない（Saraceno 2015; Leira and Saraceno 2002; Jenson 2009）。

ケアの価値化の観点から重要なのは、男性が一定期間を一人だけで育休を取らざるを得ない制度設計である。父親・母親が同時に休業できる制度は、父親が一人で育児に直面する機会を奪い、妻の補助程度にしか育児に関わらない可能性も出てくる。妊娠・出産を身体的に経験することのない男性を「父親にする」ためには、一人で赤ちゃんと向き合う時間を作る必要があるのだ（Hobson 2002）。いわゆる「パパ・クオータ（父親割当）」がそれに当たり、ノルウェーで最初に導入され北欧諸国で広がっている（デンマークでは二〇〇二年に廃止された）。これを男性の「ケアする権利」として位置付け、ケアの価値化を図るとともに、男性の役割および男性性を変化させ、性別役割分担の解消へと向かう一歩とすることが重要である。

他方、女性に関してはそのキャリアが公平に評価され、また育成される必要がある。「キャリア権」とは、職業生活において人的資本を形成し、それぞれの潜在的可能性を開かせる権利のことであり、個人の主体性と自由意志に基づいて職業を選択する自由を保障する（諏訪二〇一七）。正規・非正規等の雇用形態にかかわらずキャリア権を保障するということは、公平な評価と処遇、教育訓練機会への平等なアクセスが確保されることを意味する。それらが達成された時には、男女賃金格差が消失することになるだろう。

二　国際比較から見た日本の特色

「社会への投資」をこのように見通すと、日本の現状はどのように捉えることができるだろうか。第6章で見たように、日本でもまた社会的投資の考え方は静かに浸透している。いくつかの代表的な社会的投資指標を国際比較することで、日本での社会的投資の導入がジェンダー不平等を解消するものではなかったことを、女性の人的資本形成と男性のケア役割に注目しながら見ていこう。

社会的投資指標から見た日本――市場志向の家族政策

ジェンダー平等と階層化の観点から家族政策を国際比較するウォルター・コルピらの研究では、「伝統的家族(男性稼ぎ主)」、「共稼ぎ」、「共ケア(共家事・共育て)」の三つの次元を設定し、各国の政策の特徴を捉えている。それぞれの次元における具体的政策は、「伝統的家族」の次元では①児童手当、②三歳以上の公的短時間保育(幼稚園など)、③在宅育児手当、④配偶者扶養控除、「共稼ぎ」の次元では①〇―二歳児の公的保育、②三歳以上の公的長時間保育、③所得比例の育児休業給付、「共ケア」の次元は①父母のどちらも取得可能な育児休業・給付、②父親のみ対象とする育児休業(パパ・クオータ)・給付を挙げる。「共稼ぎ」支援策と「共ケア」支援策は相関性が高く、同じ要因で推進されていることから三つの次元は二つにまとめられ、一方の軸は「伝統的家族」の強度、つまり男性稼ぎ主モデルの強弱であり、他方の軸は「共稼ぎ／共ケア」支援の強度をとり、この二次元で各国を位置づけている。二〇〇

表1　社会的投資の効果(各国比較)

	0–2歳の保育所利用率(2014–15)	家族関係サービス支出のGDP比(2013)	未就学児1人持つ男性の育児時間割合(2002–09)	未就学児1人持つ女性の育児時間割合(2002–09)	男性の長時間労働の割合(2015)*	女性就業率(15–64歳)(2015)	女性就業率(30–34歳)(2015)
日　本	30.6	0.5	2.5	11.7	29.5	66.7	71.2
韓　国	34.2	0.9	2.8	12.5	37.6	57.9	61.8
ドイツ	32.9	1.1	5.9	14.4	14.1	73.1	79.9
イギリス	33.6	1.4	6.9	16.3	17.8	72.5	77.9
フランス	51.9	1.3	4.4	7.8	14.1	67.6	81.1
オランダ	55.9	0.7	—	—	13.5	74.7	83.5
スウェーデン	46.9	2.2	6.5	13.0	10.1	79.9	87.1

	女性就業率(30–34歳)(2000)	女性の短時間労働の割合(2015)	短時間労働に占める女性比率(2015)	パートタイム労働者の賃金水準(2014)*	男女賃金格差(2014)	女性管理職比率(2015)*	上場企業の取締役女性比率(2016)
日　本	57.1	36.9	69.8	56.6	25.9	12.5	3.4
韓　国	48.8	15.9	62.6	—	36.7	10.5	2.1
ドイツ	76.1	37.4	77.9	72.1	17.1	29.3	27.0
イギリス	74.6	37.7	73.7	71.0	17.4	35.4	27.0
フランス	77.9	22.3	75.2	86.6	13.7	31.7	37.0
オランダ	77.3	60.7	72.7	74.3	18.6	—	28.0
スウェーデン	84.8	18.0	61.8	82.2	13.4	39.5	36.0

出典：OECD Family Database, OECD.Stat.
＊＝労働政策研究・研究機構『データブック国際労働比較 2017』による.

○年頃の指標で比較すると、日本は「伝統的家族」の程度は強くなく、「共稼ぎ／共ケア」の軸においては中程度の中庸な国に位置付けられる。伝統的家族支援策の弱さは児童手当が少額であることや在宅育児手当が存在しないことが大きい。あえて言えば「市場志向の家族政策」の国として性格づけされている(Korpi, Ferrarini, and Englund 2013)。

もう少し最近のデータを見ながら、日本の特色を見ていこう。**表1**には代表的な社会的投資に関するアウトカム指標に関して、本書が扱ってきた韓国、イギリス、フランス、オランダに加えて、男性稼ぎ主モデルからの脱却が急激に進むドイツと、普遍的ケアモデルに最も近いとされるスウェーデンを加えて、日本との比較を可能にした。

女性の就業継続のためには〇—二歳児の公的保育が整備される必要があるが、実際に各国で保育所利用率は急激に上昇している(時系列の変化は第7章参照)。二〇〇六年から二〇一五年にかけて、〇—二歳児の保育所利用率はドイツで一三・六%から三二・九%、韓国で一一・二%から三四・二%、日本で二二・六%(二〇〇七年)から三〇・六%と上昇しており、男性稼ぎ主モデルが強固であると言われていたこれらの国でも大きな変化が生じ、イギリスと肩を並べるまでになった。日本はさらに二〇一七年時点で三五・一%へと上昇しており、一—二歳児に限ると四五・七%にもなる(厚生労働省「保育所等関連状況取りまとめ(平成二九年四月一日)」)。

もっとも、日本は保育所整備などに用いる家族関係サービス支出は少なく、対GDP比で〇・五%と対象国のなかでは最低水準にあり、韓国やドイツの半分程度でしかない。日本では待機児童問題が政治課題化するなか、質よりも量の拡大に力を入れてきたことが裏づけられる。

では、普遍的ケアモデルに向けて日本はどの程度接近しているのだろうか。多くの研究で普遍的ケアモデルに近似しているといわれるのが、スウェーデン、デンマーク、オランダである。北欧は子どもが〇歳時の間は親が世話をし保育所には預けないことが一般的であるが、これは子どもが親と過ごす権利の観点から制度構築が進んだためといわれる(Ciccia and Bleijenbergh 2014)。デンマークの〇—二歳時の保育所利用率は一九九六年ですでに五割を超え、二〇一四年には六五・二%と保育に関しては常に先進国のトップランナーである。質の高い保育の必要性に関して教育・保育関係者と女性運動の連携が成立し、保育所は母親の就労を可能にする施設としてだけではなく、集団保育を通じた子どもの発達保障の場として認知されたことが、高い入所率をもたらしたといわれる(Kremer 2007)。他方、オランダは家庭のなかで両親が共同で育児をすることが理想的なケアとして捉えられており、夫婦が労働時間を調整し、週四日以上を公的保育に預けることは極めて少ない(中谷二〇一五)。オランダの家族関係サービス支出が〇・七%と低いのも、財源が使用者拠出金と所得控除を基盤としていることとともに、保育利用日数が少ないことが影響している(第2章参照)。少ない利用日数は(女性の)パート労働が多いことと同時に、正規の労働時間が短いことによって可能になっている。

このようにケアに価値を置くにしても、集団保育と家庭保育をどのように捉えるのかは、社会によって異なる。日本は集団保育の意義が社会的に認知されない一方、家庭保育(近年では家庭教育も含む)の良さを保守政権が繰り返し強調してきた。もっとも実際には後に見るように、集団であれ家庭内であれ、ケアに価値をあまり見出していないのが日本社会の実情であるように思われる。

ケアの男女分担の観点から重要な役割を持つ父親の育児休業に関しては、制度上は一年の取得が保障されているが、取得率は三・一六%(二〇一六年)と低く、そのうち約半数が五日未満、約八割が一カ月未満の取得日数という短さである。また取得の時期も約半数が妻の出産月となっており、出産直後の父親休暇(出産休暇)として利用されている(平成二九年度『少子化対策白書』)。二〇一〇年にはママ・パパ育休プラスが導入され、父親が育休を取れば期間が二カ月延長されるようになった。子どもが一歳に達した時点で母親が職場復帰すると、その後の二カ月は父親だけの育休となる。しかし保育園への入園を待って母親が育休を延長すると、父親のみの取得とはならず、三割の女性が実際に育休を一年以上取得している(中里二〇一七)。日本の制度設計は母親の職場復帰を早めるインセンティブに欠けており、また男性を「父親にする」ことを政策目標には置いていない。育児は母親の責任であることを前提に、母親が就業継続できることを主目的とする制度設計となっている。

待機児童問題が深刻化するなか、二〇一七年には対症療法的な措置として育休を最長二年まで延長することが決定した。この措置も男女の取得期間の分担には踏み込まず、女性を長期にわたり仕事から遠ざけるという意味で女性活躍に逆行し、また父親役割を不問にするという意味で共ケア型からも遠ざかるものである。

ジェンダー化された二重構造と「働き方」

社会的投資がどのようにジェンダー秩序を変えるかに関しては、子ども・子育て政策や休業制度だけではなく、労働市場政策との関連が重要になってくる。

女性の就労支援が政策目標として積極的に推進されるようになるのは二〇〇七年にワーク・ライフ・バランス憲章が策定され、「仕事と生活の調和推進のための行動指針」において数値目標が掲げられてからであるが、そこでは二五—四四歳の女性の就業率を二〇〇七年の六四・九%から二〇一七年には六九—七二%へ、第一子出産前後の女性の継続就業率を三八%から五五%へ、三歳児未満保育利用率を二四%(二〇〇九年末見込み)から四四%へ、男性育児休業取得率を〇・五%から一〇%に引き上げることが示された。二〇一七年時点の直近の実数値は、二五—四四歳の女性の就業率は七二・七%、女性の継続就業率は五三・一%、三歳児未満保育利用率は三二・四%、男性育児休業取得率は二・六五%(民間企業)である(平成二九年度『男女共同参画白書』、厚生労働省「保育所等関連状況取りまとめ(平成二九年四月一日)」)。一・二歳児の保育所等利用率は四五・七%なので、男性育児休業取得率を除けば目標を達成あるいは近接していることがわかる。

このように二五—四四歳の女性の就業率は二〇〇一年から二〇一六年で取れば一〇ポイント増加し、共働き世帯数と専業主婦世帯数比率は約二対一にまで開いている。しかしながら、女性の就業率の上昇は男女格差の解消を伴うものではなかった。フルタイムの労働者の男女賃金格差は依然大きく、日本は二五・九、つまり女性の賃金は男性の七四%程度であり、一三—一九程度のヨーロッパ諸国とは大きな差がある。また、女性管理職比率が一二・五%と、三—四割近いヨーロッパ諸国との差は歴然としている。同様に、上場企業の取締役員の女性比率も三・四%と、ヨーロッパ諸国では三—四人に一人は女性であるのと対照的である。韓国は男女賃金格差および女性管理職の点では日本よりもさらに女性の地位が低い。

女性の短時間労働者(週三〇時間未満)比率は三六・九%と高いものの、イギリス、ドイツと同水準で、短時間労働者に占める女性比率は約七〇%と、六〇%台前半の韓国とスウェーデンを除けば、平均的である(これはOECDの共通定義に即した短時間労働者であり、日本の「労働力調査」によれば女性労働者のうち非正規雇用者は半数を超える)。問題は短時間労働者の賃金水準の低さにある。日本ではパートタイム労働者の賃金はフルタイムのそれと比較して半分程度でしかなく、他国の七—八割と大きな開きがある。

このように大きな男女賃金格差が残存しているということは、ヨーロッパにおける共稼ぎ型を「一・五稼ぎモデル」と呼ぶのであれば、日本は「一・三稼ぎモデル」とでもいうべき状態といえよう。なぜ女性の就業率上昇は労働市場における男女格差を解消してこなかったのだろうか。女性運動が弱かったことも一因であるが、労働市場がジェンダー化されているために変革がより困難である点を指摘したい。

日本においては「雇用を通じた福祉」が形成され、すべての男性に雇用保障を与えることで小さな福祉国家を維持してきた(Miura 2012)。これを支えてきたのが「ジェンダー化された二重構造」で、(男性)正社員に雇用保障と家族を養うだけの賃金を与える一方、景気や産業構造の変化に応じた雇用調整は(女性)非正規社員が担ってきた。性別役割分担を前提として労働市場の二重構造が構築され、正規と非正規では全く異なる賃金決定方式が適用されている。正規雇用には長期雇用と人的資本形成を前提として賃金が計算され、家族を養うための生活給も含まれることから、年齢に応じて賃金が大きく上昇していく。他方、非正規雇用は有期契約を前提とし、人的資本も蓄積しないとみなされ、生活給の要素もないため、賃金水準および上昇率は低く押さえ込まれる。同一労働同一賃金の原則が日本では確立しておらず、賃金決定方式が全く異なる二つの労働世界が性別役割分担を前提として形成されてしまった。

正規・非正規雇用の間の格差を是正するには同一労働同一賃金の原則を実施することが有効であるが、それは正規雇用の賃金決定方式を抜本的に変えることになるため労使の抵抗が強く、賃金決定方式を維持したまま格差を是正する努力が続けられてきた。正規・非正規雇用を等しく扱う「均等待遇」ではなく、不合理な格差を是正する「均衡待遇」を図ることで、問題の解決というよりも緩和を図ってきたといえる。

正規雇用においては男女雇用機会均等法により性差別解消が進められてきたが、一九八六年の均等法施行と同時に総合職・一般職といったコース別人事が導入され、それまでの男性職・女性職の区分が形を変え残った。総合職が、専業主婦を養う男性の長時間労働と転勤を伴う働き方を前提とすることが多いため、二〇一四年においてもなお、総合職における女性比率は九%に過ぎない(「平成二六年度コース別雇用管理制度の実施・指導状況」)。

働く女性は男性並みに働く総合職、家庭生活との両立がしやすい一般職、さらに非正規雇用と分化し、さらに女性の就労を支える両立支援策が女性の階層化に拍車をかけた。育児休業は規模の大きい事業所に勤務する女性ほど利用しやすく、公的保育も入所選考が厳格化するなか、実質的には正社員が優先される。非正規雇用はどちらの制度からも排除されているのが実態である。女性の就業上の地位や雇用形態によって制度の利用が制限されるため、女性内部の階層化が深まっている(萩原二〇一〇)。

では、男性のケア役割に関してはどうだろうか。男性の長時間労働(週四九時間以上)の割合は日本と韓国において三割近くがそれを超えており、一五%以下のオランダやフランス等とは大きな違いを見せる。過労死を防ぐためには長時間労働の根絶(残業規制)は不可欠であるが、ジェンダー平等を実現するためには、さらに人間らしい労働時間、つまりはケア責任を果たせるような生活時間がすべての労働者に確保されることが必要となる。

労働時間が長い日本では、性別役割分担の解消は望みにくい。実際に六歳未満の子どもを持つ夫婦の家事・育児関連時間を見ると、日本は一日あたり妻が七・四一時間で夫の六七分と大きな差があるだけでなく、他の先進国で夫が概ね三時間近くを費やしているのとも開きがある。表1では妻が有業か無業かを分けていないが、日本では妻の就業にかかわらず夫の約七割は育児に従事していない(平成二九年度『男女共同参画白書』)。「ワンオペ育児」という言葉が象徴するように、日本では育児責任を母親がひとりで負わされている実態があり、このことが女性活躍を妨げている。

実は日本では男女ともに育児に費やす時間は短く、子どもを一人持つ男性は二・五%、女性は一一・七%と、ヨーロッパ諸国の男性四・四―六・九%、女性七・八―一六・三%と比べると男性のみならず女性も短い(表1)。品田(二〇〇七)によると、日本は男女ともに家事に時間をあまり割かない社会、家事を価値あるものと認めていない社会である。時間配分という点で、日本は有償労働に大きく偏っている。稼ぐことに大きな価値を見出し、仕事が優先され、家族のニーズを後回しにしてきた日本社会は、普遍的ケアモデルからは遥か遠い地点にあるのだ。こうしたケア軽視の文化の下で女性の就労促進が進むということは、家事サービスの市場化(コンビニ弁当や外食を含む)を一層推し進め、サービス業における低生産性と低賃金構造を温存することにもつながる。

つまり、女性の人的資本形成が軽視されたまま就業率の向上がめざされ、男性のケア役割にも変化が見られないことが、ジェンダー不平等を再生産させているといえるだろう。

三　保守版社会的投資の政治力学

日本における社会的投資国家への静かな変容は、ケアの価値化を伴うものではなく、したがってジェンダー平等を伴うものではなかったが、一九九〇年代には男女共同参画政策が進展し、二〇一〇年代には女性活躍政策が注目を浴びているにもかかわらず、なぜ女性の人的資本形成と男性のケア役割は軽視されたのだろうか。社会的投資は経済的見返りを強調することで経営者からの支持を引き出し、自己責任意識の強い中間層の賛同も得ながら、格差是正や社会的連帯などの社会的見返りを実現する政治戦略として構想されている。日本での展開を理解するには、保守政権の下で社会的投資が進められてきたという政治的要因と経営者の人事戦略に目を向ける必要があるだろう。

少子化対策という政策目標

子ども・子育て支援と女性の就労支援は、一部の政策手段は重なるものの(例えば公的保育)、それぞれに異なる政策目標である。少子化対策(出産奨励)は子ども・子育て支援と同じではないし、女性の就労支援はジェンダー平等政策とも同じではない。子ども・子育て政策の目標は、子どもを中心に据えるのであれば子どもの発達保障、子どもの貧困防止、世代間不公平の是正であり、親に焦点を当てるのならば女性就労支援、出産奨励、子育て世帯の経済的負担の軽減などになる。何を政策目標とするかによって制度設計は異なってくるが、政策決定過程には常に複数の政策目標がひしめきあい、相互に矛盾をきたすこともあれば、政治的合意を引き出すためにあえて曖昧にされることもある。

日本の子ども・子育て政策は第6章で見たように少子化(社会)対策として拡充されてきた。女性就労支援として積極的な意味を持たされているとは言い難く、また子どもの発達保障の視点も希薄である。

少子化が問題として認識されるのは一九九一年の「一・五七ショック」からであるが、同年には男女労働者を対象とする育児休業が法制化され、一九九五年からは保育所拡大が進められた(エンゼル・プラン)。萩原(二〇一〇)によれば、一九九〇年代の子育て支援策は、少子化対策というよりも、女性が仕事と結婚・子育ての二者択一を迫られる社会状況を変えることに主眼が置かれていた。当時は「両立支援」と呼ばれ、それは男女共同参画社会の実現に欠かせないものと位置づけられていた。ところが二〇〇三年の少子化社会対策基本法や次世代育成支援対策推進法の成立を機に「少子化社会対策」として位置づけ直される。前文に「有史以来の未曽有の事態」と明記される少子化社会対策基本法は、産むことを強制されるのではないかと警戒する女性議員たちと、リプロダクティブ・ヘルス/ライツ（性と生殖に関する健康と権利）を認めようとしない保守議員との対立と妥協の末に成立した議員立法である。制定を機に、両立支援と子育て支援は出生率向上の明示的意図を伴った「少子化社会対策」という総合的政策の下に組み込まれていく。

少子化対策、すなわち合計特殊出生率の反転が政策目標となるが、あからさまな出産奨励を行うことに当時はまだ慎重であり、「少子化社会対策」という名称が示唆するように、保育拡大を通じて働く女性が産みたいのに産めない社会状況の緩和が図られた。二〇〇一年に待機児童ゼロ作戦、二〇〇八年に新待機児童ゼロ作戦、二〇一三年には待機児童解消加速化プランが出されたが、二〇一七年時点でも、解消の見込みは少なくとも二〇二〇年までずれ込んでいる。

少子化対策としては、子育ての経済的負担を軽減する児童手当も拡充してきた。日本はサービス拡大よりも現金給付の伸びが大きい点に特色がある。サービス重視の韓国よりも、現金給付も拡充してきたフランスに近いといえる。家族向け現金給付の対GDP比は二〇〇〇年の〇・二五％から二〇一三年には〇・八％にまで伸びたのに対し、サービス支出は〇・三九％から〇・四八％である。主たる要因は二〇〇九年の民主党政権下で子ども手当が導入されたことにある。現金給付の拡大は「伝統的家族」を志向するものともいえるかもしれないが、額が少ないため女性の就労を抑制する効果は持っていない。出産奨励策とするのであれば第三子以降の大幅加算も考えられるが、そのような機能は持たされていない。むしろ、専業主婦世帯を含めた子育て世帯を支援する政治的メッセージとして機能しているといえるだろう。現金給付は女性の就労にかかわらず子育て世帯全体に恩恵がいく点が選挙対策としては魅力的であり、少額であればバラマキ批判も起きにくい。また、保育所拡大には設置義務のある自治体が動かなくてはならず、国政レベルで政党が訴え手柄を誇示するには現金給付の方が手取り早いという構図も背景にあると思われる。

韓国とドイツにおける政策課題の設定

日本と同じように出生率の低下が政治課題化した韓国やドイツでは、日本より急速に保育サービスの拡大を実現した。韓国では二〇〇〇年代に入り家族関連サービスへの支出を急増させ、二〇〇二—一二年には六倍にまで増大している。背景には、第5章で見たように、少子化対策としては性別役割分業の解消が必要であるとの認識が広がり、また、大統領選において若者の支持を得るためにどの候補も積極的に女性の就労促進を打ち出したことがある。二〇〇二年時点で三〇代が有権者に占める割合が最も多く、また若者世代に性別役割分業の解消を支持する傾向が日本よりも遥かに強いことも指摘されている(Fleckenstein and Lee 2017)。

ドイツでも同様に、女性就労促進という政策目標が家族政策の拡大の背景にあったといわれる。ドイツの育児休業は三年と長く、保育所が整備されていなかったこともあり、女性の就労は抑制されてきた。これに対して、スキルを持った女性が子育てのために仕事を辞めることを防ぐ観点から、経営者が育休の短縮化と保育所拡大に合意する。保育政策が人的資源論として捉えられることによって政策が動いたという(Seeleib-Kaiser and Toivonen 2011)。もっとも、ドイツでも出生率向上が政策目的となったことで、社会的投資国家へのパラダイム・シフトが起きたとの見方もある。ナチス時代を彷彿させる出産奨励への警戒は強かったと思われるが、「機会均等なき出産奨励は成功しない」という考え方が強調されることで、出生率向上をめざしながらも、女性就労や機会均等が推進されたという(Henninger, Wimbauer, and Dombrowski 2008)。

韓国やドイツの経験と照らし合わせると、日本においては「少子化」対策の大きな文脈のなかに子ども・子育て支援策も女性の就労継続支援策も組み込まれ、性別役割分業解消の視点が後景に退いている点が際立つ。女性の就労支援や機会均等の優先順位が低かったことが、かえって待機児童問題を長期化させたともいえるのではないだろうか。待機児童問題の問題としての核心は、母親が労働市場から強制的に退出させられることにある。政府は家庭における子育てを重視する保守派の抵抗に配慮し、女性の就労支援を積極的には打ち出してこなかった。女性の人的資本形成を政策目標としないのであれば、母親の(一時的)離職は問題(あるいはリスク)とされないであろう。待機児童問題自体は母親が長く育児休業を取得したり退職したりすることでも表面的には緩和するからだ。女性は自己実現のために働いているという見方を持つ人にとっては、子どものために自己実現が多少犠牲になるのは仕方のないことであると考えるであろう。

女性の就労支援(ましてや就労促進)ではなく少子化対策を政策目標として保育所整備が進められたが、保育所整備だけで少子化が解消するわけでもなく、また少子化解消という目的と保育所整備という手段の関係性を曖昧にせざるを得なかったことで、待機児童解決のための税金投入への政治的支持を集めることを難しくした。女性の就労支援は少子化をさらに悪化させると考える人には、保育所不足によって女性が家庭に戻ることはいたって歓迎すべきことかもしれないからである。この結果、潜在ニーズを常に過小評価し、待機児童問題が長期化する事態を招いたといえよう。

女性の人的資本形成に向けて

ではなぜ女性の人的資本形成は軽視されてきたのだろうか。女性の就労支援自体は「両立支援」、「女性活用」、「女性活躍」と言葉を変えながら継続して政策目標にはなってきた。しかしながら、労働力として女性の働き手が増えることが目標とされ、女性個人の人的資本の形成が政策目標となっているわけではない。つまり、日本における女性の就労支援は「社会への投資」となっていないのである。

「ジェンダー化された二重構造」が男女格差を労働市場と雇用慣行に埋め込んでしまったことはすでに見てきた。男性並みの人的資本として期待されてきたのは一部の女性だけであり、男性基準の働き方に適応できるかどうかを一つの試金石にして女性の選抜が行われてきた。多くの場合、適応できる、あるいは適応したい女性はそれほど多くなく、企業は女性を一般職や非正規労働者として安価に雇用できることのメリットを享受してきた。

そもそも日本の女性就業率はそれほど低くかったわけではない点には改めて留意が必要だろう。日本で専業主婦世帯が多数派となるのは一九七〇年代に入ってからに過ぎない（落合二〇〇四）。女性就業率が底を打ったのは一九七五年および一九七六年の四五％で、この時点でも半数弱は働いている（「労働力調査」）。ＯＥＣＤ平均で女性の労働参加率が一九六〇年代には三五％程度まで落ち込んでいたこととは、事情が異なるのである。日本では農業従事者の占める割合が多かったことから専業主婦化が遅れたのだが、このタイミングで人手不足が発生し、専業主婦はパートとして労働力化していく。同時に、一九八〇年代の社会保障改革は専業主婦世帯に恩恵を与え、男性稼ぎ主モデルを強固にした（大沢二〇一三）。つまり家事を価値あるものとはみなさないまま専業主婦の優遇を行うことで（品田二〇〇七）、「一・三稼ぎモデル」を三〇年近くにわたって政策的に推進してきたのである。

経営者が女性を安価で一時的な労働力とみなす限り、女性の人的資本形成への関心は薄いものとなるだろう。山口（二〇一七）によれば、女性管理職の極端な少なさが男女賃金格差の大部分を説明するという。さらに山口は、女性大卒者の課長以上の割合は男性高卒者の課長以上の割合の半分程度に過ぎないことを明らかにし、男性に関しては学歴にあまり依存せず一律的に管理職へと昇進させ、これを可能にするために女性を管理職トラックから外している慣行を指摘する。コース別人事は入り口の時点で女性の昇進機会を制限するものであり、こうした制度が維持されてきたことは、女性の人的資本形成以上に企業内の男性コミュニティの形成が重視されてきたことを物語る。

男性と同等の学歴を持った技術職においても、女性の人的資本形成は後回しにされてきた。大槻（二〇一五）によると、職務の割り当てに「男らしさ・女らしさ」のステレオ・タイプが潜みこみ、女性はサポート的役割の職務に割り当てられる傾向が強く、その結果スキルを十分に形成できないという。こうした間接的に女性差別的な人事慣行が見直されない限りは女性の管理職比率は上がらないが、企業が人事慣行にメスを入れるには、女性差別がなければ生じなかったコスト（機会費用）が極めて大きいことを認識できるかがポイントとなるだろう。

大沢（二〇一五）は日本の高学歴女性が仕事への行き詰まりや不満から離職している点に着目し、企業の思い込みが女性人材の浪費をもたらしている点を突く。山口（二〇一七）もまた、女性人材を活用できないために生産性も落としている人事慣行に疑問を呈している。これらの研究は、性差別禁止法が日本に存在しないために、企業が性差別に鈍感であるというだけではなく、人的資本形成の観点からも効率の悪い経営となっていることを示唆する。

女性活躍推進法の制定（二〇一六年）はその意味では大きな前進であり、事実上のポジティブ・アクション法となっている（皆川二〇一六）。女性の管理職昇進が企業における目標として設定されるようになれば、企業内の女性のキャリア形成が俎上に上り、職務割り当て慣行やそれを支えるステレオ・タイプへの気づき、また労働時間と人的資本形成の関係性（生産性）なども検証されるようになるだろう。

「社会への投資」の観点からは、女性の就業率向上や生産性向上を政策目標にするのではなく、女性の「キャリア権」の保障を政策目標とするべきである。「「日本再興戦略」改訂二〇一五」では副題に「未来への投資・生産性革命」と付けられているように、人口減少局面で経済成長を達成するために労働生産性の向上が政策目標として重視されている。生産性は技術革新や付加価値の創造によっても向上するが、労働強化によっても改善しうる。キャリア権の保障を政策目標としない限りは、単なる労働強化にすり替わる可能性を排除できず、とりわけ安価で使い勝手のよい労働力とみなされてきた女性や非正規労働者の人的資本形成は軽視されるであろう。結果的に効率性の悪い経営が温存され、得られる経済的見返りもわずかなものとなりかねない。

男性のケア役割の見直しは進むか？

では男性のケア役割の見直しはなぜ進まなかったのだろうか。男性の働き方の変革とケア役割の強化は男女共同参画社会の文脈でも少子化対策の文脈でもその必要性が指摘されてきた。第三次男女共同参画基本計画（二〇一〇年）や第四次男女共同参画基本計画（二〇一五年）でも、男性の働き方が女性活躍を妨げていることが指摘され、男女共同参画行政の文脈のなかで是正が図られてきた。しかしながら、「ケアする権利」の観点から見直しが進められてきたわけではない。

少子化対策の観点からは、夫の休日の家事・育児時間が長いほど第二子、第三子が生まれる可能性が高いことが指摘されており、少子化対策としても男性のケア役割は重要であることがわかる（厚生労働省「第一二回二一世紀成年者縦断調査（平成一四年成年者）」）。家庭内の役割分担に対する政策介入は、一九九九年に旧厚生省が「育児をしない男を、父とは呼ばない」というキャッチコピーの啓発ポスターを作成したり、二〇〇〇年代後半以降は「イクメン」や「イクボス」といった言葉を用いたり、男性の育児を奨励する行政の啓発活動が続けられている。

男性のケア役割の見直しには企業慣行が重要な役割を果たすため、政策介入は限定的であり、また大きな効果を上げていないが、他方で女性個人を対象とした出産奨励が近年積極的に展開されるようになってきた。これまでは出産奨励であるとみなされないように慎重な言い回しが選ばれてきたのに対して、第二次安倍政権以降は露骨な介入を強めている。二〇一三年に内閣府に設けられた「少子化危機突破タスクフォース（第一期）」は「生命《いのち》の女性の手帳」（いわゆる「女性手帳」）の配布や婚活イベントへの財政支援等の議論を進めたが、女性手帳は若い女性を対象に医学的に妊娠・出産の望ましい時期を啓蒙するもので、国家が妊娠という個人の選択に介入することへの反発は大きく撤回に追い込まれた。しかし若い女性を対象とした出産奨励は形を変え続けられ、二〇一五年には文部科学省が高校生向け保健体育の啓発教材を作成し、女性の年齢別の妊娠のしやすさのグラフが改竄され掲載されていたことが発覚した（その後、平成二八年度版では削除された）。また自治体の結婚支援を後押しする予算も組まれるようになっている（西山・柘植二〇一七）。

女性への出産誘導が露見する一方で、ケアの価値を高める動きは見られない。日本ではそもそもケアの価値が大きくない点を指摘したが、働くことに価値を見出すほど、稼得能力と結び付けられた「男らしさ」の呪縛から男性が逃れることを難しくしてしまう。ケアの価値を引き上げていく価値観の大変革なくして、男性がケア役割を新しい男性性として認識することを難しくする（Elliot 2016）。

そのように考えると、「社会への投資」として戦略的に重要な政策はパパ・クオータと保育士の待遇改善となる。男性のみが取得する育児休業のパパ・クオータを法制化し、男性の「ケアする権利」を保障する制度として位置づけることが発想転換の出発点となるだろう。同時に、子どもの発達保障の観点から集団保育の意義を認める必要がある。集団保育でこそ培うことのできる非認知能力を高めるためにも、専門職である保育士には相応の待遇が保障される必要がある。家庭保育と集団保育のそれぞれに異なる役割があり、それぞれが価値の高いものである以上、親には時間が、保育士には対価（給与）が相応のものとして認められる必要があるのだ。処遇が改善すれば、男性保育士も増え、性別役割意識の解消にも寄与するだろう。

男性のケア役割の強化は、女性の人的資本形成とも組み合わせて構想される必要がある。企業コミュニティに居場所を見出してきた男性は、家庭や地域では存在が薄かった。女性のキャリア権保障が本格的にめざされるようになれば、男性の昇進機会は制限され、女性を排除することで成り立つ企業コミュニティは存続し得なくなる。企業コミュニティ自体が緩やかなものへと変革し、男性も複数の居場所を求めるようになり、地域の〈つながり〉も強化されてゆくだろう。

おわりに

本章は、「社会への投資」を実効性あるものにするには、ジェンダー平等が変革の鍵を握っており、具体的には女性のキャリア権と男性のケアする権利が保障される必要性を論じた。日本でも社会的投資の考え方は浸透しつつあるものの、性別役割分担を前提とする少子化対策が進められ、生産性向上も出生率の回復も共に達成されていない。少子化への危機感を強める保守層からの支持を得られる範囲で政策が策定され、また女性の人的資本形成を求める経営者からの圧力も弱かったことが日本の社会的投資のあり方に大きな影響力を持ったのである。

これまでの保守版社会的投資から脱却し、「社会への投資」と深化させていくには、男性のケアする権利と女性のキャリア権を志向する政治勢力が必要であり、同時に性差別が企業の利益を損なっていることに企業が気づいていくことが不可欠となろう。

引用文献

エスピン=アンデルセン、イエスタ（二〇一一）『平等と効率の福祉革命――新しい女性の役割』大沢真理監訳、岩波書店

大沢真知子（二〇一五）『女性はなぜ活躍できないのか』東洋経済新報社

大沢真理（二〇一三）『生活保障のガバナンス――ジェンダーとお金の流れで読み解く』有斐閣

大槻奈巳（二〇一五）『職務格差――女性の活躍推進を阻む要因はなにか』勁草書房

落合恵美子（二〇〇四）『二一世紀家族へ　第三版』有斐閣（初版一九九四年）

品田知美（二〇〇七）『家事と家族の日常生活――主婦はなぜ暇にならなかったのか』学文社

諏訪康雄（二〇一七）『雇用政策とキャリア権――キャリア法学への模索』弘文堂

中里英樹（二〇一七）「国際比較から見る日本の育児休業制度の特徴と課題」資料シリーズ No. 186『ヨーロッパの育児・介護休業制度』労働政策研究・研修機構、一―一七頁

中谷文美（二〇一五）『オランダ流ワーク・ライフ・バランス――「人生のラッシュアワー」を生き抜く人々の技法』世界思想社

西山千恵子・柘植あづみ（二〇一七）『文科省／高校「妊活」教材の嘘』論創社

萩原久美子（二〇一〇）「「両立支援」政策におけるジェンダー」木本喜美子・大森真紀・室住眞麻子編『社会政策のなかのジェンダー』明石書店

ブルジェール、ファビエンヌ（二〇一四）『ケアの倫理――ネオリベラリズムへの反論』原山哲・山下りえ子訳、白水社

皆川満寿美（二〇一六）「女性活躍推進法の成立――「成長戦略」から「ポジティブ・アクション」へ」『国際ジェンダー学会誌』一四号、五―三一頁

山口一男（二〇一七）『働き方の男女不平等――理論と実証分析』日本経済新聞出版社

Ciccia, Rossella and Inge Bleijenbergh (2014) "After the Male Breadwinner Model? Childcare Services and

The Division of Labor in European Countries," *Social Politics*, 21(1), 50–79.

Crompton, Rosemary (2006) *Employment and the Family: The Reconfiguration of Work and Family Life in Contemporary Societies*, Cambridge University Press.

Daly, Mary (2011) "What Adult Worker Model? A Critical Look at Recent Social Policy Reform in Europe from a Gender and Family Perspective," *Social Politics*, 18(1), 1–23.

Elliot, Karla (2016) "Caring Masculinities: Theorizing an Emerging Concept," *Men and Masculities*, 19(3), 240–259.

Fleckenstein, Timo and Soohyun Christine Lee (2017) "The Politics of Investing in Families: Comparing Family Policy Expansion in Japan and South Korea," *Social Politics*, 24(1), 1–28.

Fraser, Nancy (1994) "After the Family Wage: Gender Equality and the Welfare State," *Political Theory*, 22(4), 591–618.

Gornick, Janet C. and Maricia K. Meyers (2003) *Families That Work: Policies for Reconciling Parenthood and Employment*, Russell Sage Foundation.

Hemerijck, Anton (2013) *Changing Welfare States*, Oxford University Press.

Hemerijck, Anton (2015) "The Quiet Paradigm Revolution of Social Investment," *Social Politics*, 22(2), 242–256.

Henninger, Annette, Christine Wimbauer, and Rosine Dombrowski (2008) "Demography as a Push toward Gender Equality? Current Reforms of Germany Family Policy," *Social Politics*, 15(3), 287–314.

Hobson, Barbara ed. (2002) *Making Men into Fathers: Men, Masculinities and the Social Politics of Fatherhood*, Cambridge University Press.

Jenson, Jane (2009) "Lost in Translation: The Social Investment Perspective and Gender Equality," *Social Politics*, 16(4), 446–483.

Knijn, Trudie and Monique Kremer (1997) "Gender and the Caring Dimension of Welfare States: Toward Inclusive Citizenship," *Social Politics*, 4(3), 328–361.

Korpi, Walter, Tommy Ferrarini, and Stefan Englund(2013)"Women's Opportunities under Different Family Policy Constellations: Gender, Class, and Inequality Tradeoffs in Western Countries Re-examined," *Social Politics*, 20(1), 1–40.

Kremer, Monique(2007)*How Welfare State Care: Culture, Gender and Citizenship in Europe*, Amsterdam University Press.

Lee, Soohyun Christine(2017)"Democratization, Political Parties and Korean Welfare Politics: Korean Family Policy Reforms in Comparative Perspective," *Government and Opposition*, 1–24.

Leira, Arnlaug and Chiara Saraceno(2002)"Care: Actors, Relationships and Contexts," in Barbara Hobson, Jane Lewis, and Birte Siim eds., *Contested Concepts in Gender and Social Politics*, Edward Elgar, 55–83.

Miura, Mari(2012)*Welfare Through Work: Conservative Idea, Partisan Dynamics and Social Protection in Japan*, Cornell University Press.

Morgan, Kimberly J.(2008)"The Political Path to a Dual Earner/Dual Carer Society: Pitfalls and Possibilities," *Politics and Society*, 36(3), 403–420.

Saraceno, Chiara(2015)"A Critical Look to the Social Investment Approach from a Gender Perspective," *Social Politics*, 22(2), 257–269.

Saxonberg, Steven(2012)"From Defamilization to Degenderization: Toward a New Welfare Typology," *Social Policy and Administration*, 47(1), 26–49.

Seeleib-Kaiser, Martin and Tuukka Toivonen(2011)"Between Reforms and Birth Rates: Germany, Japan, and Family Policy Discourse," *Social Politics*, 18(3), 331–360.

Tronto, Joan C.(2013)*Caring Democracy: Markets, Equality, and Justice*, New York University Press.

10 「社会への投資」を支える税の構想
——分断、そして租税抵抗との闘い

井手英策

はじめに

日本の財政赤字や政府債務の原因が税収不足にあることは、もはや周知の事実に属するかもしれない。念のため図1を見てみよう。政府債務の急増した一九九〇年代、「ワニの口」とも呼ばれるように、政府支出と政府収入の差が大きく開いていったことがわかる。じつは、それ以前の時期と比べて支出が大きく伸びたわけではない。「ムダの削減」が叫ばれ続けてきたが、収入の減少こそが政府債務を積み上げた決定的な理由だった。

バブル崩壊後、この隙間を埋める努力がなかったわけではない。例えば、一九九七年には消費税が三%から五%に引き上げられた。また、小泉純一郎政権期に所得増税が行われた。だが、前者は一九九四年以降の所得減税の「穴埋め」のための増税だったし、後者も一九九九年から続いてきた定率減税を縮小・廃止したものだった。

だが、これらの措置は、それ以前の減税分を取り返すにはあまりにも不十分なものだった。一九九〇

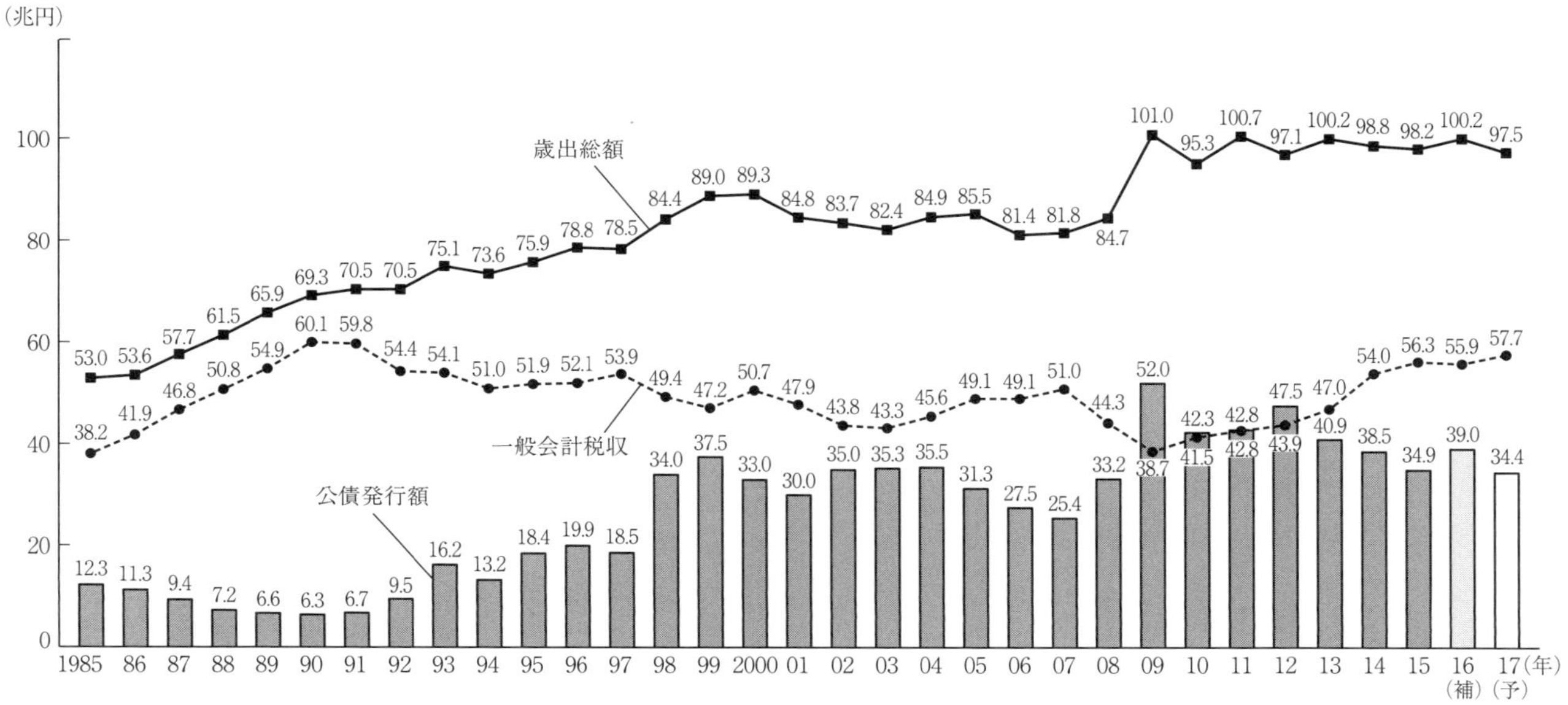

出典：URL ①

図１　一般会計税収，歳出総額，公債発行額の推移

年代をつうじて所得減税が六回、法人税率の引き下げが三回行われたことと比べれば、その頻度において「穴埋め」が部分的だったことがわかるし、実態においても、図1に示されるように、支出と収入の差はほとんど埋められなかったのである。

一方、以上の部分的な「穴埋め増税」と比較して、二〇一四年に実施された消費増税(五%→八%、当初は二〇一五年に八%→一〇%に引き上げを予定)は画期的な増税だった。所得税、法人税、消費税の三税は基幹税と呼ばれる。減税を取り返すためではない、基幹税の純然たる増税は、歴史に残る大増税だった一九八一年、八二年の法人増税以来のできごとだった。これはじつに三〇年以上ぶりの実質増税だったのである。

だがこの増税は大変な難産だった。民主党政権下の社会保障・税一体改革によってこの税制改正は実現されたが、結果としてこれを主導した同党は与党の座から転落を余儀なくされた。また、続く第二次安倍政権のもとでも、八%から一〇%への再増税が二度にわたって延期され、さらに三度目の増税をめぐってとうとう二〇一七年九月、衆議院が解散された。三三年ぶりに実施された実質増税は、深刻な政治的混乱を生み出したのである。

いま、私たちの社会には、他に類例を見ない強烈な「租税抵抗」が生み出されている。本書では、「社会への投資」の全体像、具体案について論じている。だが、空前の政府債務に苦しむ状況のもとでは、提案されてきた施策を実現するために、財源をどう確保するかが鋭く問われることとなる。そこで、本章では「租税抵抗」の問題に光を当てながら、「社会への投資」を支えていくうえで不可欠な増税の可能性について検討していくこととする。

一　租税抵抗、そして引き裂かれた社会

税の痛みと租税抵抗

「租税抵抗」の根幹にあるもの、それは、税の痛み、つまり「痛税感」である。ここで「国際社会調査プログラム（International Social Survey Programme）」（ＵＲＬ②）の“Role of Government 2006”をもとに私たちの痛税感の背後にあるものについて考えておきたい。

「今の日本の税金をどう思いますか」という問いに対し、「平均的な収入の人々」について「高すぎる」「どちらかといえば高すぎる」と回答した人の割合は、三五カ国中一四位であった。日本は、租税負担率が低いことで知られている。だが、それにもかかわらず痛税感は大きいことがわかる。

次に、質問を「収入の多い人々」「収入が少ない人々」の租税負担に変えてみる。すると、「低すぎる」「どちらかといえば低すぎる」と回答した人の割合は、前者が三五カ国中六位、後者が三五カ国中四位という結果になる。つまり、中間層の税負担は重いと考えられる一方で、富裕層や低所得層の税負担は軽いと考えられているわけである。

以上に示されているのは、「負担の不公平さ」が税の痛みを生んでいる可能性である。しかも、それが富裕層への反発だけでなく、低所得層への反発をも伴っている点は注意すべきである。この点については後述する。ここで強調しておきたいのは、痛税感、そして租税抵抗とはきわめて包括的な現象であること、いわば「社会の危機的状況が財政に反映されたもの」だという点である。

まず、租税抵抗の根幹にあるのは、政府や政治に対する不信感である。これは、信頼できない政府、例えば、集めた税を恣意的に使用する政府、汚職や賄賂の横行する政府、湯水の如く税をムダ使いする政府に対して、納税者が税を支払う意欲をなくすことを思えば、当然のことだと言えるだろう。

「国際社会調査プログラム」の“Citizenship 2014”を見ると、「たいていの場合、政治家は正しいことをしていると信頼してよい」という質問に対して、「そう思う」「どちらかといえば、そう思う」と回答した人の割合は三四カ国中で三三番目である。

「世界価値観調査（World Values Survey）」（ＵＲＬ③）の“Wave 2005–2009”でも結果は似たようなものである。「次にあげる組織や制度をどの程度信頼しますか」という問いで「政府」について尋ねたところ、「非常に信頼する」「やや信頼する」と回答した人の割合は五六カ国中四三番目である。租税抵抗の根幹には、人びとが政府を信頼できないという政治的現実が存在している。租税抵抗は政治的な危機の一表現だということが理解できるだろう。

次に、経済面から税への抵抗をとらえてみよう。税の痛みは、可処分所得、つまり「税引き後の手取り」の長期的な傾向と関係がある。これも当然だが、所得が連続して減少していったとすれば、税の痛みはとりわけ大きなものになるに違いない。

そこで、総務省の家計調査を使って、勤労者世帯の平均可処分所得の推移を確かめてみよう。するとそのピークは一九九七年だったことがわかる。一九九七年の月額四九万七〇〇〇円から二〇一二年四二万円をボトムに二〇一六年四二万九〇〇〇円と上昇の兆しを見せてはいるが、ピーク時からすれば一四％ほど勤労者世帯は所得を落としたことになる。

一方、消費の動きを見ても、一九九七年の月額三三万三〇〇〇円をピークに減少が続き、二〇一六年には二八万二〇〇〇円となっている。一五％の低下である。ちなみに、可処分所得は実収入から直接税と社会保険料を引いたものであり、消費税は含まれない。消費税は商品の購入と一体となって課税されるため、消費支出に加えられている。消費増税が実施された二〇一四年こそ消費支出は増えたものの、これを除き、第二次安倍政権下で消費支出は二〇一三年二九万円から二〇一六年二八万二〇〇〇円へと減少した。このような持続的な所得減少に直面した人びとが税への反発を強めたのは、自然なことだと言えよう。

最後に、社会のあり方と租税抵抗の関係について見ておきたい。税とは社会的連帯の象徴である。なぜならば、自らが痛みを負い、消費を抑えてもなお、自分も含めた社会の構成員のために支払うものが税だからである。ゆえにこれを反対から見れば、租税抵抗は、社会の分断や対立を示唆するものと言ってよい。

「世界価値観調査」を見てみると、日本社会は、国際的に見て、自由・平等・愛国心・人権といった普遍的価値を共有できなくなりつつあることに気づく。「所得はもっと公平にされるべきだ」という質問に賛成した人の割合は、調査対象国五八カ国中三九位。「どれくらい自由を感じるか」という質問に肯定的な回答を示した人の割合は五八カ国中五一位。「自分の国のために戦争で喜んで戦うか」という問いへの賛成者の割合は五八カ国中最下位。そして「どれくらい自国には個人の人権への敬意があるか」という問いへの肯定的回答の割合は五二カ国中三四位である。

価値観を分かち合えない人たちは他者を信頼しない。「国際社会調査プログラム」を見てみると、「他人と接するときには、相手の人を信頼してよいと思いますか。それとも用心した方がよいと思いますか」という問いに対し、信頼できると回答した人の割合は、OECDに加盟している二五カ国のうち一九位だ。ちなみに、この調査でも政府に対する信頼度にいたっては最低レベルである。

他者への信頼がなければ格差は広がる。「だれかが税のムダ使いをしている」とか、「本当は働けるくせに」と考えられれば、有権者は納税を不快に思い、「増税の前にムダをなくせ」と訴えるだろう。事実、統計的に見ても、人間への信頼が低ければ、所得格差は大きくなる。また、OECD "Growing Unequal"（URL④）に示されるように、財政をつうじた所得再分配を「給付」と「課税」のふたつに分けたとき、日本の給付による再分配効果は、調査対象となったOECD二一カ国のなかで一九位、税によるそれは最下位だった。日本の財政が再分配を十分に行えていない点は第7章でも指摘されたとおりだが、価値観を共有できず、他者を信じられない社会は、格差を放置する社会を生んでいるのである。

この「社会の分断」という問題を考えるとき、社会保険料負担の推移をたどると、さらに事態の深刻さが際だつ。図2に示されるように、社会保険料率の従業員負担分はこの間上昇の一途をたどっており、とりわけ厚生年金保険料にかんしては、二〇〇四年から一七年まで毎年〇・一七七％（事業主負担分も合わせれば〇・三五四％）ずつ保険料率が引き上げられることとされている。

一般的に、社会保険料は年金や医療などのように自分の受益と結びついていると考えられがちだ。端的に言えば、他の人のための負担増は拒否しつつ、自らの受益につながる社会保険料は負担増を受けいれているということになる。このことじたい、社会のあり方としては問題を含んでいる。だが同時に、税をつうじた受益の乏しさが痛税感、租税抵抗を生み出し、社会的な連帯を毀損している可能性を示唆

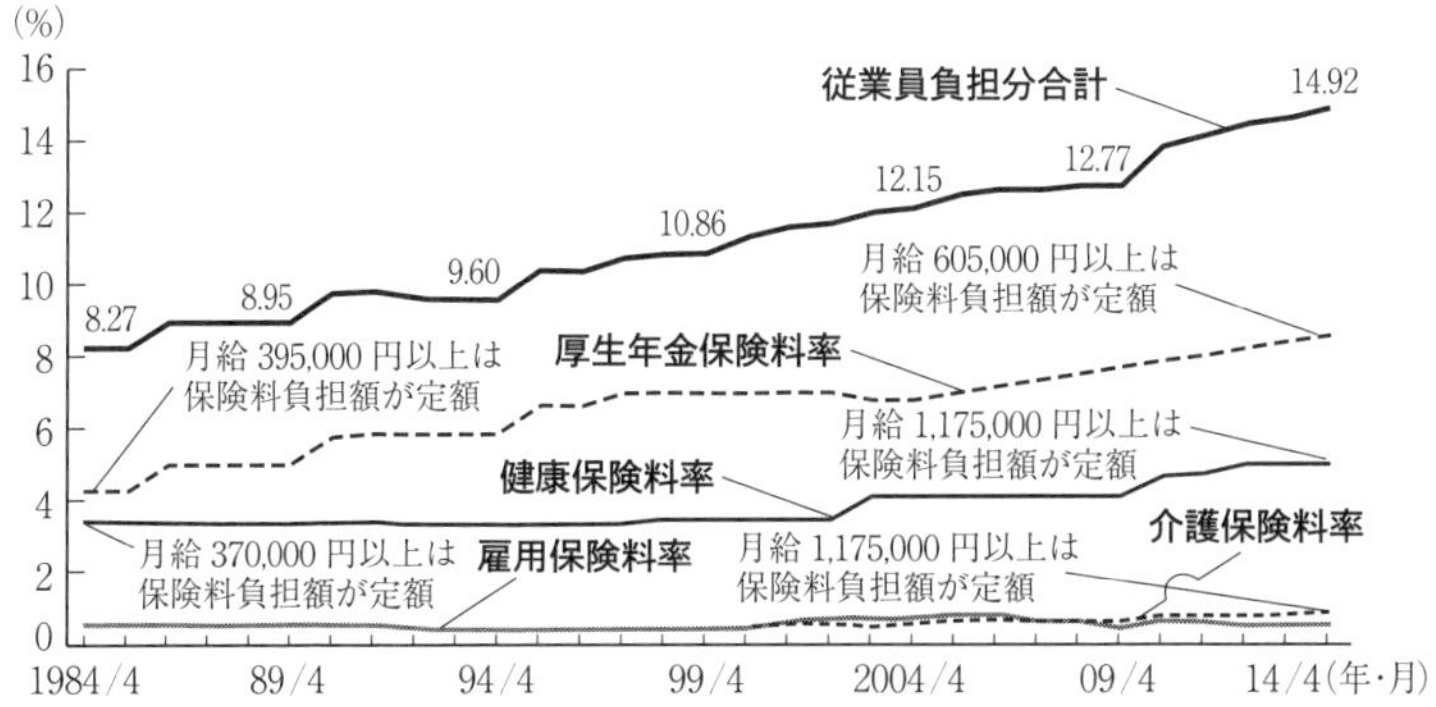

出典：URL ⑤

図 2　社会保険料率(従業員負担分)の推移

している。

社会保障・税一体改革の失敗

このように、租税抵抗が生まれる背後では、政治や政府に対する不信感、可処分所得の減少と生活苦、社会的分断の促進といった複合的な要因が絡み合っている。だからこそ、私の専門とする財政社会学では、伝統的に、租税抵抗は社会の危機的な側面を映し出すものと考えてきた(シュンペーター一九八三)。

また、少子高齢化、就労する女性の増大、経済成長率の低下など、一九九〇年代には社会のあり方が大きく変わり、財政に対する社会的なニーズも大きな変化を遂げていた(井手二〇一七)。生活が厳しさを増すなか、こうした新たな財政ニーズを満たしていくことは、税の痛みをやわらげ、社会的なリスクへの備えを可能とし、社会の分裂を阻止するうえで非常に重要なことである。

この問題を考える際、民主党政権期の税制改正が痛税感をいっそう強めたという教訓を忘れてはいけない。先にも触れたように、民主党政権期には、社会保障・税一体改革と銘打って消費税率の引き上げが合意された。五％から八％、そして一〇％へと二段階での増税ではあった。だが、主要先進国のなかで一九九〇年代以降にこれほどの水準の消費増税を行った国は見当たらない。ヨーロッパ型の福祉国家を基準にしてもきわめて大規模な増税であり、まさに戦後日本の税制史に残る大改正だといってよい。

この税制改正が特徴的だったのは、増税とセットで社会保障のサービスを拡充する方向性が示された点にある。少なくとも、受益と負担のバランスを考えたうえでの増税を提案し、これが国会を通過したというのは、戦後日本ではじめての経験だった。

しかしこの税制改正にはさまざまな点で問題があった。そもそも民主党政権は、政権を獲得した二〇〇九年の衆議院総選挙のマニフェストにおいて、国の予算の効率化で九・一兆円、埋蔵金の活用で五兆円、租税特別措置の見直しで二・七兆円、合計一六・八兆円の財源が捻出できると訴えていた。ところが、看板政策の事業仕分けを行っても節約額はこの規模にまったく届かず、結局、公約になかった消費増税に舵を切らざるを得なかった。

こうした「公約違反」にくわえ、税による負担と受益はまったくバランスを欠くものであった。図3

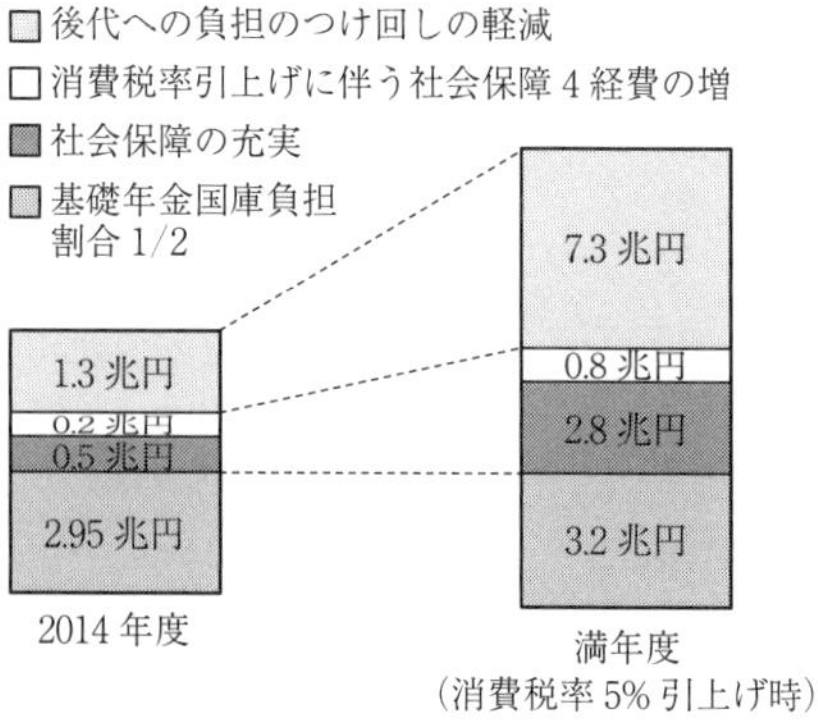

出典：URL ⑥

図3　増収分算定方法のイメージ

を見てみよう。五％の増税分は「機能強化」「機能維持」「消費税引上げに伴う社会保障支出等の増」に使われ、政府資料でも「全て社会保障財源化」、「消費税収はすべて国民に還元」されることが明記されていた。

だが、この説明は正確さを欠くものだった。それは自分の実感に問いかければ明らかであろう。例えば、消費税が八％に上がり、「具体的に生活がこのように良くなった」と言える人はどれ位いるだろうか。私自身、講演先でこの質問を大勢の人たちにしてきたが、肯定的な回答をした人はほぼゼロだった。じつは、社会保障のために消費税を使うと言っても、その八割にあたる四％は、事実上、債務の削減に用いられた。納税者の受益はわずか二割に過ぎず、しかもそれが薄撒きにされたうえ、かなりの部分が低所得層対策に限定された。おまけに、三％引き上げられた初年度に至っては、全体の九割が借金返済に向けられるという有様だった。

政府は全体の八割を制度の「安定化」に使うと説明していたが、この「安定化」という表現は、財源がなければ、将来は社会保障支出を切り下げなければならなくなるということを含意していた。つまり、将来削減されるであろう給付に関して、その削減がなくなるという意味で納税者の利益が増えているという説明なのだ。こうしたレトリックで「消費税収はすべて国民に還元」と言われて、いったいどれだけの納税者が納得しただろうか。

選挙公約にない増税が行われた。さらには、税収はすべて人びとの暮らしのために使われるかのような説明が政府によってなされたにもかかわらず、多くの納税者にとって受益感に乏しい増税が行われた。社会保障・税一体改革の枠組みは、自民党、公明党も含めた三党で合意され、その後の第二次安倍政権にも継承された。税への痛みが強まり、社会的な一体感が弱まるなか、アンバランスな増税が実施されたのは不幸なことだった。

社会保障・税一体改革は、国際的に見ても類例を見出すことの難しい、大規模な税制改革だった。それが可能だったのは、受益と負担の関係がひとまず明確にされ、税が生活不安の解消と結びつくことを納税者が期待したからだった。同時に、その期待が裏切られ、痛税感だけが残されたとき、人びとの税への不信ははっきりと強まっていくこととなった。

二　税制から見た社会的投資国家の可能性

税と貯蓄は同じコインの裏表

少なくとも財源問題から見る限り、日本において「社会への投資」を実現することは、けっして容易ではない。だが、私たちがさらにあゆみを進めて行くためには、痛税感を緩和し、増税の可能性を高めていく可能性について検討せねばならない。

まず、私たちは、なぜこれほどまでに経済成長を絶対視するのか。それは勤労と倹約の美徳を社会の共通善とみなし、自己責任で将来に備える財政モデルを作ってきたからだ（井手ほか二〇一六）。子育てや教育の費用、病気や老後の備え、住宅の取得、あらゆる生活ニーズは、税をつうじてではなく、自己責任による「貯蓄」をつうじて満たされてきた。

これを反対から見れば、貯蓄の減少が生活不安と直結する社会を作ってきたということでもある。その意味で、経済成長率の鈍化は人びとの生活に深刻な影を落としつつある。

高度経済成長期(一九五六―七二年)の平均実質成長率は約九・三%であった。これがオイルショック―バブル期(一九七三―九〇年)は四・三%に低下し、バブル崩壊後(一九九一―二〇一六年)は〇・九%にまで低下した。また、かつては先進国最高を誇った家計貯蓄率も、所得の減少の始まる一九九七年に一一・四%を記録してから低下を続け、二〇一五年には〇・七%、つまりほとんどゼロという状態にある。

所得と貯蓄の減少が明確になるなかで、それらの増大を前提とする財政モデルが抱え込んだ矛盾。経済が成長しないなかで成長を待望するしかないことの限界。私たちの「社会への投資」とは、こうした限界を乗りこえるために、税を、取られるものから将来の安心のための蓄えへと転換し、個人の貯蓄を税に置きかえて社会に投資することを提案する。

ここで税と貯蓄の関係について考えてみよう。税が嫌われる最大の理由は可処分所得が減ることにある。だが注意したいのは、国民負担率と家計貯蓄率の間には有意の負の相関が見られること、つまり、国民負担率が上がれば、家計貯蓄率は下がり、反対に家計貯蓄率が上がれば、国民負担率は下がる傾向にあることだ(古川ほか二〇〇〇)。

これらの事実が示しているのは、税と貯蓄とは同じコインの裏表だということである。税は人びとの生存・生活保障のために使用されている。もし、税の負担が減るとすれば、生存・生活への備えを自己責任で行わなければならない。これは、歴史的に見て「高福祉高負担」だった北欧諸国の貯蓄率が低かったことを想起すれば分かりやすいだろう。また、年金への信頼度が低いほど貯蓄率は高くなるという分析もこの見かたを補完する(内閣府二〇〇九)。

要するに、税と貯蓄の間にあるのは、前者が悪、後者が善という関係ではなく、税を支払って社会全体で生存や生活のニーズを満たしていくのか、貯蓄を通じて自分自身の力でこれらのニーズを満たしていくのかという違いなのである。後者は、資産としての所有が可能になるが、同時に、所得が低下し、貯蓄が難しくなれば、充実した子どもの教育や安定した老後の暮らしを諦めなければならない社会を意味している。

貯蓄率の減少は、個人資産の減少という問題にくわえて、しばしば経済学的な観点からも批判されてきた(柿沼二〇〇五)。例えば、経済学では、国民負担率が上昇すると貯蓄率が下がり、これが企業の投資財源を縮小させて、潜在的な成長率を低下させると考えてきた。

だが、一九九〇年代に入って、企業の国外シフトが進み、国全体の設備投資は大きく落ち込んできた。事実、アベノミクスとオリンピック景気が重なってもリーマン・ショック以前の設備投資水準を回復できていない。デフレギャップ、つまり需要不足が一九九〇年代の後半から問題視されるなか、投資需要に対して貯蓄による資金供給が不足するとは考えにくい。

むしろ問題なのは、家計貯蓄が大きく落ち込む一方で、企業の貯蓄が大きく伸びていることである。BIS規制を受けた自己資本の強化や不良債権の処理を背景に、金融機関は企業への貸付を削減していった。設備投資の資金を借入れに依存しにくくなった企業は、一九九〇年代の後半から雇用の非正規化、賃金の減少の動きを強め、家計の貯蓄は減少し、これが企業貯蓄へとシフトしていった。

このように、問題の本質は、貯蓄の減少が投資を抑制することではなく、企業が自らの貯蓄の範囲内で設備投資や海外投資を行うようになり、設備投資が伸びなくなったことにある。企業が資金不足に陥り、家計貯蓄に依存しなければならないくらい賃金を引き上げられていれば、所得の低下も内部留保の積み増しもそもそも起きていなかったのである。

別の懸念もある。貯蓄率が減少すると国債消化が難しくなり、国債価格の暴落を招くという指摘だ。だが、この見かたも現実にそぐわない。しばしば、民間貯蓄率と家計貯蓄率が混同されて議論されている。近年、たしかに家計貯蓄率は減少している。だがすでに触れたように、反対に企業の貯蓄率が増大していることによって、民間貯蓄じたいは減少していない。実態においても、家計貯蓄率が減少の一途をたどったにもかかわらず、国債の利回りは歴史的な低水準で推移してきた。

消費税は悪税か?

このように、貯蓄率の減少を成長や国債価格との関係から過度に問題視する必要はない。そうではなくて、税で生活を保障する社会と自らの貯蓄で自己責任を実現する社会、どちらをあるべき社会の姿として選ぶのかが問われている。そして、私たちが示している「社会への投資」モデルは、まさに前者をめざそうとしているのである。

だが、税を「社会への貯蓄」と考えたとしてもなお、税をめぐってはさまざまな批判があり、痛税感と租税抵抗を生み出している。これらの批判も多くの点で誤解に満ちている。

消費税を軸にこの問題を見てみよう。これほど批判にさらされてきた税はないかもしれない。主な批判としては、以下の点があげられる。

ひとつめは低所得層の負担が大きくなる逆進性である。じつは、逆進性は、分母を所得にするか、消費にするかで結果は変わる。財政学的に見れば、消費税が消費に担税力を求めて課税する以上は、負担割合を消費に対する税額の割合で測るべきだという議論がある(宮島一九八六)。その場合、当たり前の話だが、負担割合はどの所得階層でも一定となる。

とはいえ、所得水準が上昇していけば、暮らしに必要な支出以外の消費が増え、消費の総額は個人の力でコントロールできるようになる。ゆえに、消費額を分母に取るべきではなく、所得額に占める消費税額の割合を取るべきだという反論はありうる。確かにこの意味では逆進的になる。だが、この場合も注意が必要である。なぜなら、税の負担の話に終始し、その使い途については議論がまったく行われていないため、負担と給付をセットにした最終的な所得格差の帰趨が判然としないからである。

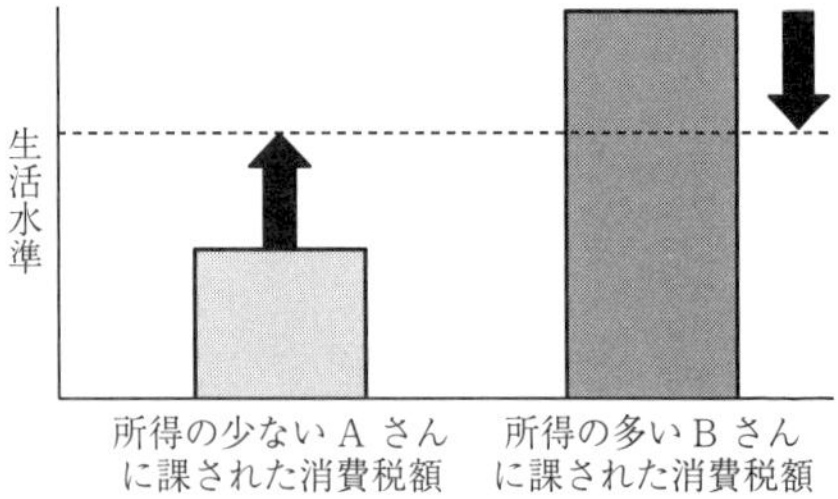

図4　一律給付による生活水準の格差是正

経験的な事実を確認しておこう。欧州連合(EU)では日本の消費税に近い付加価値税を共通税として定めており、EU指令に基づいて、税率の下限を一五%にしなければならないこととされている。日本よりも明らかに高い税率である。だが一方で、EU加盟国の多くは日本よりも所得格差が小さいことで知られている。

なぜこういうことが起きるのか。消費税論議は税の逆進性にばかり関心が集中しがちだが、「この税収をどのように用いるか」という給付面を論じると、結果は違ったものになる。図4を見てみよう。逆進性の有無がどうであろうと、所得の多いBさんは、高級車や邸宅、宝飾品等を購入するから、所得の少ないAさんよりも必ず実際の納税額は多くなる。

第7章でも取り上げられたように、日本の財政は再分配機能が弱い。その際、ひとつのポイントとなるのは、低所得層の取り分を増やすだけではなく、全階層に一律給付を行ってもなお、低所得層の生活は保障でき、所得格差も是正されるという点である。

この財源をもとに両者に一定の生活水準を保障してみよう。その場合、保障水準は、両者の税負担の間で設定される。つまり、税負担の少ないAさんは負担以上の生活を保障され、負担の大きいBさんは支払額よりも少ないサービスしか提供されない。したがって格差は当然小さくなる。貧しい人も痛みを分かち合い、富裕な人も喜びを享受する。それでもなお、論理的に考えて格差は小さくできるのである。

こんな批判もある。消費税をめぐっては、大企業は税を消費者に転嫁できるが、中小企業は価格が上昇すると商品が売れなくなり、税負担を転嫁できないため、後者が前者にくらべて負担が大きくなる、それゆえ消費税よりも大企業向けの法人税を優先すべきだという批判だ。確かに法人税は赤字法人にはかからない。したがって中小企業の七割が赤字という状況のなかでは、消費税の前に法人税で大企業に課税をという主張も一理ある。

だがここでも話はそう簡単ではない。もし、大企業が中小企業とは異なって消費税負担を転嫁できるという前提だとすれば、それは法人税を課税しても同様に大企業は負担を消費者や中小企業に転嫁してしまうであろう。じつは、税の転嫁の有無は、財政学のなかの神学論争であり、永遠に結論のでないテーマと言われている。

法人税との関連で言うと、よく聞かれる批判として、巨大な内部留保に課税すべきだというものがある。内部留保＝現金・預金と考えられがちだが、まず確認したいのは、内部留保とは資金調達の一形態だということである。

確かに内部留保は二〇一六年度末時点で四〇〇兆円に達しているが、現金・預金は約半分であり、その六割が中小企業のものである。大企業が海外直接投資を増やし、借入れに依存できる一方で、借入れの難しい中小企業が将来不安や運転資金のために現金・預金を増やしているのである（鈴木二〇一四）。内部留保課税＝大企業課税というのは議論が単純化されている。

また、景気の後退を懸念する声もある。消費増税によって景気が腰折れし、さらには所得税や法人税の減収をもたらすという懸念はしばしば指摘される。しかし、これは消費税にかかわらず増税全体にあてはまることである。また、消費税の場合は、前年に消費の前倒し、いわゆる駆け込み需要が発生するので、前年の成長率が高まる点も考慮しなければならない。さらには、増収が財政再建に使われるのか、生活の保障を強化することで生活の費用を軽減し、さらに雇用を生むのかでも経済への影響は変わってくるだろう。

もう一度議論の原点に帰りたいと思う。振り返ってみればわかるように、一九七〇年代に消費税の議論が活発化される際に繰り返し指摘されてきたのが、「クロヨン問題」だった。これは、サラリーマンの租税捕捉率が九割であるにもかかわらず、自営業者、農業従事者のそれが六割、四割しかないという批判をあらわした言葉である。要するに、サラリーマンが源泉徴収で税を半ば強制的に取り上げられる一方、自営業者や農業従事者は確定申告であり、経費を恣意的に計算することによって、租税負担を軽減することが可能だという批判が強まったのである。

所得税は所得の源泉に応じてさまざまな控除を設けることで、個々人の状況を勘案しながら税をかけることができる。これが低所得層や特殊な事情を持つ人たちを優遇することを可能とした反面、同じ経済力、所得であっても租税負担が異なるという問題を引き起こすこととなった。こうした批判のなかから生まれてきたのが消費税だった。というのも、消費税はサラリーマンであれ、自営業者であれ、農業従事者であれ、同じ消費をすれば同じだけの税負担となるからである。

もし、消費税が存在しなかったとしよう。その際、親から一定額の資産を相続した人がありながら、その額が相続税の課税最低限を下回っていたとしたらどうか。ちなみに配偶者と子ども二人の場合、課税最低限は四八〇〇万円である。税はかからないのに一〇〇〇万円以上のお金を相続した人が、高級車を購入しようと、住宅を購入しようと、それらにはまったく課税されないことになる。

あるいは、よく所得税の累進性を強化する方が、消費税よりも「公平だ」と言われる。だが、日本の所得税の累進性をスウェーデンの所得税と同じように強化したとしても、入ってくる税収の対GDP比は、日本のほうが明らかに少ない(八塩二〇一五)。それは、所得控除を中心に課税ベースに抜け道が多く、所得税はどうしても富裕層が合法的に課税逃れをする領域を生み出してしまうからである。

こうした税の抜け穴は、当然、埋めるべきだ。とりわけ配偶者控除などはその最たるものだろう。だが、アメリカの経験を見ると、抜け穴を塞ぐと新たな抜け穴が生み出されるという「いたちごっこ」であることも事実である(渋谷一九九二)。むしろ、消費税があるからこそ、富裕層にも税を課すことが可能となっているし、低所得層だけでなく、中高所得層も含めて全階層に税がかかるからこそ、消費税は低い税率で多額の税収を生み出せる。

要するに、以上は何を意味しているのか。それはすべての問題を改善できる最善の税など存在しないということであり、税と税との組み合わせで、公平性と財源の調達力のバランスを確保することが大切だということである。消費税を頭ごなしに否定するのではなく、租税間の公平性を勘案しながら、税のベストミックスを模索することが重要だと言えよう。

予算の組み換えは可能か？

増税の前にムダをなくすべきだという議論もよくある話である。これは「政府はムダ使いをしているに違いない」という政府への不信感を表現したものだと言える。ムダ使いはその言葉の定義上なくすべきに決まっている。だが、支出の削減は受益の減少と表裏一体であり、過度な支出の削減は生活不安と直結する。

まず、そもそもの認識として、日本が小さな政府であるという事実を確認しておく必要がある。政府の規模は一般政府の財政規模と公務員が労働力人口に占める割合とで測ることができる。前者についてはOECDの調査対象国二九カ国で六番目に小さく（二〇一五年）、後者については二九カ国中最下位（二〇一五年）というのが日本の政府規模の実態である。ちなみに公務員総人件費の対GDP比は三二カ国中最下位である（二〇一三年）。政府規模を小さくすることで得られる追加の財源には限度がある、ということだ。

以上を確認したうえで、左派・リベラルが懸念を示す支出項目のひとつは防衛費の増大である。とりわけ、第二次安倍政権のもとでは防衛関係費が増大し、二〇一三年度の約四・八兆円から二〇一七年度の五・一兆円へと約六％膨らんでいる。だが、注意したいのは、この五・一兆円というのは過去のピークである一九九七年度予算の四・九兆円とくらべて、ほとんど変わりがないという点である。第二次安倍政権期の一般会計当初予算の伸びが五・二％であることと比べても、突出して防衛関係費が伸びているわけではない。

では公共投資はどうか。同じく一九九七年度予算と比較すると、九・七兆円あった公共事業関係費が民主党政権期の二〇一二年度には四・六兆円にまで削減された。その後、東日本大震災や東京オリンピック関連の予算が計上され、予算が増大傾向に転じてはいるが、二〇一七年度の当初予算で見ても六兆円程度にしかすぎない。

防衛関係費や公共事業関係費のさらなる圧縮は議論されて良い。また、いずれもフローの推移を見るだけでは不十分で、ストックとして兵器や社会資本が過剰に累積しているのではないかという問題もある。だが財政上の論点は、これらの圧縮で本当に社会保障給付の維持、拡充が可能なのかという点である。ちなみに、社会保障給付費の動きを見てみると、一九九七年度に約七〇兆円だったものが、二〇一五年度には一一五兆円になり、この額が二〇二五年度には約一五〇兆円に達すると言われている。

財政はさまざまな経費から成り立っている。例えば、少子高齢化が進めば社会保障給付費は増大するが、同時に、子供の数の減少にともない、児童手当や育児・保育、教育関係の予算は減少する。また、高齢化とともに死亡者数が増大すれば、相続税収に影響を与えずにはおかない。あるいはジェネリック薬品の活用や重複診療の抑制などによって、抑制できる医療費も多い。ゆえに、社会保障給付費の増大を必要以上に騒ぎ立てることが懸命だとは思えない。

だが、防衛関係費や公共事業関係費の削減によって捻出できる財源は、どんなに多く見積もっても二―三兆円程度に過ぎない。いや、北朝鮮問題によって国際的な緊張が高まり、既存の社会資本の維持・補修が喫緊の課題となるなかで、この二―三兆円の削減でさえ、政治的には多くの困難を伴うと考えたほうがよいだろう。増税抜きに財政の持続可能性、そして「社会への投資」への道を論じることはきわめて難しいのである。

もう一点、しばしば議論の俎上にあげられるのが、特別会計の「埋蔵金」である。特別会計は総額で四〇〇兆円を超えている。会計間の重複があるため、これを相殺すると約二〇〇兆円となるが、それでも二〇一七年度一般会計予算九七兆円の約二倍に相当する。このなかのムダを無くすということは国民感情に訴える、重要な論点だと言ってよい。

ただし、二〇〇兆円のうち、国債償還費と社会保障給付費、地方交付税特別会計、財政融資資金への繰入れなど、ほとんどが法律によって定められた義務的なものである。それらの法律の内容の是非を議論することは検討されてよいが、積立の削減等、制度の不安定化を生み出すおそれがあることは注意されなければならない。

現時点で裁量的と認められる部分は約五・六兆円あり、これについては再検討の余地がある(URL⑦)。だが、この額とてピーク時からは半減しており、また、ここでも大部分が積立とかかわるものである。おまけに大半は保険料を財源とするもので、その削減部分を一般会計の財源として用いることには無理がある。やはり「支出の削減だけでは限界がある」という状況にかわりはないのである。

「社会への投資」を可能にする「税のベストミックス」

以上では税をめぐる誤解を問いてきた。最後に、本章で最大の課題である、痛税感と租税抵抗を緩和しつつ、「社会への投資」を支えていくような税制改正が可能かという点について具体的に考えておく。

受給者を選別してきたこれまでと比べ、私たちは、より広範な人びとを受益者とすることを想定している。つまり、多額の財源を必要とすること、したがって、富裕層や企業への課税だけでは十分な財源を捻出できないことは明らかである。とりわけ、社会的分断を解消するという観点からすれば、所得制限のない給付、つまり普遍主義化をめざしていく必要があり、そのために最終的にどの程度の財源が必要になるかを検討する必要がある。とはいえ、完全な無償化は、新たな財政需要を生み、追加財源を生む。そこで、ここでは、「現在の自己負担」をなくすために必要な財源について考えることとする。

現在の「対人社会サービス」に関して、私たちの自己負担額を見ておくと、幼稚園・保育園八〇〇〇億円、大学教育三兆円、医療四・八兆円、介護八〇〇〇億円、障害者福祉数百億円となっている。総額で九・五兆円弱である。

社会保障・税一体改革では、五%の消費増税で一四兆円の税収があがるとされた。消費税一%が二・八兆円の税収を生む計算だが、同時に、消費増税は政府の購入する商品価格も上昇する。これらを勘案し、以上の自己負担をなくそうと思えば、三・六%程度の増税が必要となる。繰り返すが、完全無償化をめざすとすれば、財政ニーズが増大し、介護士や教員などの人員に加え、施設の整備が必要となる。したがって、三・六%はあくまでも、現在の自己負担を軽減するために必要な財源である。

以上に加えて、基礎的財政収支の赤字を二〇二〇年度の時点で解消しようとすれば、実質成長率を〇・七％と見た場合で、およそ一〇・七兆円の財源が必要となる（ＵＲＬ⑧）。こちらは消費税で三・九％程度の財源が必要となる計算になる。したがって、約七・五％の消費税引き上げによって、財政収支の相当程度の改善と対人社会サービスの現時点での自己負担の解消が可能となる。

税の問題を考える際、富裕層がより多くの負担をすべきだという「垂直的公平性」と同時に、同じ収入の人たちはその収入の源泉にかかわらず等しい負担をすべきだという「水平的公平性」のバランスが問題となる。財源調達力と同時にこの二つの公平性を考えた場合、一％の増税で多額の税収を生み、また、水平的な公平性に富み、垂直的公平性を補完する消費税を軸とすることにはそれなりの正当性がある。これは、先に触れたような「低所得層の負担が軽すぎる」と感じている人びとを説得する上でも重要な視点である。

だが、人びとは「富裕層の税負担も軽すぎる」と考えていた。つまり、垂直的な公平性にも十分考慮しなければならないから、法人税や利子・配当・株式譲渡益への金融資産課税や相続税、さらには所得税、法人税のバランスを取ることが重要になってくる。どの程度これらの税を強化するかはさまざまな可能性がありうるから、ここではひとつのモデルを示しておく。

二〇一五年度の法人税収をもとに推計すると、税率一％あたりの税収は約四三〇〇億円程度である。これまでの最高額は五〇〇〇億円であるので、法人税率を五―六％程度引き上げられれば、消費税一％程度の財源は確保できる。ただし、グローバル化のなか、国際競争力の低下を理由に、法人課税への反発は相当強いものと思われる。そこで提案したいのが、金融資産課税をつうじて事実上の法人所得課税を行い、垂直的な公平性を強化する戦略である。

ここでは、仮に、国際的に見て負担の軽い金融資産課税の税率を現在の約二〇％から五％ほど引き上げるとしよう。すると約二〇〇〇―三〇〇〇億円の財源が得られることとなる。もし一〇％ならその倍である。これは、金融資産所有者への課税であるが、金融資産の源泉が企業の収益であることを考えると、事実上の法人所得課税でもあるから、この増収をもとに、法人税の上げ幅を抑制すれば良いだろう。

一方、所得税の税率を上げる場合、富裕層のみの増税ではほとんど税収が上がらない。所得税の税率区分は、五％、一〇％、二〇％、二三％、三三％、四〇％、四五％の七段階であり、全体を一％上げれば、約一・一兆円程度の増収となる。ただし、そのうち七〇〇〇億円は五％税率が適用される低所得層からの税収である。上位四区分の税率を一％上げるといった富裕者課税では、税収増は一三七〇億円にしかならない。バブル以前の所得税率に戻すことも可能であるが、それは低い税率が適用される低所得層にかなりの負担が生じることを意味する。

もし、上位四区分の税率を五％引き上げるとすれば、七〇〇〇億円弱の増収となる。さらに、残りの三区分を一％引き上げると一兆円の増収となる。そこで、ここでは上位四区分を五％、その他の階層を一％上げるとすると、総額で一・七兆円程度の増収となる。これに各種所得控除の見直しを加えれば、二兆円以上の税収増も可能となる。

また、相続税の増税も検討の価値があるだろう。現在、相続財産の課税価格が約一五兆円であり、平均税率は一二・三％である。課税価格のなかには、納税猶予制度がある田畑山林、機械・農耕具などの事業・農業用財産が含まれており、非上場株式の納税猶予制度の存在も無視できない。これらを除くと一〇―一一兆円程度が課税価格であり、税率を五％引き上げれば、五〇〇〇―六〇〇〇億円の税収が見込めることとなる。高齢化が間違いなく進むこれからを考えるうえで、相続税の強化は「風が吹く前に帆を張る」意味がある。

以上の課税を組み合わせれば、消費税約一％分の税収を期待することができる。その結果、消費税の増税は、七・五％から六・五％に下がることとなる。あるいは、富裕者への課税をさらに強化し、消費税の上げ幅を下げる選択肢もあるだろう。また、以上の試案は大規模な増税である。税率を段階的に上げる増税を検討する必要があるだろうし、財政健全化の速度を緩め、負担率をもう少し軽くするという選択もあるかもしれない。何が税のベストミックスかは、また何が給付のベストミックスかは、それぞれの政党が競い合えばよい。

おわりに――分断社会を超えて

以上の税制改正が重要なのは、単に必要な財源を確保するだけではなく、現在の日本社会の直面するいくつかの課題を解消する可能性を秘めていることである。

まず、消費税を財源とすることで、低所得層も高所得層も含めた「痛みの分かち合い」が実現していること、また、給付面で「社会への投資」を全階層に押し広げ、中間層も受益の対象とすることで、「喜びの分かち合い」も可能になっている。

低所得層がある程度の負担をし、同時に中間層も含めて受益者になるというパッケージは、所得階層間の対立を緩和しながら所得格差を是正し、他者への不信感や疑心暗鬼を抑えることを可能にする。さらには、あらゆる人びとの生活のニーズが満たされ、あらゆる人びとが社会的リスクへの備えができるようになることで、職業や性別、住んでいる地域の違いをも超えて、人びとの〈つながり〉を強化していくこととなるだろう。

「痛みの分かち合い」についてはさまざまな批判が予想される。例えば、二〇代、三〇代の単身世帯、年金だけでは生活が厳しい高齢者も存在する。そうであれば、格差是正効果が弱いにもかかわらず実施が予定されている消費税の軽減税率を中止し、それを住宅手当などに置き換えることを検討すればよい。あるいは給付付き税額控除のように就労を税の還付に結びつける方法もある。低所得層の負担が大きいから増税はできない、ではなく、過剰な負担を軽減する方向性とセットで「痛みと喜びの分かち合い」の領域を社会全体に押し広げていくことが望ましい。

次に、消費課税が逆進性を持っていることに対する社会的な反発は必ず存在する。そこで、金融資産課税、所得税、相続税等を強化し、富裕層にも応分の「痛みの分かち合い」を求めることによって、消費税の上げ幅を抑えることが検討されねばならない。この「租税間公平性の強化」は、国際的に見れば、消費税も含めて増税をつうじた生活保障を訴えることが一般的であるにもかかわらず、増税への反発が非常に強い日本の左派・リベラルを念頭に置いたとき、政策の合意可能性を高めるために不可欠の戦略である。

また、増税が給付と明確に結びつけられることによって、景気に対する負の作用を抑えることができ、かつ、対人社会サービスをつうじた雇用を確保することが可能になる。また、図4に示したように、実際には所得再分配が起きるわけだから、消費性向の高い層に所得移転が起きることも経済にプラスの効果を持つだろう。成長を前提としない社会モデルだが、事後的に景気への刺激を引き出すことができるし、それ以前のそもそもの話として、私たちの自己負担が軽減されることによって、将来不安が払拭され、生活の質が高まることも重要な点である。

繰り返そう。私たちは税を取られるもの、貯蓄を資産と考えてきた。だが、人間が生存、生活するためには必ずニーズや社会的なリスクが存在する。このニーズやリスクを社会的な蓄えである税で対応するのか、自己責任の個人貯蓄で満たすのかの違いにすぎないのであり、いわば税と貯蓄は同じコインの裏表なのである。納税者の目から見て公平な租税負担をめざし、税収を社会への投資に用いることによって、より政治的な対立の少ない、また将来不安の少ない社会を構想することは可能である。できない理由ではなく、どうすれば租税抵抗や痛税感を緩和できるのかに知恵を使う。時代の転換点に求められるのは、こうした前向きな財政哲学なのである。

参考文献

井手英策(二〇一七)「新自由主義の何が問題なのか」『kotoba』二九号
井手英策・古市将人・宮崎雅人(二〇一六)『分断社会を終わらせる——「だれもが受益者」という財政戦略』筑摩書房
柿沼重志(二〇〇五)「貯蓄率の低下が経済財政に及ぼす影響~間近に迫る団塊の世代の退職と財政再建へのタイムリミット」参議院調査室『経済のプリズム』二号
渋谷博史(一九九二)『レーガン財政の研究』東京大学出版会
シュンペーター、J(一九八三)『租税国家の危機』木村元一・小谷義次訳、岩波書店
鈴木絢子(二〇一四)「企業の内部留保をめぐる議論」国立国会図書館『調査と情報』八三六号

内閣府（二〇〇九）『平成21年度　年次経済財政報告――危機の克服と持続的回復への展望』
古川尚史・高川泉・植村修一（二〇〇〇）「国民負担率と経済成長――ＯＥＣＤ諸国のパネルデータを用いた分析」日本銀行 Working Paper Series 00-6
宮島洋（一九八六）『租税論の展開と日本の税制』日本評論社
八塩裕之（二〇一五）「日本の勤労所得税の実態――スウェーデンとの比較をもとに」会計検査院『会計検査研究』五二号

参考ウェブサイト

① http://www.mof.go.jp/tax_policy/summary/condition/003.pdf
② http://www.issp.org/menu-top/home/
③ http://www.worldvaluessurvey.org/wvs.jsp
④ http://www.oecd.org/els/soc/growingunequalincomedistributionandpovertyinoecdcountries.htm
⑤ http://www.cao.go.jp/zei-cho/gijiroku/zeicho/2015/__icsFiles/afieldfile/2015/10/19/27zen23kai6.pdf
⑥ http://www.mhlw.go.jp/seisakunitsuite/bunya/hokabunya/shakaihoshou/dl/260109_01.pdf
⑦ http://www.mof.go.jp/budget/budger_workflow/budget/fy2017/seifuan29/24.pdf
⑧ http://www5.cao.go.jp/keizai-shimon/kaigi/minutes/2017/0718/shiryo_01-2.pdf

終章 「社会への投資」に向けた総合戦略

三浦まり
宮本太郎
大沢真理

本書では日本を含む先進諸国で展開されてきた社会的投資の試みを比較してきた。国によって濃淡の違いはあるが、ケインズ型福祉国家から社会的投資国家への変容が起こり、その結果、貧困削減や女性就労、ジェンダー平等などに関して一定程度の前進をもたらしていることが観察できる。そのいっぽうで、〈個人〉を強化することが強調され、社会的排除をどこまで解消しているかに関しては限界があることも確認できた。

そもそも社会的投資国家は新自由主義的な福祉改革・削減への対抗案として構想された。技術革新やグローバル化などの進展により経済状況は不確実性を増し、また人口減少が進むなかで持続性のある社会保障を再構築しなくてはならなくなっている。そこで、〈個人〉が多様なリスクに対処できるよう、人的資本に投資し備えさせるという発想が生まれたのである。しかしながら、個人をいくら強くしても、労働市場があまりに不安定で劣悪であれば、個人では到底そのリスクを背負いきれるものではない。

だからこそ本書は〈個人〉を支えるとともに〈つながり〉を築かねばならず、「人への投資」において

「社会への投資」の視点が重要であると訴えてきた。終章では、これまでの議論を振り返りながら、日本においてどのように「社会への投資」を進めることができるのか、見取り図を描くことにしよう。

一　見えてきた教訓

「社会への投資」の特徴を整理する前に、本書が扱った国際比較からどのような教訓が引き出されるのかを今一度振り返ってみよう。

国際比較から引き出される教訓

本書ではオランダ、フランス、イギリス、韓国、日本の経験を見てきたが、社会的投資が効果を発揮するにはいくつかの前提条件や制度の組み合わせが必要となることが見えてきた。

第一の教訓は、社会的投資は経済効率と社会的公正を同時に追求することにその意義があるが、ややもすると経済的な見返りだけが強調されることである。特に保守政権が社会的投資を実施する時はその傾向が強い。イギリスではトニー・ブレア率いる労働党政権の下で、社会的投資の先駆的試みが導入され、子どもの貧困率では一九九七年から二〇一〇年までに二六％から一八％へと減少し、ひとり親世帯のそれは四六％から二二％に半減した(貧困率は中央値の六〇％基準で計算)。ところが、続く保守党連立政権では逆に子どもの貧困率は上昇し、二〇一五年には二四％にまで逆戻りしている。イギリスはもはや社会的投資の先進事例とはいえないのである(濵田江里子)。

韓国と日本では保守党政権下で子育て支援や女性就労支援が進められたために、社会的公正が後景に退いた。李明博《イミョンバク》政権・朴槿恵《パククネ》政権は社会的投資という言葉を使うことは避けたものの、実際には社会サービス拡大には熱心に取り組んだ。日本でも第二次以降の安倍晋三政権は「女性活躍」「人づくり革命」といったスローガンで、人的投資を強調する。しかしながら、社会的公正の追求を伴わないという意味で片翼の社会的投資は、「社会への投資」とは呼べないものである。就労を支援し人的資本を強化しても、その収益が個人の生涯所得の増加で回収され尽くすなら、「社会への」と呼ぶ必要はない。こうした社会的投資のあり方では、自己投資できる人とそうではない人の分断が深まっていく。

また福祉国家の「投資的」性格を強調することは、逆に失業・老齢などの「古い社会的リスク」への対応は見返りを生まない「浪費的」なものとして否定的に評価されることにつながり、結果的に所得保障は削減されかねない。実際にヨーロッパや韓国での議論は、「投資」対「補償／消費」の対立を呼び起こしていた(濵田江里子・金成垣)。千田航は、フランスで「投資的」性格を持つ育児休業補償は削減対象とならず、「消費的」な家族手当が削減された点を指摘する。金成垣が論じるように、社会的投資戦略が新自由主義的政策基調と共振する危険性に十分に注意を払う必要がある。「古い社会的リスク」に対応した「補償」と、「新しい社会的リスク」に対応する「投資」は相互補完的関係にあり、代替的関係と捉えるべきではないのである。

第二の教訓は、個人の雇用可能性(employability)を高めるだけの社会的投資では貧困の削減には限界があり、併せて良質な雇用を生み出す必要がある点だ。労働市場における二極化が激しい韓国やフランス、また日本においては、就労を支援してもその先に劣悪な雇用環境しかないのであれば、社会の安定も個人の尊厳も保たれない。フランスでは最低所得保障が充実していても、労働市場から排除された人びとの不安と不満を解消することにはつながっていない(千田航)。韓国において社会的包摂の重要性が改めて議論されたり、ベーシック・インカムが現実的な選択肢として模索されたりする背景には、労働市場の改善が望めないという判断がある(金成垣)。良質な雇用機会の創造につながるように「社会への投資」を構想していく必要があるのだ。

この観点から、日本においては、労働基準法の遵守を徹底する必要性はいうまでもない。連合総研の調査では、会社員の四人に一人が勤め先は「ブラック企業」であると答えている(連合総合生活開発研究所「第三二回勤労者短観」二〇一六年)。違法状態の放置は劣悪な雇用でしか存続できない企業をいたずらに延命させることを意味し、経済の活性化に逆行する措置である。そのような状況下では労働者のキャリア権も保障されていかない。

貧困の削減に関しては、日本では最低賃金の低さもあり、共働きでも貧困から抜け出せない現実がある。大沢真理が指摘するように、日本の低所得層の受け取る現金給付は少ない一方で、支払う税・社会保険料が重いため、相対的貧困率は高い。税・社会保障制度をより累進的なものとすることは、低所得層の租税抵抗を緩和する上で欠かせない。他方で韓国では、就労支援が子どもの貧困率の改善につながったが、その背景として最低賃金が大幅に引き上げられたことを無視するべきでないだろう。金が示すように韓国の不安定就業や高齢者の貧困は深刻な状況であるものの、日本への教訓としては最低賃金の改善が示唆される。

同時に、貧困の世代間連鎖を防ぐためには、「子どものセーフティネット」の充実を最優先に考えなければならない。濵田江里子が明らかにするように、イギリスの「第三の道」においても現金給付は重要な役割を果たしていた。児童手当増額や給付付き税額控除の導入を検討する必要があるだろう。社会的養護、とくに大規模児童養護施設で生活する子どもたちに対して、その施設から自立する際に直面する大きなハンディも含めて、支援政策を拡充する必要がある（駒村康平）。

そして質の高いユニバーサルな就学前教育・保育を実現することも重要である。サービス供給の量的改善とサービス内容の質の保障を同時に進めていく必要があり、待機児童問題が解消しない現状では、需要サイドの家計支援よりも供給サイドの拡充と質保障が喫緊の課題である。水島治郎が紹介するオランダの行政視察や保護者委員会の設置は参考になる。

第三の教訓はケアの価値化を組み入れる必要性だ。オランダの社会的投資の先進性は、女性就業率の向上やワーク・ライフ・バランスだけにあるのではなく、ケアのコミュニティが市民社会の自主性に支えられ形成されている点にある（水島治郎）。生活時間を確保する視点も、ケアが社会的に大切にされていることと通底する。三浦まりが論じるように、ケアの価値化がなければ、ジェンダー平等も実現しない。〈個人〉の尊厳を守る「社会への投資」の観点からは、ケアを支える社会基盤を整えることの重要性が見えてくる。それは、〈個人〉の観点からは、男性の「ケアする権利」をどのように保障するのか、〈つながり〉の観点からは、地域社会において「共生保障」をどのように実現するか、という課題につながっていく（宮本二〇一七）。

二　「社会への投資」における〈個人〉と〈つながり〉

本書が提示する新しい社会的投資戦略の特徴を述べたが、これを踏まえて新たな社会的投資が地域の〈つながり〉をいかに強め刷新するかということも整理しておこう。

第一に、「社会への投資」という性格を強める新たな戦略は、雇用の質の改善を進めると同時に、家族や地域におけるケアの価値を高め、介護や育児を通しての地域の多様な〈つながり〉を活性化する。介護や育児を性的役割分業につなぎ止めることなく、それに携わることの経済的あるいは社会的な見返りを強め、ケア労働の報酬や育児や介護に関わることの条件（育児・介護休業やその間の経済的保障、年金保険料の支払い猶予など）を改善する。個人を単位とした税・社会保障制度に組み替えることも、ジェンダー平等とケアの価値化を推し進めることになる。

第二に、このことは社会的投資戦略としてどこに投資の見返りを求めるかという狙いの転換でもある。初期の社会的投資戦略では、グローバル市場からの要請を踏まえつつ、稼働能力のある現役世代の教育・訓練、就学前教育サービスの強化による女性の就業率向上や将来世代の人的資本の形成が図られた。子育て支援が経済成長率を高め、財政収支を改善するという視点も重要である（柴田二〇一六）。しかしながら、本書が提示する「社会への投資」では、経済的見返りに留まらず、社会的見返りを十分に組み込むことを重視する。先に述べたようにケアの価値化を進め、地域のコミュニティが支え合いの機能を発揮できるように、インフォーマルなケア活動の場を提供したり、空き家なども利用しながらケア・サービスが提供されやすい居住を確保したり、NPOや社会的企業への助成を強めたりする。

ここで目指される見返りは、より多くの困難を抱えた世帯においても現役世代、女性が社会参加を広げ、子どもたちの成長を図ることができる条件づくりであり、あるいはこうした条件が欠落している時に生じると懸念される、困窮、孤立、犯罪、地域荒廃などの社会的コストの抑制である。

第三に、それは投資の対象範囲を広げることを意味する。従来の社会的投資戦略において投資の対象とされていたのは主には就労の機会に恵まれないでいる現役世代、女性であり、さらには将来に向けて人的資本の蓄積を支援されるべき存在としての子どもであった。この両者は依然として重要な投資対象であるが、さらに新たな社会的投資戦略においては、高齢者や障がい者なども、「人財」として社会的投資の重要な対象として位置づけられていく。新しい社会的投資は、地域に広がる「人財」を広く認知し、重用していくことを意味する。

駒村康平が指摘したように、人生一〇〇年時代において、年齢で一律に区分、管理する社会的経済構造は早晩見直しを迫られてくる。これから長い人生を送ることになる子どもたちはもちろんのこと、対人対応能力に優れた中高年労働者が増加することを踏まえ、どのような技能を社会として培っていくのかの議論を深める必要があるだろう。

人財とは何か

ヨーロッパで社会的投資の議論が始まった頃、政策転換の推進力の一つは社会保障の持続性への危機感であった。現在の日本ほどではないにせよ、先進国に共通する少子高齢化の下で社会保障の持続性を保つためには、支え手を増やすことが必要であり、期待されたのが女性、高齢者、移民など労働市場に十分に参入していなかった人びとであった。日本でも「未来への投資」や「明日への投資」という言葉が使われ、事実上の社会的投資が試みられてきたのは、同じように少子化や人口減少への危機感が背景にある。

しかしながら、日本ではヨーロッパの社会的投資先進国ほどの転換は遂げていない。一つには、前述のように、自公政権下において進められてきたため、片翼の社会的投資でしかなかったことがある。貧困削減や貧困の世代間連鎖の防止という視点は、保育所拡大政策からは今なお抜け落ちている。そもそも貧困問題に正面から向き合ってこなかったのが日本の政治的現実である。高齢化によって日本の社会支出の対ＧＤＰ比(二二・三％、二〇一五年)はイギリス(二一・五％)と肩を並べる成熟した福祉国家となっているが(国立社会保障・人口問題研究所「社会保障費用統計」)、その再分配機能は極めて貧弱である。大沢真理によれば、日本は相対的貧困率が高いだけではなく、子どもを産み、育てる場合や就業する場合に、所得再分配による貧困削減率がマイナスになる。次世代の養育や就労自体が税・社会保障制度によって罰を与えられているに等しい。こうした状況下において、人びとが政府へ信頼を寄せることができないのは驚くに当たらないだろう。井手英策が懸念する租税抵抗の強さも、誰かが不当に得しているのではないかとお互いが疑心暗鬼になっていることが背景にある。貧困の実態と福祉国家の機能不全について、日本社会が正確な認識を共有し、解決すべき問題として貧困と社会的排除を正面に据えることが、「社会への投資」を進めるためには不可欠だ。

日本で社会的投資が進まなかったもう一つの理由は、少子化への危機感が先行し、人的資本と活力ある経済構築の論点が抜け落ちたことがある。脱工業化・サービス経済化を日本よりも早く経験したヨーロッパは、安い労働力に依存する規格化された製品製造では競争力がなくなり、高付加価値経済へと舵を切った。知識基盤型経済では創造性に富んだ人財が付加価値を生み出すことから、教育への関心が高まることになった。製造業の競争力が強かった日本では、こうした高付加価値経済への認識転換に遅れた。実際、教育への公的支出の対ＧＤＰ比はＯＥＣＤの最低水準であり、従来も薄かった高等教育への予算をさらに削るなど、社会的投資に逆行する政策を行ってきている。さらには、政府の労働市場規制や労働組合が弱いことと相まって、長時間過密労働や雇用の非正規化によって賃金を抑制することのみならず、引き下げることまでが可能になっている。賃金引き下げによる企業収益改善の道が残されているために、人的資本の蓄積を図る必要性についての認識を遅らせている。

社会的投資が効果を発揮するには、良質な雇用が必要なことはすでに指摘した。日本では、労働基準法さえ十分に遵守されていないのが現実である。そこでは、労働者の人的資本が減耗するような低劣な労働条件を課して人件費を徹底的に削減することが合理的な企業行動となってしまっている。これに対して、「社会への投資」における人的資本形成は、あらゆる労働者を人財として捉えるものである。すなわち、労働者を材としてみるのではなく、その人間としての生活の質を高め、付加価値を生む力を育むことが、人財への投資なのである。

経営者が労働者をコストと見るのではなく、投資先と見るようになるにはどうすればいいのだろうか。ここに政府の役割がある。人口減少と超長寿社会に見舞われる日本では、あらゆる稼働能力を有する労働者を人財とみなすべき転機を迎えているのかもしれない（駒村康平）。政府の役割はこの転機を逃さずに、推し進めることであろう。この時、企業内特殊技能に支えられてきた日本的経営は、どのように技能形成と適切評価の仕組みをアップデートできるのか。技能と評価に関する議論を深めることが、人的資本を強化するためには不可欠である(三浦まり・濵田江里子)。そして、女性の人的資本形成が軽視されてきた雇用慣行を見直し、非正規雇用を含むすべての女性のキャリア権を保障することで、女性の潜在的可能性を引き出し、活力ある経済へとつなげる道筋を描く必要があるだろう(三浦まり)。

では、働くことに困難を抱えるとされる人たちはどうであろうか。この困難とは、本人の属人的な事情もあるだろうが、その人を雇うことが採算に合うかどうかである場合も少なくないだろう。採算とは、原材料費・製品価格と賃金との見合いであり、社会的に構築されたものである。だが費用対効果が明確な仕事はむしろ少ない。たとえば大学教授を雇用することで、「採算」が取れているかどうかは不明というしかない。社会に寄与するということの意味は、原材料費や製品価格を与件として採算がとれるように、就労し税金を納めることにとどまらない。できないと思っていたことができる喜び、それを周囲に承認される喜び、他者の能力発揮に感じ入る喜びは、障がいなどの有無を問わず、一人ひとりのかけがえのない人生を支え、社会を豊かにする。〈個人〉の尊厳が守られることは、人と人との関係性のなかに存在する。政府がすべきことは、社会が設ける困難をなるべく除去し、それぞれの個人が自由で豊かな人生を送れるような社会の基盤を整備することにある。

つまり、高齢者や障がい者もまた人財とされるのは、彼ら彼女らが人的資本を蓄積しその力を十分に発揮しうる条件があるということに加えて、働くことに困難を抱えた人びともまた、認め認められる承認関係のなかに入ることによって生活の充実度を増し、職場はより多様な働き方に開かれたものとなるからだ。障がい者雇用の効果などはしばしば「社会的投資収益率」などのかたちで数値化されるが、「社会への投資」が期待する見返りは、こうした経済的見返りに留まらないものであることは強調しなければならない。

〈つながり〉を支える

地域では高齢者の比率が高まると同時に、現役世代、女性、子ども、高齢者を問わず、何らかの生きがたさや障がいを抱えた人びとも増大する。これからの社会的投資は、こうした人びとを地域が抱え込んだコストとしてしまうのではなく、どこまで潜在能力を発揮してもらえるかを考えていくことになる。今日、多くの地域において、とくに中小企業が人手不足を嘆きながら、同時に働きたくてもその機会に恵まれない高齢者、障がい者などが増大していることを考えると、こうした観点からの社会的投資戦略の練り直しは地域活性化に直結することは先に述べた通りである。その場合、重要なことは、高齢者や障がい者が参加できる職場の環境整備と、現役世代、とくに女性が働きやすい職場の慣行づくりを相乗的に進めていくことである。

このような地域と職場の構築、すなわち「社会への投資」は、「共生保障」とも呼ぶことができよう。就労可能な「個人」への人的投資に留まらず、地域での〈つながり〉のなかで多様な人びとが力を発揮する条件を強化すること、それが共生保障である(宮本二〇一七)。しばしば地域での支え合いが叫ばれる時、それは財政支出削減の視点から、地域のコミュニティに責任を投げてしまう議論が多い。これに対して「社会への投資」が共生保障を可能にするということは、人びとがもともともっている支え合いの気持ちを発揮できるだけの資源と環境を準備することなのである。それは行政が自ら縦割りの弊害を乗り越え、地域にある資源をつないでいく役割を積極的に引き受けていくことを意味しよう。そして水島治郎がオランダの例で示したように、市民社会は自律的に組織をし、課題の発見や改革案の提示を通じて、ケアのイノベーションを率先する役割が期待される。

以上のような「社会への投資」は、これまで地域社会を分断してきたいくつかの亀裂を修復していくことにつながる。たとえば、制度設計をめぐる世代間対立の克服である。高齢化が進行する日本では、社会保障が高齢者への年金給付に傾斜していること、したがって現役世代はその財政負担のみを強いられていることがしばしば批判されてきた。これに対して、「社会への投資」という考え方は、ある資源を世代間でとりあうゼロサム・ゲームとは考えない。高齢世代が力を発揮できる条件形成は、若い世代が子どもを産み、育てながら活躍できる環境でもある。

まず、多様な働き方が可能な職場環境、中小企業などでのOJTを含めた教育・訓練の機会の拡充、労働時間の短縮や柔軟化、高齢であっても障がいがあろうとも働ける仕事を作りだすことは、世代間対立を超えた「社会への投資」である。高齢者が働くことができる職場環境は、女性や引きこもっていた若者にも働きやすい環境となるであろう。

また、地域や居住のあり方についても、世代間の利益を横断する「社会への投資」は可能である。二〇一七年一〇月からは、単身高齢者、障がい者、ひとり親世帯などの入居を拒まない家主を登録した上で、家賃などを補助する住宅セーフティネット強化の試みも開始されている。こうした新しい住宅保障や住宅手当の導入や生活インフラにかかるコストを抑える諸施策もまた、世代横断的な生活保障につながるものである。

「社会」への想像力

これまで見てきた教訓と課題に共通するのは、社会的投資が効果を発揮するためには、個人の人的投資だけを強化することはむしろ逆効果であり、「社会」へ投資をしなければならないということだ。社会が見返りを得るためには、個人は社会を介在して見返りを得るという関係性を今一度認識する必要がある。個々人の生活が保障されるとか、個人単位で負担と給付が対応するかという問題に矮小化するのではなく、社会を強靭にし、社会を媒介として、個人は間接的に生活の安定と信頼感の醸成を享受するのである。

こうした「社会」――あるいは支え合いといってもいい――を成り立たせる最大の仕組みが税である。税は所得税や消費税などの種別によって、所得階層、資産構成、消費性向ごとに負担が変わってくる。どのような税の組み合わせが公平なのか。また、「社会への投資」を現実的なものとするための財政規模を支えるために、どの程度の税率が必要なのか。井手英策が示した消費税率七・五％の引き上げは一つの選択肢だ。どのように税を組み合わせれば納税者の納得を得られるのか、具体的な議論を深めるのはこれからである。

一つ確かなことは、租税抵抗を乗り越えなければ「社会への投資」は実現しないということだ。そのためには、サービスの提供を先行実施し、納税者にとっての見返りをまず実感できることが必要だ。同時に消費税に議論を集中させるのではなく、控除(対象を限定した減税である)と社会保険料を含めて総合的に負担の公平性や再分配の正義を論じなければ、人びとの納得を得ることは難しいだろう。また、政府への信頼がなければ、増税を受け入れる素地はできあがらない。情報公開や公文書管理を徹底しない限り、政府への不信は解消されず、増税は政権党への反対票というかたちで政治的不安定を助長することになるだろう。この点は、「社会への投資」を成立させる政治力学として次に論じたい。

三 「社会への投資」に向けた政治力学

「社会への投資」という発想は、旧来型のいわゆるリベラルと保守の政治的対立も越えて行くことにつながる。これまでのリベラルな政治は、地域における雇用、家族やコミュニティのあり方を前提に、そこからいかに〈個人〉の自立を実現するかを課題としてきた。しかし、地域では家族やコミュニティの〈つながり〉自体が持続困難になりつつある。

社会的投資戦略は、リベラルな社会的公正の観点を、市場の効率性と連結させようとするものだった。本書が提示する「社会への投資」は、こうした視点を継承しつつも、人びとが地域でつながり続けるために、新しい働き方、住まい方、介護や育児への支援、障がい者の能力発揮への支援など、多岐にわたる分野での支え合いに積極的に資源を投入しようとする。これは一方では老若男女が自律的に活躍できる条件づくりであるとともに、雇用や家族、地域コミュニティが安定的に持続するインフラづくりでもある。支え合いを支える投資は、その点でこれまで保守主義が担ってきたコミュニティを持続させるという政治的課題も目標に取り込むものである。このことは、「社会への投資」を進める政治的連合を構想する上でも、重要な課題設定であるといえる(宮本二〇一八)。

社会的投資戦略の特色として、政策投入と効果の間の時間軸が長いことがある。教育への投資が一般的にそうであるように、その効果が本人や周りに感じられるようになるには長い年月を必要とする。また、ひとりの人が生涯を通じて支え手になったり、支えられたりすることを、ライフコースの視点として「社会への投資」では明示的に組み込む。これは社会が支える側と支えられる側に分かれているという設定を乗り越えるもので、誰もが一生の間に支えられつつ支えるという至極まっとうな認識に立つ。一般的に支え手とされる現役世代も、子育て支援やキャリア形成支援というかたちで支えられる存在でもある。だからこそ特定時点で断面を取って世代間の対立を言い立てることは意味をなさないものなのだ。

こうした長期的な展望にたった社会ビジョンは、政治が安定していないと実現が難しい。選挙のたびに短期的な成果を有権者に見せなくてはいけないと政治家が思う限り、長期的な「社会への投資」は非現実的なものとなる。増税が度々回避されてきた日本の政治状況は、長期的な投資と相入れないという見方もできるだろう。しかしながら、社会的投資が先進諸国でそれなりに実践されてきたことを踏まえれば、過度に悲観的になる必要はない。どのような政治的条件が必要なのかを明らかにすることで、日本での展望を描くことが建設的だ。

二つのシナリオ

本書から引き出されることとは、「社会への投資」が実現するには、オランダやイギリス、韓国のようにリベラル（革新・左派）政党が一定期間政権を獲得し、フランスやオランダのように保守政権もその有用性を受け入れること、あるいはドイツのように経営者も巻き込み転換の必要性が認識されることが必要な点だ。残念ながら、これらの条件のどれも、現時点では日本は満たしていない。

かつての五五年体制は超党派の合意形成を促してきたが、現在の小選挙区制や対決型の議会運営は合意形成を阻むものである。表面的には一強多弱の政党システムが出現し、自民党の長期政権が継続しているが、自民党の支持基盤は弱まっており、安倍政権が消費税増税を二回にわたり延期したり、毎年重点政策の看板を掛け替えたりしているように、政権基盤は決して盤石ではない（中北二〇一七）。さらには残る政治資源の大半を憲法改正につぎ込もうとしていることから、大胆な福祉国家の組み替えを可能にする状況にはない。

一つのシナリオは、政権交代が実現し、リベラル政権が誕生することである。人的資本と社会関係資本の両翼の社会的投資は、理念的親和性から見てリベラル政権でこそ推進されるであろう。リベラル政党が新自由主義への明確な対抗軸を立て、かつ支持基盤を広げる政治戦略を構想する時には、「社会への投資」は有力なビジョンになりうるだろう。

もう一つのシナリオは、ねじれ国会が出現した時に、超党派の合意形成が促される可能性である。民主党政権時の民主党・自民党・公明党の三党合意による社会保障と税の一体改革がそのモデルとなる。ただし次にねじれ国会が出現するとすれば、自民党政権において野党の一部が加わっての超党派である。二〇〇七—〇九年の政治状況に似た政治ダイナミズムが再び生まれることになる。当時、労働者保護が強化される労働法改正が実現したことを思い起こせば、自民党政権下のねじれ国会は政策転換を促す好機となるであろう。その際には、「社会への投資」は税制・社会保障改革にとどまらず、労働市場改革も中核を占めることから、労働・社会保障・税の三位一体の改革として、超党派の合意形成の場を設け、長期的なスパンでの制度設計を行う必要があるだろう。

いずれのシナリオであれ、経営者の支持をどう得ていくのかは合意形成の鍵となっていく。労働者をコストとみなす限り合意形成を成立させることはできない。先進国のなかでも極めて大きい男女格差の存在は日本経済再興の足かせとなっている。女性たちの潜在能力を活かしきれない企業はいずれ市場からの退出を余儀なくされるであろうが、より早い転換を迎えるためには、経営者の合理的な判断を促すような研究・調査を政府が推進する必要性があるだろう。

排除と分断に抗う

「社会への投資」の構想が求められる理由には、人口減少や資本主義の変容への対応が求められているだけではなく、排除と分断の防波堤という政治的な意味合いもある。ヨーロッパでは社会的投資を進めたにもかかわらず、社会の亀裂が深まり、既成政党への拒否が広がっているという批判もあるかもしれない。未来に対する人びとの漠然とした不安を糧に、社会の分断を煽り、排除と憎悪を煽る急進右派政党の伸張を止めることはできていない。あるいは、社会的投資のような「中道的」な戦略に不満を覚える層は、急進左派の主張に惹かれ始めている。

社会的投資は経済効率と社会的公正を同時に追求しようとするため、時の政権の党派性や政治資源の多寡により、社会的公正が後回しにされる危険性を孕む。そうなってしまうと、社会的投資はむしろ新自由主義と共振し、低所得者層や十分な教育投資のできない人びとを排除する論理へと転換しかねない。ヨーロッパの教訓は、個人を強くすることに傾注したあまり、社会関係資本が弱くなっていることを示唆するのかもしれない。本書が〈個人〉とともに〈つながり〉を強調するのは、つながりを失った個人は容易に排斥主義に取り込まれるからである。

とりわけ働くことに大きな価値を置いてきた日本においては、働くことを通じて〈つながり〉と個人の尊厳を保障することが重要になってくる。困窮した人びとへの支援と同時に、良質な雇用の確保やキャリア権の保障にもっと光を当てていく必要があるだろう。同時に、働きづくめの人生ではなく、ケアや職場外での人びとの〈つながり〉のなかに生きる喜びや価値を見出すような社会の変化が伴っていくことで、生活時間を確保する労働運動の再生が実現性を帯びてくるだろう。

最後に、日本が排除と分断に抗うためには女性が鍵を握っていることを改めて指摘したい。世界経済フォーラムが毎年算出するジェンダー・ギャップ指数で日本は二〇一七年に一一四位と、極めて大きな男女不平等を放置していることが歴然としている。社会的投資はジェンダー平等を直接的な目的とはしてこなかったものの、先進諸国では女性運動や女性議員の働きかけによってジェンダー平等が進展し、そのことが社会的投資戦略との相乗効果を発揮してきた。ジェンダー平等の進展度が低い日本は、ここに大きな伸びしろが存在しているともいえる。女性議員比率の高さは政府への信頼と相関関係があるとの指摘もある（OECD 2014）。

ジェンダー平等は、あらゆる女性を〈個人〉としてその尊厳を保障することなくしては実現しない。同時にケアの価値化が必要であり、そのことは生産の場（職場）、再生産の場（家族／親密圏）、協働の場（地域）のそれぞれにおいて、〈個人〉を支え〈つながり〉を築くことにつながる。こうして、わたしたちは相互不信と疑心暗鬼を強める日本社会を再び安心して帰属できるものとして再生することができるのではないだろうか。

引用文献

柴田悠（二〇一六）『子育て支援が日本を救う――政策効果の統計分析』勁草書房
中北浩爾（二〇一七）『自民党――「一強」の実像』中公新書
宮本太郎（二〇一七）『共生保障 〈支え合い〉の戦略』岩波新書
宮本太郎（二〇一八）「「保守リベラル」は再生可能か――カギは地域での課題解決にあり」『Journalism』一月号
OECD (2014) *Women, Government and Policy Making in OECD Countries: Fostering Diversity for Inclusive Growth.*

あとがき

本書は一般社団法人生活経済政策研究所(生活研)の「日本における社会的投資戦略についての研究会」の成果である。筆者が座長を務め、本書の執筆陣で構成した当研究会は、二〇一五年六月から一二回にわたり会合をもち、各国の歴史に学びつつ、日本における社会的投資の可能性を探ってきた。

当初の問題意識は、社会的投資戦略は日本においてこそ、その意義がより積極的に見出されるのではないかというものであったが、研究会を重ねるなかで、私たちの捉え方も変わっていった。もちろん、他国の教訓に学んだこともあるが、それ以上に、日本では〈個人〉を支えるだけでは不十分であり、社会的分断が進行する現状にあっては、〈つながり〉を築くことにも同時に力を注ぐ必要があるという認識を強く抱くに至った。それが本書のタイトルに表れている。

研究会発足の契機は、社会的投資研究の第一人者であるフランス・パリ政治学院のブルーノ・パリエ教授が二〇一四年七月に来日した折に、生活研で行った「社会的投資の可能性――福祉国家改革の新たな戦略」の講演である。これが好評を博したため、講演録を収録しつつ、さらに各国の比較分析を盛り込んだ『生活経済政策』特集「社会的投資戦略は日本の危機への切り札」(二〇一四年一一月号)を刊行した。その時の執筆陣であったのが水島治郎、濵田江里子、千田航、金成垣で、さらに日本の現状分析を行う大沢真理、駒村康平、井手英策、宮本太郎が加わり本研究会は発足した。

本研究会では、金淵明《キムヨンミョン》(中央大学校教授)、梁在振《ヤンジェジン》(延世大学校教授)、李承潤《イスンユン》(梨花女子大学助教授)の三先

生の参加を得て、「日韓比較——韓国の社会的投資戦略」をテーマに会合を持ち(二〇一六年二月)、刺激的な意見交換も行った。金教授は盧武鉉《ノムヒョン》政権の社会的投資戦略の立役者の一人で、当時の政治ダイナミズムを直接伺う貴重な機会となった。また、淀川裕美(東京大学大学院教育学研究科附属発達保育実践政策学センター特任講師)、柴田悠《はるか》(京都大学大学院人間・環境学研究科准教授)、首藤若菜(立教大学経済学部准教授)の各先生からも大きな示唆を得ることができた。

研究会の事務は生活研専務理事の大門正彦さんが上手に取り仕切って下さった。議事録は生活研研究員の草間裕子さんと金美珍《キムミジン》さんが正確に取りまとめて下さり、議論の積み重ねが可能になった。生活研の支えなくして本書は完成しなかった。厚く御礼を申し上げたい。また、本書が滞りなく刊行にこぎつけることができたのは、岩波書店の藤田紀子さんのお陰である。

研究会での密度の濃い議論をベースに、九人の執筆陣の連携も万全であった。本書は日本の現状を改善するという実践的な関心から書かれたが、国際研究への日本からの発信ともなりうるものだ。パリエ教授などが展開しているWoPSI(The World Politics of Social Investment)をはじめ、様々な国際研究に対して、各執筆者が本書の成果を発信していくはずである。本書に対する国内の反響と合わせて、国際社会からのフィードバックが日本の閉塞感を打ち破ることを期待したい。

三浦まり

二〇一八年二月

人名索引

あ　行

か　行

さ　行

な　行

は　行

ま　行

事項索引

あ　行

か　行

さ　行

た　行

な　行

は　行

ま　行

や　行

ら　行

わ　行

[編者]
三浦まり
1967年生．上智大学法学部教授．ジェンダーと政治，福祉国家論．著書＝『私たちの声を議会へ』(岩波書店，2015年)，『日本の女性議員』(編著，朝日新聞出版，2016年)など．

[執筆者]
濵田江里子(はまだ えりこ)
1981年生．千葉大学法政経学部特任研究員．比較政治，イギリスと日本の政治．
金 成 垣(キムソンウォン)
1973年生．明治学院大学社会学部社会福祉学科准教授．アジアの社会政策．
水島治郎(みずしま じろう)
1967年生．千葉大学法政経学部教授．比較政治，オランダの政治．
千田 航(ちだ わたる)
1981年生．釧路公立大学経済学部講師．比較政治，フランスの福祉政治．
大沢真理(おおさわ まり)
1953年生．東京大学社会科学研究所教授．社会政策．
駒村康平(こまむら こうへい)
1964年生．慶應義塾大学経済学部教授．社会政策．
井手英策(いで えいさく)
1972年生．慶應義塾大学経済学部教授．財政社会学，地方財政論．
宮本太郎(みやもと たろう)
1958年生．中央大学法学部教授．比較政治，福祉政策．

社会への投資――〈個人〉を支える〈つながり〉を築く

2018年3月28日　第1刷発行

編　者　三浦《みうら》まり

発行者　岡本 厚

発行所　株式会社 岩波書店
〒101-8002 東京都千代田区一ツ橋2-5-5
電話案内 03-5210-4000
http://www.iwanami.co.jp/

印刷・理想社　カバー・半七印刷　製本・牧製本

ISBN 978-4-00-061254-8　　Printed in Japan